AF747068

Les techniques de sauvetage des entreprises en difficulté en droit OHADA

Pascal NGUIHÉ KANTÉ

Les techniques de sauvetage des entreprises en difficulté en droit OHADA

Préface d'Henri Désiré Modi Koko Bebey

L'Harmattan

Du même auteur

Entreprises commerciales et droits fondamentaux. Contribution à l'étude des particularismes au regard des droits français et camerounais, Presses Universitaires d'Aix Marseille (PUAM), janvier 2012, 586 pages.

© L'Harmattan, 2019
5-7, rue de l'Ecole-Polytechnique, 75005 Paris

http://www.editions-harmattan.fr

ISBN : 978-2-343-17718-2
EAN : 9782343177182

DÉDICACE

À

Léa Estelle Lucy, mon épouse,

et à nos enfants :

Florian Ursule,
Murielle Arcange,
Yolande Carmelle,
Davina Pascale.

REMERCIEMENTS

Je voudrais remercier très sincèrement un certain nombre de personnes sans qui ce livre n'aurait pu exister.

Il s'agit tout d'abord de mes jeunes collègues et anciens étudiants qui ont fait de précieuses suggestions dont la prise en compte a contribué à l'amélioration de la version initiale.

Docteur MOHO FOPA Éric Aristide, Chargé de Cours à la Faculté des Sciences Juridiques et Politiques de l'Université de Dschang, a non seulement encadré l'équipe chargée de faire relire le draft initial, mais m'a aussi inspiré l'intégration des développements tirés des autres Actes Uniformes de l'OHADA, en-dehors de celui relatif au droit des Procédures Collectives d'Apurement du Passif.

Les Docteurs TCHOUMBIA TOMTOM Jean Louis Bedel, KAGOU KENNA Patrice et TSAGMO TAMEKO Emmanuel ont accompagné le Docteur MOHO FOPA dans la relecture d'ensemble de la version initiale et fait des observations qui m'ont obligé à reprendre certains titres pour être plus explicite et présenter une vue plus complète du sujet.

Il s'agit ensuite de Monsieur KAMLA FOKA Fabius Corneille, doctorant à la Faculté des Sciences Juridiques et Politiques et Secrétaire Particulier du Ministre, Secrétaire Général Adjoint des Services du Premier Ministre, qui a assuré le suivi intensif et très assidu des travaux de l'équipe de relecture et d'édition du livre.

Je voudrais enfin remercier mon épouse Léa Estelle Lucy NGUIHE KANTE qui, avec beaucoup de tact, a œuvré inlassablement à la concrétisation de l'idée d'ouvrage.

L'ouvrage a été publié grâce à la prime trimestrielle octroyée par le Président de la République, S.E. Paul BIYA, à tous les enseignants permanents des Université d'Etat du Cameroun depuis 2009, dont l'auteur.

PRINCIPALES ABRÉVIATIONS

Al.	Alinéa
Art.	Article
AUDCG	Acte uniforme portant sur le droit commercial général
AUPCAP	Acte uniforme portant organisation des procédures collectives d'apurement du passif
AUSCGIE	Acte uniforme relatif au droit des sociétés commerciales et du groupement d'intérêt économique
C.A	Cour d'appel
C. civ.	Code civil
C. com.	Code de commerce
Cf.	Confère
Chap.	Chapitre
Ch. Civ.	Cour de Cassation/Chambre civile
Ch. Soc.	Cour de Cassation/Chambre sociale
C.S.	Cour suprême
C.T.	Code du travail
D.	Recueil DALLOZ
Dir	Sous la direction de
Dr. Soc.	Droit social
Ed.	Edition
G.P.	Gazette du Palais
Ibid.	*Ibidem*
I.D.E.F.	Institut International de Droit d'Expression Française

J.C.P.	Jurisclasseur périodique, édition générale
J.C.P. éd. E.	Jurisclasseur périodique, édition entreprise
J.O.C.	Journal Officiel du Cameroun
L.G.D.J.	Librairie Générale de Droit et de Jurisprudence.
Libr. Tech.	Librairies techniques
LPA	Les Petites Affiches
OHADA	Organisation pour l'Harmonisation en Afrique du Droit des Affaires
Op. Cit.	*Opere citatere*
P.	Page
P.U.A.	Presses Universitaires d'Afrique
P.U.F.	Presses Universitaires de France
Rev. Jur. Com.	Revue de Jurisprudence Commerciale
Rev. Jur. Pol. Ind. Et Coop.	Revue Juridique et Politique, Indépendance et Coopération
Rev. Proc. Coll.	Revue de Procédures Collectives
RTDCiv	Revue Trimestriel de Droit civil
RTDCom	Revue Trimestriel de Droit Commercial
R.J.A.	Revue Juridique Africaine
RTDE	Revue Trimestrielle de Droit Économique
T.G.I.	Tribunal de Grande Instance
T.P.I.	Tribunal de Première Instance

SOMMAIRE

PRÉFACE

La vie d'une entreprise n'est jamais un long fleuve tranquille. Elle s'apparente même, quelquefois, à un véritable parcours d'obstacles que les seules compétences managériales des dirigeants ne permettront pas toujours de surmonter. Pourrait-on imaginer dans le monde, le nombre d'entreprises grandes, petites ou moyennes qui disparaissent chaque jour, dans un environnement marqué par des crises économiques à répétition ?

Depuis le Moyen Âge, en passant par l'Ancien Droit, la codification napoléonienne et les réformes successives qui l'ont suivies, les difficultés des entreprises ont constitué une préoccupation majeure, aussi bien pour les commerçants, principaux concernés, que pour les pouvoirs publics. Si les solutions légales ont évolué à travers l'histoire, la problématique est demeurée la même. Face aux difficultés de l'entreprise, faut-il privilégier le paiement des créanciers ou le sauvetage de l'outil de production ?

Pendant longtemps, le Droit s'est montré sévère à l'égard du failli, qui a parfois payé de sa vie, pour avoir trompé ses créanciers. Le failli a également connu des sanctions aussi infamantes que la mise au pilori, l'exclusion du monde des marchands, symbolisée par la rupture de son ban, la *bancarotta*, ainsi que de son comptoir. À cette époque, aucune distinction n'était faite entre le commerçant malhonnête qui avait effectivement trompé ses créanciers et celui qui était simplement victime de la malchance. Le sort de l'entreprise était ainsi lié à celui du failli et, il importait peu qu'elle fût ou non viable. Le législateur moderne a progressivement corrigé ces excès, en transformant l'ancien droit de la faillite en un véritable droit des entreprises en difficulté.

Le droit des affaires de l'OHADA dont l'objectif majeur est la sécurisation des activités économiques dans les États membres de l'Organisation, s'inscrit dans ce courant moderne du traitement des difficultés des entreprises. En effet, l'Acte uniforme portant organisation des procédures collectives d'apurement du passif, comme son nom ne l'indique pas, relègue le paiement des créanciers au troisième rang de ses objectifs, après le sauvetage de l'entreprise et la préservation des emplois.

L'ouvrage du Professeur *Pascal Nguihé Kanté* intitulé *« Les techniques de sauvetage des entreprises en difficulté en droit OHADA »*, le démontre à suffisance. Mais, l'auteur ne se limite pas à l'analyse des mécanismes et solutions de cet Acte uniforme. Il propose une étude plus englobante du traitement des difficultés des entreprises, en présentant dans la première partie de son ouvrage, les techniques extrajudiciaires de sauvetage des entreprises d'une part et, d'autre part les techniques du droit OHADA qui relèvent spécifiquement du droit des procédures collectives. Le découpage n'est pas uniquement à finalité pédagogique ou didactique. Les développements qui meublent la première partie de l'ouvrage démontrent les insuffisances du traitement extrajudiciaire des difficultés de l'entreprise. Le débiteur aux abois profitant largement de l'absence d'un cadre légal adéquat pour se livrer à toutes sortes de manœuvres dilatoires, au détriment de l'entreprise et de ses créanciers.

La seconde partie de l'ouvrage nous invite à une réflexion sur les fondements idéologiques de l'Acte uniforme. En questionnant les objectifs du droit des procédures collectives d'apurement du passif, *Pascal Nguihé Kanté* démontre ici le relatif équilibre auquel est parvenu le droit OHADA, dans son ambition de concilier le sauvetage de l'entreprise et la préservation des droits des créanciers. Des contradictions internes caractérisent également ces deux objectifs. Au sein de l'entreprise dont le sauvetage est recherché, les salariés ne bénéficient pas du même niveau de protection que l'outil de production, tandis que les créanciers postérieurs à l'ouverture des procédures collectives, ou créanciers de la masse, sont dans un confort juridique supérieur à celui des créanciers antérieurs, ou créanciers dans la masse.

L'ouvrage, écrit dans un style agréable, est riche d'enseignements. Par sa présentation originale et une approche didactique, le Professeur *Pascal Nguihé Kanté* propose aux lecteurs, étudiants, chercheurs et professionnels divers, des bases théoriques et une connaissance pratique du droit des entreprises en difficulté, à l'aune de l'Acte uniforme de l'OHADA portant organisation des procédures collectives d'apurement du passif. Son ambition était certainement de partager le produit de sa réflexion et de plusieurs années d'enseignement de la matière.

Enseignant à la faculté des Sciences Juridiques et Politiques de l'Université de Dschang, le Professeur *Pascal Nguihé Kanté* a su creuser patiemment son sillon dans le vaste champ du droit des affaires, à travers de nombreux enseignements et des publications remarquées qui lui valent une reconnaissance universitaire, ainsi que la recommandation du présent ouvrage.

Dschang, le 25 mars 2019

Henri Désiré Modi Koko Bebey

Agrégé des facultés françaises de Droit
Professeur hors échelle
Doyen de la FSJP de l'Université de Dschang

INTRODUCTION GÉNÉRALE

1-De nos jours[1], il semble qu'il se crée plus d'entreprises qu'il n'en disparaît par l'effet des procédures collectives[2] ou en dehors d'elles. D'ailleurs, le personnel des entreprises menacées, l'opinion publique et les milieux politiques qui lui font écho, acceptent de plus en plus mal les fermetures d'entreprises, fussent-elles en difficulté[3]. Il y a donc bien un problème des entreprises en difficulté[4] « *qui sera encore longtemps d'actualité* »[5]. Tout simplement parce que, « *tant qu'il y*

[1] Au Cameroun par exemple, il ne se passe pas une seule semaine sans que le quotidien national CAMEROON TRIBUNE publie des annonces portant création ou dissolution et mise en liquidation des sociétés commerciales. Mais les chiffres sont difficiles à saisir faute d'existence des statistiques nationales régulières et complètes sur ces différentes questions.

[2] Sur l'étude de la notion, lire KALIEU ELONGO (Y. R.), « Notion de procédure collective d'apurement », in Paul-Gérard POUGOUE (sous la direction de), *Encyclopédie du droit OHADA*, Lamy, 2011, p. 1245.

[3] À cet effet, non seulement le personnel des entreprises en difficulté est de plus en plus enclin à accepter les propositions de sacrifices demandés par les dirigeants, mais surtout les hommes politiques ne s'accordent pas généralement sur l'idée de dissolution et de liquidation d'une entreprise publique ou parapublique que lorsque sa situation est irrémédiablement compromise.

[4] La notion d'entreprise en difficulté est assez dynamique en raison de la diversité des modes d'analyse des défaillances ou des différents stades de gravité de la situation, de même que la rareté des critères permettant de les déceler et de l'hétérogénéité de leurs causes. À ce sujet, lire NGUIHE KANTE (P.), « Réflexion sur la notion d'entreprise en difficulté dans l'Acte Uniforme portant Organisation des Procédures Collectives d'Apurement du Passif OHADA », in *Annales de la FSJP de l'Université de Dschang*, PUA, T.5, 2001, pp. 88-103.

[5] Cf. POUGOUE (P.-G.), « Compte – rendu de colloque de l'I.D.E.F. sur le "Droit des entreprises en difficulté" », Libreville, 6/13 mai 1990, Revue Juridique Africaine, 1990/2, p. 179 et suivantes. Concrètement, la détermination de la notion d'entreprise en difficulté, nécessaire pour connaître le domaine d'application des techniques de sauvetage, s'avère difficile en raison de la diversité des modes d'analyse des défaillances, des stades différents de gravité de la situation, de la variété des critères permettant de les déceler et de l'hétérogénéité de leurs causes.

L'approche de la défaillance d'une entreprise peut être opérée en examinant ses aspects économiques, sa rentabilité et l'efficacité de l'unité de production ou l'aspect financier (problèmes de trésorerie, importance de ses fonds propres et besoins de crédits) ou en recourant aux procédures collectives après une analyse à posteriori des conséquences, essentiellement financières de ses difficultés. Mais aucune de ces trois manières d'examiner l'entreprise n'est à même de fournir à elle seule un apport décisif à l'élaboration d'une notion de l'entreprise en difficulté en raison de leur caractère fragmentaire et des objectifs parfois différents qu'elles poursuivent.

aura des entreprises, il y aura des entreprises en difficulté »[6]. Inévitablement, la question de leur sauvetage[7] ou redressement est opportune[8], toute défaillance d'entreprise mettant en jeu de nombreux intérêts difficilement conciliables dont notamment le maintien de l'emploi et l'apurement du passif, et par conséquent la sauvegarde de l'entreprise[9].

2-Littéralement, on entend par « sauvetage » l'action de sauver un navire en détresse, son équipage, ses passagers ou son chargement. Dans un sens figuré, le terme renvoie à l'action de tirer quelqu'un ou quelque chose d'une situation critique[10]. Juridiquement, le Vocabulaire juridique le définit comme un « *secours porté à un navire menacé de se perdre* »[11]. Appliqué aux sociétés commerciales, ce serait le secours porté à une entreprise menacée de perte. Selon la doctrine, le « sauvetage » s'entend de toutes les mesures prises et de nature à conduire à la sauvegarde de l'entreprise en tant qu'unité économique, ainsi que le maintien de l'activité et des emplois qui y sont attachés[12].

---

[6] ANOUKAHA (F.), « L'émergence d'un nouveau droit des procédures collectives d'apurement du passif dans les Etats africains membres de l'OHADA », *Afrique juridique et politique, la Revue du CERDIP*, n°1, vol.1, janvier-juin 2002, p.85, n° 53. Il y aurait d'ailleurs toujours des entreprises en difficulté juste parce que « *toutes les entreprises qu'elles soient individuelles ou sociétaires, qu'elles soient de petite, moyenne ou grande taille, quel que soit le secteur d'activités dans lequel elles évoluent, sont susceptibles de connaître, à un moment ou à un autre de leur existence, des difficultés* ». KALIEU ELONGO (Y. R.), Le droit des procédures collectives de l'OHADA, PUA, Yaoundé, 2016, p. 7.

[7] En effet, « *si le droit de la faillite a évolué dans le sens d'une moindre rigueur envers le débiteur, il a aussi affirmé l'importance de l'entreprise et valorisé la nécessité de la sauver* ». RENAUT (M.-H.), « De la faillite à la procédure de redressement ou de liquidation judiciaires », *LPA*, 02 février 1998, n° 14, p. 13.

[8] Pour les nuances terminologiques relatives à ces deux notions, Cf. BRILLMAN (J.), Le redressement des entreprises en difficulté, Éd. Hommes et Techniques, Suresnes-France, 1979, p. 20.

[9] Cf. BALEMAKEN (E. L. R.), Le juge et le sauvetage de l'entreprise en difficulté en droit OHADA et en droit français, étude de droit comparé, thèse, Panthéon-Assas, septembre 2013. Voir également MOHO FOPA (E. A.), L'ordre public en droit commercial OHADA, thèse, Dschang, 2014, p. 148.

[10] Cf. Le Petit Robert de la langue française 2011, V. Sauvetage.

[11] CORNU (G.) (Sous la direction de), Vocabulaire juridique, Association Henri CAPITANT, 10e éd., Paris, PUF, Quadrige, 2014, V. Sauvetage.

[12] Cf. BALEMAKEN (E. L. R.), thèse précitée, p. 24.

Par contre, le redressement est le rétablissement d'une situation économique saine. En général, cela suppose un ensemble de mesures de réorientation stratégique et/ou de réorganisation[13], et parfois de changement d'équipe dirigeante[14]. C'est dire que le redressement est une technique de sauvetage. Il en résulte que le sauvetage nécessite obligatoirement la continuation de l'entreprise, la poursuite de son exploitation soit par le débiteur lui-même, soit par une tierce personne. À cet égard, au-delà du rapprochement avec le redressement judiciaire qu'est une procédure collective particulièrement réglementée, il est possible d'assimiler le sauvetage et le redressement. En effet, pour sauver ou pour redresser, l'entreprise doit connaître des difficultés.

3-Aussi le droit OHADA consacre d'importants moyens juridiques de lutte contre les difficultés des entreprises. Une grande distinction doit être faite entre eux selon qu'ils interviennent avant ou après l'ouverture d'une procédure collective, quoique certaines techniques comme la location gérance, la cession d'actif ou le remplacement des dirigeants sociaux, montrent que l'on peut passer insensiblement d'une phase à l'autre.

4-Avant même l'introduction en droit positif des procédures collectives, et indépendamment de celles-ci, de très nombreuses techniques ont été utilisées pour tenter de sauver des entreprises. Lorsque les difficultés paraissent encore surmontables, le débiteur peut avoir recours à diverses techniques du droit commun, souvent d'origine contractuelle. Ce sont notamment les reports d'échéance, l'octroi des crédits à plus ou moins long terme, des accords avec les créanciers pour obtenir des délais et des remises volontaires de leur part, ou encore une liquidation partielle, des opérations de fusion par absorption, des cessions, des scissions, etc.

5-Mais souvent, ces techniques sont insuffisantes et l'intervention des pouvoirs publics devient indispensable. Sur ce point précis, les principales modalités d'intervention des pouvoirs publics, bien qu'en nette régression, s'appréhendent sous la forme des aides d'État qui

---

[13] Cf. AHOUA (D.), Le nouveau droit de restructuration des sociétés commerciales des pays de l'OHADA, comparaisons avec le droit français, thèse, Bordeaux, 19 février 2015 ; GADRAT (M.), Restructurations et droit social, thèse, Bordeaux, 2014.

[14] Cf. TSAGMO TAMEKO (E.), La location-gérance de l'entreprise en difficulté en droit des procédures collectives OHADA, mémoire de master, FSJP-Université de Dschang, 2011.

prennent des formes variées. Il peut s'agir autant des subventions directes ou indirectes[15] versées aux entreprises, que des exonérations de diverses charges fiscales et douanières. Cependant, pour éviter de fausser la concurrence, ces aides doivent être conformes à la réglementation CEMAC issue du Règlement n°4/99/UEAC-CM-639 du 18 août 1999 portant réglementation des pratiques étatiques affectant le commerce entre les États membres[16].

6-Ces moyens, plus ou moins dilatoires et efficaces, ont toujours été utilisés[17]. De même, certaines entreprises en situation désespérée sont maintenues dans un état de survie artificielle par leurs sociétés-mères, par les banques, par les pouvoirs publics ou par quelques-uns de leurs dirigeants. Ces derniers engagent progressivement leur patrimoine personnel, celui de leur famille ou de la collectivité nationale tout entière, afin d'honorer quelques échéances. Il est rare cependant que cela suffise à sauver ou à redresser une situation financière gravement désespérée[18].

Sans faire appel aux procédures collectives, de telles techniques de sauvetage sont cependant nécessaires et peuvent permettre de donner une solution durable aux difficultés rencontrées.

7-Ces techniques présentent cependant de nombreux dangers. Lorsqu'elles contiennent des mesures propres à assurer le rétablissement, elles peuvent être efficaces à terme. Mais généralement, le redressement économique et financier ne sera réalisé que grâce à l'amélioration de la productivité et des circuits commerciaux, souvent obtenu par une cession ou une liquidation de

---

[15] Cf. Infra, n° 202 et s., 316 et s. ; Cf. également MBENDANG EBONGUE (J.), Les entreprises d'État au Cameroun, thèse de Doctorat en droit, Paris I, mai 1989, p. 229 et s.

[16] Pour une des aides d'État comme technique de financement des entreprises en difficultés, MAGUEU KAMDEM (J. D.), Le financement des entreprises en difficultés en droit OHADA, thèse, Dschang, août 2016, p. 369 et s.

[17] Cf. Infra, n° 21 et suivants.

[18] Pour preuve, la plupart des entreprises en difficulté ayant bénéficié de pareilles mesures dilatoires de sauvetage se retrouvent quelques temps après plongées dans difficultés plus graves entrainant généralement le dépôt du bilan. Les cas de certaines entreprises publiques ou parapubliques camerounaises telles que la SOTUC, la BMBC, la BATA … sont assez révélateurs.

certaines unités de production, au moyen d'apports de capitaux, de techniciens et de savoir-faire ou au prix de nombreux licenciements[19].

8-Lorsqu'au contraire les techniques utilisées ont un caractère dilatoire, ou s'avèrent insuffisantes, l'absence de publicité de certaines d'entre elles permet de ne pas porter atteinte au crédit de l'entreprise, mais favorise par contre de nombreuses fraudes. Cette situation cause ainsi un préjudice plus important au crédit en général. La seule issue sera bien souvent le recours aux procédures collectives.

9-À cet effet, aux caractères marqués de voie d'exécution et de répression de ces procédures, s'est adjoint l'objectif de sauvetage de l'entreprise après apurement plus ou moins complet de son passif. La technique d'élimination pure et simple des entreprises qui ne sont plus viables, ou dont les dirigeants ont gravement manqué à la moralité commerciale[20] est restée utile, parmi d'autres techniques, pour assurer le paiement des créanciers et sanctionner les débiteurs responsables. Mais, les procédures collectives peuvent aussi conduire au sauvetage de l'entreprise.

10-Si initialement tel était déjà l'un des objectifs[21] visés par l'Acte Uniforme portant organisation des Procédures Collectives d'Apurement du Passif (AUPCAP)[22] de l'OHADA, il faut noter que depuis sa révision le 10 septembre 2015[23], le nouvel AUPCAP a

[19] Cf. HAEHL (J.-P.), Les techniques de renflouement des entreprises en difficulté, Ed. Librairies Techniques, 1980, p. 15 ; BRILLMAN (J.), *op. cit.*, p. 196 et s. ; « Entreprise en difficultés, gestion de l'emploi et droit des salariés », Recherche financée par le Ministère français de la coopération et effectuée conjointement par le COMPTRASEC de l'université de Bordeaux et une équipe de l'université de Yaoundé dirigée par le professeur Paul-Gérard POUGOUE.

[20] Avec l'entrée en vigueur de l'Acte Uniforme sur les procédures collectives d'Apurement du passif, la séparation du sort des hommes et de celui de l'entreprise empêche que cette seule cause conduise à la liquidation des biens, sauf dans le cas de l'entreprise à caractère personnel.

[21] Cf. SAWADOGO (F. M.), « Commentaire et note sous l'Acte Uniforme portant organisation des procédures collectives d'apurement du passif », in *Traité et actes uniformes commentés et annotés*, Juriscope, 3e éd., 2008, p. 873.

[22] Adopté le 10 Avril 1998, à Libreville au Gabon, l'Acte Uniforme portant organisation des Procédures Collectives d'Apurement du Passif originel est entré en vigueur le 1er janvier 1999.

[23] L'AUPCAP initial a été abrogé et remplacé par un Acte Uniforme portant organisation des Procédures Collectives d'apurement du Passif adopté le 10 septembre 2015 à Grand-Bassam, en Côte d'Ivoire. Celui-ci a été publié au Journal

également mis l'accent sur l'organisation des procédures préventives de conciliation[24] et de règlement préventif[25], ainsi que les procédures de traitement de redressement judiciaire et de liquidation des biens[26], afin de préserver les activités économiques et les niveaux d'emplois des entreprises débitrices, de redresser rapidement les entreprises viables et de liquider les entreprises non viables. Il a également pour objectif le redressement rapide des entreprises viables et la liquidation des entreprises non viables dans les conditions propres à maximiser la valeur des actifs des débiteurs pour augmenter les montants recouvrés par les créanciers[27].

11-En réalité, aux côtés des procédures collectives traditionnelles d'apurement du passif, ouvertes après la cessation des paiements[28], le législateur uniforme africain a institué, dans le nouvel Acte uniforme, deux procédures préventives de conciliation et de règlement préventif simplifié, à côté de la procédure de règlement préventif classique, permettant à un débiteur en difficulté d'obtenir la suspension des poursuites individuelles[29] et de proposer un accord de conciliation ou

---

Officiel de l'OHADA le 25 septembre 2015 et entré en vigueur le 24 décembre 2015.

[24] Pour une étude de la notion, lire SAWADOGO (F. M.), « Les procédures de prévention dans l'AUPC révisé : la conciliation et le règlement préventif », *Droit et Patrimoine,* n° 253, décembre 2015, p. 32 et s.

[25] Pour une étude approfondie de la notion, lire DECKON (F.) et AGBENOTO (L.), « Règlement préventif », in Paul-Gérard POUGOUE (sous la direction de), Encyclopédie du droit OHADA, *op. cit.*, p. 1546 et s.

[26] Pour une étude approfondie de la notion, lire JAMES (J. C.), « Liquidation des biens », in Paul-Gérard POUGOUE (sous la direction de), Encyclopédie du droit OHADA, *op. cit.*, p. 1104 et s.

[27] Cf. article 1er de l'AUPCAP.

[28] Cf. SAWADOGO (F. M.), « Cessation des paiements », in Paul-Gérard POUGOUE (sous la direction de), *Encyclopédie du droit OHADA*, *op. cit.*, p. 520 et s. cf. également CCJA, 3e Chambre, Arrêt n° 22 du 06 décembre 2011, affaire La Compagnie Cotonnière Ivoirienne c/ Tiémoko KOFFI et Alain GUILLEMAIN, Recueil de Jurisprudence, n° 17, juillet-décembre 2011 ; Juris OHADA, n° 2, avril-juin 2012, p. 37 ; Ohadata J-12-206.

[29] En effet, à compter de l'ouverture d'une procédure collective, toutes les poursuites contre la société en redressement sont suspendues. CCJA, 2e Chambre, Arrêt n° 010/2013, Affaire Banque Gabonaise et Française internationale (BGFIBANK c/ Société de la Haute Mondah (SHM), Ohadata J-15-10 ; Recueil de Jurisprudence, n° 20, vol. 2, janvier-décembre 2013, p. 26-28. Cf. également CCJA, 2e Chambre, Arrêt n° 061/2013 du 25 juillet 2013, affaire Société Générale de Banque en Côte d'Ivoire (SGBCI) c/ La Compagnie Africaine de Transit (CATRANS), Ohadata J-15-62. Il faut noter que la prévention des difficultés de l'entreprise par la suspension

un concordat préventif destiné à éviter la cessation des paiements et à favoriser le redressement de l'entreprise[30]. Ces procédures sont en vérité destinées à détecter précocement les problèmes pouvant impacter, à plus ou moins long terme, l'activité des entreprises, et à mettre en place un traitement adapté et rapide.

Quant aux procédures collectives ouvertes après la cessation des paiements, on a à côté des procédures de redressement judiciaire et de liquidation des biens destinés aux grandes entreprises, une version simplifiée pour les entreprises de petite taille[31]. Contrairement à la procédure de liquidation des biens et sa version simplifiée qui sont destinées à la réalisation de l'actif de l'entreprise dont la situation est irrémédiablement compromise, les procédures de redressement judiciaire[32] et de redressement judiciaire simplifié permettent au débiteur qui a cessé ses paiements d'obtenir des délais et remises, mais également, de prendre toutes mesures juridiques, techniques et financières (y compris la cession partielle de l'entreprise) susceptibles de réaliser le rétablissement des conditions de fonctionnement normal de l'entreprise[33].

---

provisoire des poursuites a été accentuée par l'ordonnance du 23 septembre 1967 tendant à faciliter le redressement économique et financier de certaines entreprises. Pour une étude, lire SAWADOGO (F. M.), « Effets de l'ouverture d'une procédure collective à l'égard des créanciers », in Paul-Gérard POUGOUE (sous la direction de), *Encyclopédie du droit OHADA*, *op. cit.*, p. 725 et s.

[30] Cf. les articles 5 à 24-5 de l'Acte Uniforme sur les Procédures Collectives d'Apurement du passif.

[31] Cf. DIALLO (B.), « Des procédures adaptées aux ''petites'' entreprises : les procédures simplifiées », Droit et Patrimoine n° 253, décembre 2015, p. 44 et s.

[32] Cf. DECKON (F.), et AGBENOTO (L.), « Redressement judiciaire : concordat de redressement », in Paul-Gérard POUGOUE (sous la direction de), *Encyclopédie du droit OHADA, op. cit.*, p. 1452 et s.

[33] Cf. les articles 25 et s. de l'AUPCAP. Il convient de préciser qu'avant l'entrée en vigueur de l'Acte uniforme portant organisation des procédures collectives d'apurement du passif, le sauvetage judiciaire de l'entreprise en difficulté n'était pas expressément organisé. Aussi ce n'était qu'accessoirement lorsqu'il était constaté que le débiteur malheureux avait été de bonne foi, que ses créanciers pouvaient – sans être obligés – lui accorder le vote du concordat. Qui plus est, les créanciers munis de sûretés pouvaient remettre facilement en cause et ceci à tout moment, le concordat voté et homologué. Actuellement, les pouvoirs des créanciers sont un peu plus limités.

12-La conception économique des nouvelles réformes rend impérative la prise en compte de cette fonction de sauvetage[34]. La continuité et la permanence des entreprises sont devenues l'un des impératifs de la vie économique et sociale, et doivent pouvoir être assurées par le droit des procédures collectives d'apurement du passif[35] toutes les fois que cela paraît possible et utile[36].

13-En plus de leurs fonctions de liquidation et de sauvetage des entreprises en difficulté, les procédures collectives ont une fonction préventive. Les sanctions patrimoniales et pénales contre la personne même du débiteur[37] montrent bien que le législateur a le souci de prévenir le caractère irrémédiable des difficultés. Les procédures de conciliation et de règlement préventif des difficultés des entreprises n'ont même été instituées que dans cet objectif.

La prévention n'est pas étrangère aux procédures collectives en général ; elle en constitue au contraire l'une des fonctions principales. En dehors du cas particulier des procédures de conciliation et de règlement préventif, les autres procédures collectives de droit commun sont organisées à partir de cet objectif.

Les diverses et nombreuses sanctions prévues à l'encontre des débiteurs fautifs n'ont pas seulement pour but de les éliminer de la vie commerciale et d'empêcher leur récidive, mais constituent autant d'incitations à prévenir la survenance des difficultés graves. La notion de cessation des paiements[38] est d'ailleurs, de nos jours, conçue de

---

[34] Hier pratiquement, la quasi – totalité des entreprises soumises aux procédures collectives étaient en définitive démantelées. Mais leur rôle ne se réduisait pas pour autant à la seule élimination dans un cadre juridique et économique différent des entreprises défaillantes ; elles facilitaient à coup sûr le sauvetage d'une entreprise en difficulté.

Il était dès lors inexact de les assimiler à un mécanisme d'éviction des entreprises qui se sont avérées moins aptes à soutenir la concurrence.

[35] Cf. KALIEU ELONGO (Y. R.), « Notion de procédure collective d'apurement du passif », préc., p. 1245 et s.

[36] Cf. POUGOUE (P.-G.), « Compte rendu de colloque … », précité, p. 180.

[37] Cf. les articles 183 et suivants de l'AUPCAP.

[38] La notion d'état de cessation des paiements, bien que résultant d'une définition légale, comporte un contenu objectif dont les contours sont variables tant pour déterminer le fait même de la cessation des paiements que pour déterminer si, au-delà de ce fait, sont établis une situation, un état de cessation des paiements. Aussi la nécessité de distinguer le fait de la cessation des paiements et l'état de cessation des paiements, l'obligation de parfaire l'analyse résultant de la définition légale par le recours à des analyses financières, démontrent la difficulté de la détermination de

manière à laisser aux dirigeants de l'entreprise toute latitude pour tenter d'éviter la réalisation de cette sorte d'état dangereux et irréversible, caractérisé par une situation permanente de crise financière[39].

14-Tout un ensemble de différentes techniques peut s'appliquer avec diverses adaptations, aussi bien dans le cadre des procédures judiciaires qu'en dehors d'elles. Les techniques extérieures aux procédures collectives ne sont en effet pas les seules qui permettent le sauvetage des entreprises en difficulté, et elles s'avèrent souvent peu adaptées à cette fonction. Quant aux techniques judiciaires, on pourrait craindre que les dirigeants d'entreprises en difficulté ne continuent à user d'expédients qui ont souvent pour résultat de condamner l'entreprise à la liquidation des biens. Heureusement que la possibilité a été donnée à la juridiction compétente de se saisir d'office[40] ou de se voir immédiatement saisir par les créanciers impayés[41].

15-La mesure de l'importance du problème des entreprises en difficulté doit être recherchée dans l'estimation de leur nombre. Une évaluation sérieuse paraît impossible, en l'absence de critère précis. On ne peut que se contenter des critères de « cessation des paiements » ou de « difficultés avérées ou prévisibles » ou encore « de difficultés financières ou économiques sérieuses » retenus en droit OHADA pour l'ouverture des procédures de redressement judiciaire

---

l'état de cessation des paiements en tant que critère d'ouverture de la procédure de redressement judiciaire ou de liquidation des biens. En tout état de cause, l'état de cessation des paiements demeure une notion de fait soumise à l'appréciation du juge. Cf. SAWADOGO (F. M.), .), « Cessation des paiements », préc, p. 520 et s.

[39] Cf. PAILLUSSEAU (J.), « Qu'est-ce qu'une entreprise en difficulté ? », Rev. Jurisp. Com, 1976, n° spécial, p. 382 ; NGUIHE KANTE (P.), « Réflexion sur la notion d'entreprise en difficulté dans l'Acte Uniforme portant Organisation des Procédures Collectives d'Apurement du Passif OHADA », préc.

[40] Cf. article 29 de l'AUPCAP ; voir également CCJA, arrêt n° Chambre, Arrêt n° 32 du 08 décembre 2011, affaire : Société Congolaise Arabe Lybienne de Bois dite SOCALIB c/ Collectif des travailleurs de la SOCALIB, Juridis périodique n° 105, janvier-mars 2016, pp. 113-121, note E. A. MOHO FOPA.

[41] Cf. article 28 du même Acte uniforme. Le créancier qui saisit la juridiction compétente aux fins d'ouverture d'une procédure collective doit justifier du non paiement d'une créance certaine, liquide et exigible : voir CCJA, 2e Chambre, Arrêt n° 091/2014 du 31 juillet 2014, affaire NDOYE LOURY Athanase c/ Société Équatoriale de Construction (SOECO SA), ING Consulting SARL et Félix BONGO, *Juridis périodique* n° 111, 2017, p. 111 et s., observation E. A. MOHO FOPA.

ou de liquidation des biens et de conciliation ou de règlement préventif[42], puisque diverses techniques de sauvetage sont utilisées en dehors de ces hypothèses[43].

16-Le droit OHADA tend ainsi à admettre, contrairement à ce qui était consacré auparavant dans le cadre des conditions d'ouverture des procédures collectives, une définition extensive de l'entreprise en difficulté. Pour faciliter les choses, la doctrine fait recours aux critères fondés sur les indices, ratios, ou à l'idée de continuation de l'exploitation[44]. Nous approuvons cette définition extensive de l'entreprise en difficulté[45]. À vrai dire, il ne s'agit pas uniquement des entreprises qui ont des difficultés financières (qui sont souvent la conséquence d'autres), mais aussi des entreprises qui, rencontrant des difficultés de tous ordres ou qui, les prévoyant, devraient prendre des mesures en conséquence, faute de quoi elles connaîtraient des difficultés par la suite.

17-Parmi d'autres obstacles à une parfaite connaissance de l'exacte situation économique et financière de l'entreprise, la diversité des

---

[42] Cf. les articles 5-1, 6 et 25, alinéa 1, et article 2, alinéa 1 et 2, du texte précité. Le critère de "situation économique et financière difficile" présente à notre sens l'intérêt d'étendre le champ d'investigation aux problèmes de gestion ; voire à l'analyse stratégique. Dans cette perspective, la notion d'entreprise en difficulté ne correspond plus seulement aux entreprises qui ont des problèmes financiers ; elle englobe les entreprises qui rencontrent des difficultés de tous ordres, sans que les paiements soient interrompus. Ce dépassement de la simple constatation des problèmes de trésorerie est très riche en potentialités, car marqué par la notion de la continuité de l'exploitation. Cf. NGUIHE KANTE (P.), « Réflexion sur la notion d'entreprise en difficulté dans l'Acte Uniforme portant Organisation des Procédures Collectives d'Apurement du Passif OHADA », préc.

[43] L'article 139 (nouveau) de la loi des finances 1997/1998 faisait, par exemple, plutôt appel soit à des critères de ratios en considérant comme une entreprise en difficulté celle qui a perdu les 2/3 de son capital social soit en s'appuyant sur l'origine de l'entreprise. Dans tous les cas, ces divers indices qui restent encore discutés, ne permettront pas d'appréhender statistiquement le phénomène. À ces différents facteurs d'imprécision de la notion d'entreprise en difficulté s'ajoute l'hétérogénéité des causes des défaillances d'origine interne ou externe à l'entreprise. V. aussi la circulaire n° 00000661 MINFI/DGI/DGTCFM du 03 décembre 2014 précisant les modalités d'apurement des restes à recouvrer (RAR) en son point I-C-1c.

[44] Cf. HAEHL (J. Ph.), *op. cit.*, p. 37.

[45] Cf. NGUIHE KANTE (P.), « Réflexion sur la notion d'entreprise en difficulté dans l'Acte Uniforme portant Organisation des Procédures Collectives d'Apurement du Passif OHADA », préc.

situations, l'hétérogénéité des modes de gestion, et dans une certaine mesure le secret des affaires, rendent très aléatoire toute tentative d'évaluation du nombre exact des entreprises en difficulté. Il n'est guère possible de savoir si une cession de contrôle, une absorption, un report d'échéance ou une demande de prêt sont opérés pour résoudre de sérieuses difficultés ou pour assurer un meilleur développement de l'entreprise.

Pour toutes ces raisons, il est difficile de donner une idée de l'ampleur du phénomène des entreprises en difficulté. On ne pourrait dès lors se plaindre à l'excès de l'absence de statistiques précises dans notre droit positif[46].

18-L'étude des techniques de sauvetage des entreprises en difficulté présente aussi un intérêt du point de vue théorique. En effet, des études ont, certes, été déjà consacrées au droit des procédures collectives[47], mais point à l'ensemble des techniques de sauvetage. Cette étude sur le sauvetage des entreprises en difficulté se justifie non seulement par l'ampleur des questions soulevées par cette catégorie

---

[46] Si une telle absence est compréhensible pour l'appréhension du phénomène des entreprises en difficulté de manière générale, rien ne justifie le fait que des statistiques précises n'ont jusqu'alors pu être établies de l'application des procédures collectives même si cela ne concerne qu'une partie des entreprises en difficulté.

[47] Pour quelques-unes de ces synthèses, BRILMAN (J.), Le redressement des entreprises en difficulté, éd. Hommes et Techniques, 1986 ; CASSOU (P. H.), Les aides financières aux entreprises, Litec, Paris, 1977 ; CHAPUT (Y.), La faillite et les entreprises en difficulté, P.U.F, Paris, coll. Que sais-je ? 2e éd., 1994 ; CHARTIER (Y.), Droit des affaires : Entreprises en difficultés, prévention, Redressement et Liquidation, T3, P.U.F, Paris, coll. Thémis, 1989 ; DERRIDA (F.), GODE (P.) et SORTAIS (J. P.), Redressement et liquidation judiciaire des entreprises. Cinq ans d'application de la loi du 25 Janvier 1985, 3e éd., Dalloz, Paris, 1991 ; PEROCHON (F) et BONHOMME (R), Entreprises en difficulté, Instruments de crédit et de paiement, 8ème éd. LGDJ, 2009 ; GUYON (Y.), - Droit des affaires : Entreprises en difficulté, Redressement, Faillite, Économica, Paris, T2, 3e éd., 1991 ; GOMEZ (J.-R.), Entreprises en difficulté, lecture de l'Acte Uniforme de l'OHADA portant organisation des procédures collectives d'apurement du passif à la lumière du droit français, Le Doit des Affaires en Afrique, série Droit des affaires, Bajag-Meri, 2003 ; SAWADOGO (F.-M.), OHADA, Droit des entreprises en difficulté, Collection Droit Uniforme, Bruxelles, Bruylant, 2002 ; KALIEU ELONGO (Y. R.), *op.cit.* ; AGBENOTO (K. M.), Le cautionnement à l'épreuve des procédures collectives, thèse, Maine et Lomé, 2008 ; NYAMA (J. M.), Stratégie et perspective du droit de la faillite au Cameroun, thèse, Paris I, 1980 ; TCHOUAMBIA TOMTOM (L. J. B.), La transparence dans les procédures collectives d'apurement du passif de l'OHADA, thèse, Dschang, juillet 2013 ; MAGUEU KAMDEM (J. D.), thèse précitée.

d'entreprises et l'importance des intérêts qui sont mis en cause à cette occasion[48], mais aussi par le constat de nombreuses déformations qui sont apportées à ces mécanismes juridiques. En réalité, le sauvetage, voire le redressement des entreprises en difficulté, s'opère par des moyens empiriques, le plus souvent dans un climat de crise sociale, et même dans le cadre des nouvelles procédures collectives, les applications risquent de s'éloigner quelque peu des intentions du législateur africain[49].

Concrètement, le sauvetage - lorsqu'il est encore possible - ne relève que des seuls mécanismes financiers et économiques, et il suffit de faire application du droit du crédit des sociétés, du droit du travail, ou plus largement du droit des affaires. Les procédures collectives classiques étaient elles-mêmes essentiellement axées sur les finalités et les techniques du droit privé et leur objectif principal consistait à assurer le paiement égalitaire des créanciers[50].

19-Toute l'évolution contemporaine des procédures collectives nouvelles tend au contraire à réduire les droits des créanciers, en faisant prévaloir pour des raisons d'opportunité certains intérêts jugés supérieurs aux leurs[51]. Dès lors, la notion d'entreprise en difficulté, souple et indéterminée, se prêterait mieux que le concept de cessation des paiements, à l'adoption des solutions pragmatiques, mais ne serait plus qu'un concept économique rebelle à toute consécration juridique. On peut alors regretter ce processus de « *déjuridicisation* » du droit en la matière[52].

---

[48] Cf. POUGOUE (P.-G.), « Compte-rendu de colloque … », préc., p. 179.

[49] Il est à craindre que la nouvelle législation des procédures collectives, appliquée dans un contexte de crise économique, ne donne guère sa pleine mesure. Les idées qui l'inspirent auraient eu plus de chances de réussite dans une période d'euphorie économique, car les créanciers auraient pu alors supporter la perte de leurs créances sans trop de mal. On peut se demander à cet égard si la réforme ne survient pas à contretemps. Il faut seulement espérer que la crise ne durera pas trop et que l'institution nouvelle pourra recevoir application dans un climat économique différent.

[50] Cf. Intra n° 157 et 158.

[51] Tels que les intérêts de l'entreprise requis pour l'application de l'Acte Uniforme sur les Procédures Collectives d'Apurement du Passif (art. 2).

[52] Cf. RODIERE (R.) et OPPETIT (B.) : Droit Commercial, Groupements Commerciaux, 10e éd., DALLOZ, Paris, 1980, n° 337. Il apparait ainsi difficile de donner une définition de l'entreprise en difficulté, concept économique plus que juridique. Le législateur africain s'est d'ailleurs abstenu de prévoir une définition

Cependant, cette conception économique des procédures collectives n'a été admise dans notre droit que très récemment, en raison de l'influence de l'uniformisation des législations des affaires en Afrique[53], alors que dans les pays développés, on a depuis longtemps considéré la faillite comme un risque normal du commerce[54].

20-L'AUPCAP illustre cette soumission du droit nouveau aux impératifs d'ordre économique et social. Le bouleversement observé dans les concepts juridiques correspond à l'élaboration d'une hiérarchie nouvelle des valeurs dans notre société. Cette conception à dominance économique se donne pour but le salut des entreprises viables, indépendamment de l'appréciation portée sur les agissements entre créanciers et débiteurs, l'opposition entre les intérêts individuels et les intérêts collectifs. On voit apparaître un intérêt propre à l'entreprise qui est son sauvetage, et qui correspond à des intérêts généraux englobant ceux des créanciers, des fournisseurs, des sous-traitants ou de tous ceux qui lui ont fait confiance[55].

Cet aboutissement d'une longue évolution marque sans doute la naissance ou mieux, la reconnaissance d'un droit des entreprises en difficulté. Ce constat se vérifie encore plus nettement dès lors que l'on examine les techniques de sauvetage sans en limiter le domaine aux seules procédures collectives.

21-Les différentes techniques utilisées avant l'ouverture des procédures collectives correspondent au droit des contrats, au droit du crédit, au droit social, au droit des sociétés, au droit comptable, au droit bancaire et au droit fiscal. On pourra constater qu'à partir du moment où ces éléments du droit commun sont appliqués à une entreprise en difficulté, ils subissent de nombreux aménagements et de profondes transformations. La nécessité pour les responsables de l'entreprise de proposer un plan de redressement conditionne le plus

---

précise de la notion de cessation des paiements, laissant à nouveau cette charge aux juges.

[53] Ce n'est que récemment le 1er janvier 1999 que l'Acte Uniforme portant organisation des Procédures Collectives d'Apurement du Passif est entré en vigueur.

[54] Cf. RODIERE (R.) (sous la direction de), Les Procédures Collectives de liquidation ou de renflouement des entreprises en droit comparé, Travaux de Recherche de l'Institut de droit comparé, 1975.

[55] Cf. POUGOUE (P.-G.), « Compte-rendu de colloque ... », article précité, p. 179 ; VASSEUR (M.), Droit des affaires II, Le traitement des entreprises en difficulté, op. cit. p. 2 et 3.

souvent l'octroi de facilités de paiement, de nouveaux crédits ou de certains avantages fiscaux[56].

22-Ce processus d'adaptation des concepts juridiques dans le cadre du régime applicable aux entreprises en difficulté a révélé l'existence d'une branche du droit particulière.

Ce droit des entreprises en difficulté, profondément novateur et original, devrait naturellement résoudre les problèmes actuels et faire cesser les nombreuses contradictions que l'on constate[57]. Mais la consécration des mesures de protection de certains intérêts au détriment de l'efficacité des procédures collectives risque d'avoir des conséquences sur les échéances de survie de l'entreprise en difficulté[58].

Il n'en demeure pas moins utile d'étudier ces nombreuses techniques de sauvetage des entreprises en difficulté, qui, à la suite de la systématisation de la plupart d'entre elles, viennent jeter ainsi les bases d'un véritable « droit » des entreprises en difficulté dans les pays membres de l'OHADA.

23-Les techniques de sauvetage présentent la particularité d'avoir été pendant longtemps envisagées comme des garanties offertes aux créanciers. L'évolution nouvelle montre un abandon presque général de cet objectif au profit d'intérêts jugés supérieurs. Il convient d'approfondir et de dépasser cette analyse, et d'envisager tour à tour les fonctions et les objectifs de ces techniques.

---

[56] Cf. art.121(1) du Code général des impôts, mise à jour du 1er janvier 2018.

[57] Le droit commercial classique reste en effet dominé par un certain nombre de principes, tels que celui de la liberté du commerce et de l'industrie, celui de la libre concurrence, ou encore celui du rattachement du pouvoir de direction dans les entreprises individuelles à la propriété du capital. Or les techniques de sauvetage des entreprises et les procédures collectives elles-mêmes se trouvent fréquemment en opposition avec ses principes traditionnels, et pour rendre compte des nouveaux concepts juridico-économiques, prendre en considération leur spécificité et leur dynamisme propres, il serait plus adéquat d'élaborer une nouvelle branche du droit à partir de la notion d'entreprise.

[58] Aux termes de l'article 103, al. 3 de l'Acte uniforme portant organisation des procédures collectives d'apurement du passif, le fournisseur de meubles peut revendiquer ses marchandises, à condition qu'une clause de réserve de propriété figure dans un écrit convenu entre les parties. La généralisation de telles clauses, sera probablement préjudiciable à l'entreprise en lui ôtant la possibilité d'utiliser ces marchandises, surtout en cas de défaillance.

Elles ont deux fonctions différentes. La première consiste à empêcher la survenance d'une situation irrémédiablement compromise, qui ne permettrait pas d'éviter la liquidation pure et simple de l'entreprise. Cette fonction préventive a été longtemps confondue avec l'effet dissuasif des sanctions prévues par Code de commerce de 1807[59]. La seconde fonction consiste à guérir l'entreprise du mal dont elle est atteinte : on a alors recours à divers moyens, judiciaires ou extrajudiciaires, qui ont essentiellement une fonction curative.

24-En réalité, dissocier ces deux fonctions constitue une erreur. Aucune technique ne permet le sauvetage de l'entreprise si elle n'intervient pas à temps ; de même une prévention efficace ne peut être réalisée sans que des mesures efficaces soient prises dès l'apparition de certains indices de la gravité de la situation. Ces deux fonctions sont liées structurellement et c'est en raison de l'ignorance ou du mépris de l'une d'entre elles que tant de techniques donnent de si piètres résultats.

Il ne s'agit pas là d'une vision théorique de la réalité. On peut montrer que d'ores et déjà, la plupart des nombreuses techniques utilisées pour permettre le sauvetage, voire le redressement d'une entreprise défaillante, mettent en œuvre cette dualité de fonctions[60].

25-Il convient, enfin, de s'interroger sur les objectifs qui sont recherchés dans le cadre de ces techniques de sauvetage. Le premier d'entre eux n'est plus seulement la satisfaction des intérêts des créanciers, mais surtout de l'entreprise elle-même, qui correspond à la

---

[59] Cf. TERRE (F.), « Droit de la faillite ou faillite du droit ? », *Rev. Jurisp. Com.*, 1990, p. 1 et S ; PAILLUSSEAU (J.) : « Du droit de la faillite au droit des entreprises en difficulté », Études HOUIN, Dalloz Sirey, 1985, p. 109 et S.

[60] C'est ainsi que les faveurs accordées en matière fiscale, les crédits bancaires, les apports de capitaux permanents tout comme l'administration provisoire, la location-gérance et l'ensemble des techniques essentiellement préventives, se sont transformés progressivement et prennent en compte la fonction curative. Le débiteur ne pourra en bénéficier qu'à la condition de présenter un plan de redressement de son entreprise. La recherche des moyens propres pour sauver l'unité économique est liée directement à ces mesures et la pratique a bien compris que prévenir l'aggravation de la situation, sans trouver une solution efficace aux causes profondes des maux constatés, ne servirait à rien. Cette dualité de fonctions caractérise aussi les techniques qui mettent l'accent sur le rôle curatif. Les procédures collectives dans le cadre du règlement préventif ou du redressement judiciaire, tentent d'assurer la permanence de l'entreprise et ces moyens curatifs n'ignorent pas les aspects préventifs, au moins en théorie.

somme des intérêts collectifs des associés, des dirigeants et des salariés.

Si les procédures collectives cristallisent les conflits latents entre ces intérêts divergents, mettent à nu les ambiguïtés et les contradictions, les autres techniques essaient, elles aussi, de faire prévaloir cet objectif du sauvetage ou du redressement de l'entreprise. Mais, il s'ajoute la satisfaction d'intérêts généraux plus étendus qui sont ceux des créanciers et de la collectivité nationale. Par ailleurs, certains mécanismes d'aides financières publiques subsistant encore, tout comme la nécessité de ne pas sacrifier totalement les créanciers, rendent nécessaire la prise en compte de ces intérêts.

26-On peut constater l'existence de cette dualité d'objectifs des techniques de sauvetage. Relevons qu'aucune d'entre elles n'est efficace ni admissible, dès lors qu'elle ne fait pas cas de l'un ou de l'autre. L'entreprise ne peut en effet surmonter son état de défaillance qu'à la condition de satisfaire à ces intérêts généraux. D'ailleurs les aides financières et fiscales des pouvoirs publics, indispensables dans de nombreux cas, ne sont accordées - ou ne devraient l'être - tout comme les sacrifices imposés aux créanciers, qu'à des entreprises dont la survie constitue un élément indispensable de l'ensemble de la politique économique et sociale.

Mais notre intention n'est pas de procéder à une analyse juridique systématique des techniques de sauvetage des entreprises en difficulté. En effet, tout en gardant une optique essentiellement juridique, notre attention sera surtout axée sur la recherche du rôle essentiel de ces groupes de techniques ainsi que leurs finalités. D'ores et déjà on peut constater qu'en droit OHADA des procédures collectives, elles sont à la fois animées par une dualité de fonctions et une dualité d'objectifs.

La **première partie** de cette étude sera ainsi consacrée à la dualité de fonctions des techniques de sauvetage des entreprises en difficulté, et la **seconde** à leur dualité d'objectifs.

PREMIÈRE PARTIE :

LA DUALITÉ DE FONCTIONS DES TECHNIQUES DE SAUVETAGE

"… Sauver une entreprise suppose une politique volontaire, l'effort conjugué de toutes les personnes concernées dans la recherche des solutions".

POUGOUE Paul-Gérard,

« Compte-rendu du colloque de l'I.D.E.F. sur le

Thème "Du droit des entreprises en difficulté," ».

Libreville (Gabon), 6/13 mai 1990, in R.J.A, 1990/2, p. 179

27-Les dirigeants d'une entreprise qui connaît des difficultés souhaitent le plus souvent éviter le dépôt du bilan. Dès lors, les techniques judiciaires qui permettent leur sauvetage, tout comme les nombreuses procédures utilisées à cette fin par la pratique, ont pour rôle soit de prévenir la situation difficile, soit de rechercher une solution durable de redressement économique et financier. Ces techniques sont ainsi curatives ou préventives et permettent d'assurer la survie de l'entreprise en difficulté[61]. La fonction préventive est cependant liée au rôle curatif. Aussi, une technique curative ne peut être vraiment efficace que si elle est précocement utilisée. À cet effet, pour assurer le sauvetage des entreprises en difficulté, les techniques doivent être en réalité à la fois curatives et préventives.

28-L'étude de ces techniques de sauvetage selon l'importance de la fonction qui prédomine permet de constater qu'en droit OHADA des procédures collectives, cette liaison structurelle existant entre elles se manifeste en bien des points. Par conséquent, elle conduit à infléchir certaines règles ou conditions, et oblige à rechercher des mesures globales de redressement. Au regard de l'imbrication entre les fonctions préventives et les fonctions curatives, et compte tenu de la diversité des techniques consacrées par diverses branches du droit pour contribuer à la sauvegarde de l'entreprise, la fonction préventive sera essentiellement recherchée dans les mesures subordonnées à la discrétion du chef d'entreprise ou des associés. Ce faisant elle est envisagée hors procédure collective.

29-Ainsi, il convient d'étudier, d'une part, les techniques hors procédures collectives de sauvetage des entreprises en difficulté (**Titre I**), et, d'autre part, les techniques consacrées par l'AUPCAP (**Titre II**).

---

[61] On ne peut cependant fixer le domaine d'application de ces diverses techniques en prenant pour critère la plus ou moins grande dégradation de la situation de l'entreprise et ses chances plus ou moins sérieuses de sauvetage.
La distinction entre les procédures judiciaires et les techniques extrajudiciaires ne peut non plus être retenue. Elle serait artificielle, puisque les premières n'excluent pas les techniques contractuelles et que certaines procédures, autres que celles de concours, sont utilisées pour tenter d'opérer le sauvetage.

TITRE I :

L'EFFICACITÉ LIMITÉE DES TECHNIQUES HORS PROCÉDURE COLLECTIVE

30-Dès qu'apparaissent les signes annonciateurs de difficultés, le chef d'entreprise doit prendre les mesures permettant d'éviter que la situation de son unité économique ne se dégrade davantage. À ce stade, il peut facilement mettre sur pied des moyens préventifs permettant d'échapper aux rigueurs réelles ou supposées des procédures collectives. Pareils objectifs sont souvent difficilement atteints et conduisent à réserver à la justice les affaires irrémédiablement compromises.

Il serait cependant inexact de jeter l'anathème sur ces moyens en réalité empiriques qui permettent un sauvetage durable plus fréquemment qu'on ne le pense. Les praticiens admettent la fréquence de leur utilisation[62]. Qui plus est, leur efficacité est fortement appréciée[63].

L'attrait principal de certaines de ces techniques tient à leur caractère discret, voire au secret dont elles s'entourent. Le crédit de l'entreprise peut ainsi être conservé plus aisément en acceptant des apports de capitaux, une réduction des droits des salariés ou une absorption qu'en avouant en justice un état de cessation des paiements[64].

31-Il n'est guère possible d'établir une liste exhaustive de ces différentes techniques, chaque entreprise constituant un cas particulier selon son importance, sa structure financière, économique, juridique, son histoire propre, le nombre de ses salariés, la répartition de son capital, etc[65].

L'imbrication des règles du droit de la famille, du droit des sociétés, du droit du crédit, du droit du travail ou encore du droit fiscal est telle qu'il semble vain de chercher à dresser un catalogue complet

---

[62] Le développement considérable des cabinets de conseil témoigne de ce besoin pratique.

[63] Fréquemment, il est seulement procédé à une sorte d'« habillage » juridique d'un montage économique et fiscal qui prend en considération les incidences en droit fiscal, du droit comptable et du droit du travail. À l'occasion d'une procédure de concours, il est courant de trouver trace de ces essais infructueux de renflouement, certains d'entre eux pouvant même être constitutifs d'infractions pénales ou pouvant être générateurs de sanctions civiles.

[64] La terreur inspirée par les procédures collectives, souvent amplifiée par la méconnaissance de leurs modalités exactes, produit un phénomène de rejet et accroît le nombre des tentatives de sauvetage par d'autres, voire tous les moyens.

[65] Cf. HAEHL (J.-P.), *op. cit*, p. 72.

de toutes les dispositions qui, de près ou de loin, sont de nature à concourir au sauvetage d'une entreprise en difficulté.

32-En limitant l'étude entreprise aux seules techniques qui peuvent faciliter directement le sauvetage, deux groupes principaux apparaissent : le premier met l'accent sur la recherche d'un allégement du passif à plus ou moins long terme, alors que le second réalise une transformation des structures de l'entreprise. Il est utile de les distinguer, bien qu'elles soient souvent utilisées cumulativement ou successivement, afin de démontrer comment ces techniques, essentiellement préventives ont en réalité une fonction curative.

Certaines techniques contractuelles sont ainsi déformées ou modifiées pour la satisfaction d'objectifs particuliers. La pluralité de ces moyens et la conjonction de leur utilisation provoquent des oppositions, des contradictions et des interférences fréquemment relevées. De la sorte, on peut craindre à la fois l'inefficacité des techniques conjoncturelles (**chapitre I**) et structurelles (**chapitre II**).

CHAPITRE I :

DES TECHNIQUES CONJONCTURELLES SUBORDONNÉES À L'APPROBATION DES PARTENAIRES DE L'ENTREPRISE

33-Les mesures conjoncturelles permettant de prévenir et de résoudre les difficultés rencontrées par une entreprise se caractérisent par la recherche d'un allégement du passif. Elles reposent essentiellement sur une analyse financière[66], sans porter remède aux causes de cette situation. En cela, elles expriment leur rôle préventif, et il est rare - en raison de leur nature dilatoire - qu'elles suffisent à redresser la situation. Pourtant, une entreprise peut avoir besoin d'aides financières pour assurer quelques échéances difficiles, en particulier en période de crise économique, et elle les obtiendra généralement si ses difficultés ont un caractère accidentel.

34-En revanche, si la continuité de son exploitation se trouve sérieusement menacée[67], les techniques du crédit ne lui apportent pas les moyens durables d'assainir sa situation. Ses difficultés ne sont pas, par nature, uniquement financières, ou du moins leur traduction

[66] La gestion des entreprises est devenue une affaire trop complexe pour qu'elle puisse se faire sans une information financière et juridique, claire, rapide, complète et fiable. On peut dès lors se réjouir du fait que l'Acte Uniforme relatif au droit des sociétés Commerciales et du groupement d'intérêt économique ait renforcé les mécanismes de connaissance préalable de la situation financière de l'entreprise à travers l'amélioration du système d'information des partenaires sociaux et l'organisation plus ou moins satisfaisante du pouvoir d'intervention des principaux acteurs grâce au droit d'alerte et à l'expertise de gestion (cf. articles 150 à 160 de l'Acte Uniforme relatif au Droit des Sociétés Commerciales).

[67] Dans ce cas, les articles 6 à 24 de l'Acte uniforme portant organisation des procédures collectives d'apurement du passif instituent une procédure de règlement préventif permettant à un débiteur en difficulté d'en faire la déclaration, d'obtenir la suspension des poursuites individuelles et de proposer un concordat préventif destiné à éviter la cessation des paiements et à permettre le redressement de l'entreprise. Le concordat préventif doit cependant être distingué du concordat amiable librement conclu entre le débiteur en difficulté et ses créanciers dans la pratique camerounaise notamment. Voir MOHO FOPA (E. A.), Réflexions critiques sur le système de prévention des difficultés des entreprises OHADA, Mémoire, DEA, Dschang, 2007, p. 55.

comptable ne constitue qu'une conséquence de son inadaptation au marché. Dans ce cas, la recherche d'un allégement du passif accompagne une véritable modification de ses structures, de ses éléments économiques et une diminution sensible du nombre de salariés.

Ces techniques conjoncturelles ne sont pas pour autant synonymes de provisoire. Un allégement de la charge du passif joint à un échelonnement des remboursements peut permettre de sauver une entreprise saine du point de vue économique grâce à un concordat amiable conventionnel qui existe dans la pratique ou à un accord amiable, ou encore à un concordat préventif tel qu'il résulte des articles 5 à 24 de l'AUPCAP.

35-Ces techniques sont surtout intéressantes en ce qu'elles ne se limitent pas au seul aspect financier du sauvetage et sont conditionnelles : des délais de paiement, des remises partielles, des prêts à court ou à long terme, des compromis ou une augmentation de capital, ne sont obtenus par une entreprise que si elle présente un plan de réorganisation jugé satisfaisant par ceux qui participent à l'opération[68]. C'est d'ailleurs ce qui justifie en grande partie l'échec des tentatives de sauvetage externe ou interne.

Ainsi ces techniques conjoncturelles ont un rôle curatif qui transparaît nécessairement derrière leur fonction première de prévention de la liquidation du patrimoine de l'entreprise.

36-Avant d'examiner les mesures propres à assurer un véritable sauvetage financier (**Section II**), les techniques dilatoires (**Section I**) seront examinées. Dans l'un et l'autre cas, les solutions obtenues sont parfois contestables.

Section I- L'inorganisation des mesures dilatoires

37-Les mesures qualifiées de dilatoires sont celles qui sont prises par le chef d'entreprise pour retarder au maximum la survenance des difficultés plus sérieuses, mais sans grande chance d'impacter véritablement sur le redressement de l'entreprise. En fait, les problèmes économiques actuels ont poussé le législateur et les

[68] De véritables négociations sont parfois engagées avec les créanciers et les bailleurs de fonds. Leur objet dépasse largement le cadre du taux de crédit, les dates des échéances reportées ou de la législation du travail.

pouvoirs publics à établir de manière autoritaire un ordre de priorité qui est celui de la protection de l'intérêt de l'entreprise[69] au détriment des salariés[70] et des créanciers.

38-Toutefois, la nature et la gravité des difficultés de l'entreprise relativisent grandement les objectifs recherchés. Par conséquent, la remise en cause des droits des salariés s'avère sans réelle portée (**Paragraphe 1**) et le bien-fondé de la souplesse des échéances de paiement discutable (**Paragraphe 2**).

Paragraphe 1- La remise en cause contestable des droits des salariés

39-L'urgence du sauvetage d'une entreprise en difficulté nécessite la réduction de ses charges. Aussi, les chefs d'entreprises optent rapidement pour les mesures affectant l'emploi[71]. Les solutions dispendieuses des conséquences financières liées à la rupture brutale des contrats de travail[72] inciteront préalablement le recours à la flexibilité[73], c'est-à-dire à la négociation des mesures subsidiaires au licenciement conduite sous l'impulsion et l'emprise de l'employeur

[69] L'intérêt de l'entreprise est même distinct de l'intérêt immédiat de l'employeur. Cette notion est entendue comme étant au-dessus des chefs d'entreprises et des travailleurs. Il s'agit seulement, nous semble-t-il, d'assurer la protection de l'outil de production qui seul permettra de fournir des emplois, de payer les créanciers, de payer les impôts, de lutter contre le chômage et de favoriser le développement économique

[70] À cet effet, le Code du travail du 14 Août 1992, en laissant entendre que l'intérêt de l'entreprise est sa bonne marche, explique par là qu'en cas de difficultés, son sauvetage peut justifier que l'employeur prenne des mesures visant à porter atteinte aux droits des salariés et qui vont de la modification substantielle de leur contrat de travail, au licenciement pour motif économique notamment.

[71] À vrai dire, cette option s'explique essentiellement par les facilités découlant de sa mise en œuvre. En effet, il s'agit des mesures d'ordre interne rentrant normalement dans le cadre du pouvoir de gestion ou de direction du chef d'entreprise et dont la mise en œuvre ne nécessite en réalité l'aval d'aucune personne extérieure à l'entreprise. À cet effet, si la loi prévoit le concours de l'Inspecteur du travail, c'est seulement pour qu'il s'assure de la réalité du motif de restructuration de l'entreprise. Cf. GADRAT (M.), thèse précitée.

[72] Un licenciement économique légal coûte cher à court terme : aux éventuels manques à gagner en production, il faut ajouter le versement des indemnités de préavis et de licenciement.

[73] La flexibilité permet ainsi de rechercher un équilibre entre les intérêts de l'entreprise et ceux de ses travailleurs à travers l'adaptation du niveau et du contenu du facteur travail à la perception des contraintes économiques par les entreprises.

(**A**). Cependant, l'intérêt de l'entreprise oblige généralement le recours aux licenciements (**B**).

A- Une négociation imposée

40-Les législations du travail de bon nombre de pays membres de l'OHADA, notamment les législations camerounaise[74], togolaise[75] et gabonaise[76] du travail, dans la mesure où elle n'encourage pas directement les licenciements, peuvent être considérées comme protectrices de l'emploi même en cas de circonstances économiques défavorables[77].

Ainsi rencontre-t-on, au Cameroun, un droit du travail essentiellement flexible, c'est-à-dire souple et perçu beaucoup plus comme un droit « *négocié qu'imposé* »[78]. Le contrat acquiert à cet effet une nouvelle dynamique sans pour autant faire de la législation du travail un droit égalitaire[79].

Concrètement, la domination certaine de l'employeur durant les négociations (**1**) fragilisera à coup sûr la mise en œuvre des accords obtenus (**2**).

1- Une domination certaine de l'employeur

41-Les difficultés économiques de plus en plus pressantes font de la négociation imposée par le Code du travail[80], la pièce maîtresse de l'organisation économique et sociale des entreprises. Toutefois, la flexibilité des relations contractuelles intervenant dans ces conditions

---

[74] Cf. Loi n° 92-007 du 14 août 1992 portant Code du travail au Cameroun.

[75] Cf. Loi n° 2006-10 du 13 décembre 2006 portant Code du travail.

[76] Cf. Loi n° 3/94 du 21 novembre 1994 portant Code du travail au Gabon, modifiée par la Loi n°12/2000 du 12 Octobre 2000.

[77] La longue procédure prévue, par exemple, par le Code camerounais du Travail de 1992 pour les licenciements et les alternatives qui y sont prévues en cas de circonstances économiques défavorables attestent à notre avis de cette protection de l'emploi.

[78] Cf. POUGOUE (P.-G.), « Commentaire sur la Loi n° 92/007 du 14 Août 1992 portant Code du travail », *Jurisdis Info*, n° 12, p. 7 et s. ; cf. même auteur in « Le petit séisme du 14 Août 1992 », *Revue Juridique Africaine*, 1994, p. 16 et s.

[79] VASSEUR (M.), « Un nouvel essor du concept contractuel : les aspects juridiques de l'économie concertée et contractuelle », *RTDCiv*, 1964, n° 16.

[80] Cf. art. 40 et 42 du Code du travail camerounais du 14 Août 1992.

s'avère en réalité plus individuelle que collective[81]. Aussi, le risque est grand de voir naître ici plus des accords d'adhésion que des accords négociés.

En effet, l'obligation de négociation ou de discussion vise principalement la protection du salarié qui se trouve généralement en position de faiblesse. Cependant, cette contrainte légale n'a pas pour effet d'obliger les parties à conclure une transaction, mais de rechercher ensemble, et de bonne foi, une solution heureuse qui, tout en évitant la perte de l'emploi, ne pénalise pas le fonctionnement de l'entreprise[82].

42-Pratiquement, l'intérêt de l'entreprise limite la portée de l'obligation légale de rechercher préalablement et d'accord-parties, les mesures alternatives aux licenciements en cas de difficulté[83]. Cet intérêt, considéré comme supérieur à celui de tous, pourra logiquement justifier que l'employeur prenne des mesures qui peuvent porter atteinte aux droits des salariés et qui vont de la modification substantielle de leur contrat de travail, au licenciement[84].

L'intérêt de l'entreprise est sa bonne marche ou, en cas de difficultés, son sauvetage. Dès lors, l'employeur est en droit de ne pas céder face aux revendications susceptibles de compromettre l'efficacité économique de l'entreprise ou d'accroître une tension de

---

[81] Cf. NCHIMI (J. C.), « La négociation en droit du travail camerounais », *R.J.A*, 1994, p. 114 et s. NYAMA (J.-M.), « Tendances du droit camerounais du travail diversification de l'emploi et flexibilité », *R.J.A*, 1994, p. 130 et s.
Traditionnellement, la négociation est collective et se perçoit comme un processus par lequel les employés se regroupent pour réclamer les meilleures conditions de travail (art 52 et S. du CT). À l'opposé, la négociation prévue par les articles 40 et 42 du Code du travail suppose la présence de difficultés à résoudre au sein d'une entreprise.

[82] Sur la négociation collective dans l'entreprise en crise destinée à éviter une restructuration destructrice d'emplois, lire GADRAT (M.), thèse précitée, p. 205 et s.

[83] Cf. POUGOUE (P.-G.), article précité, p. 12 et s.

[84] Cf. NGUIHE KANTE (P.), Les alternatives aux licenciements dans les entreprises en difficultés, Mémoire de Maîtrise en droit, U.Y., 1990, p. 16 et s. ; KEM CHEKEM (B.-M.), Entreprise en difficulté et droits de salariés dans la zone OHADA, le cas du Cameroun, mémoire de DEA, FSJP, Université de Dschang, mars 2004 ; MONKAM (C.), La condition juridique du salarié dans les procédures collectives, mémoire de DEA, Université de Douala, FSJP, 2004-2005, p. 22 ; TSAGMO TAMEKO (E.), mémoire précité, p. 29 et s.

trésorerie en la condamnant à ne plus soutenir la compétitivité qui est une condition de survie et de développement[85].

43-Ces exigences montrent la portée et les limites de l'obligation de concertation prévue par le Code du travail de 1992. En effet, il est difficile de contrôler efficacement ce concept d'intérêt de l'entreprise et de fixer ses critères. Il s'agit d'une notion contingente, appréciée par référence à la situation de l'entreprise en cause à un moment et à l'état actuel des données techniques et économiques[86]. La recherche négociée des solutions alternatives au licenciement cède ainsi la place à l'intérêt de l'entreprise, qui ne correspond pas forcément à celui des salariés[87]. Ce qui n'est pourtant pas une garantie de l'application de la solution obtenue.

2- L'application incertaine des accords « négociés »

44-Le sauvetage de l'entreprise en difficulté justifie le recours à la modification substantielle du contrat de travail ou au licenciement. Si la mise en application du licenciement pose en pratique peu de problèmes[88], tel n'est pas le cas avec la modification substantielle du contrat de travail opérée à l'initiative de l'employeur. Ici, la loi exige la négociation suivie de l'acceptation donnée librement par l'employé[89]. Aussi, on peut déjà entrevoir que les difficultés liées au régime juridique de la modification substantielle surgiront certainement à l'occasion de sa mise en œuvre, surtout si les salariés résistent aux propositions avancées.

Dès lors, l'employeur aura seulement l'option entre continuer les contrats de travail aux conditions antérieures initialement convenues[90]

---

[85] L'intérêt de l'entreprise commande le rejet de toutes pratiques mettant l'employeur dans l'impossibilité d'apporter une réponse favorable d'ordre juridique, économique, financier ou technique à la situation de l'entreprise en difficulté.

[86] Cf. POUGOUE (P.-G.), « Le petit séisme du 14 Août 1992 », précité, p. 13.

[87] L'intérêt des salariés n'est d'ailleurs qu'une composante de l'intérêt de l'entreprise. Cf. C. WEBER : « Le salarié, organe de direction : le modèle allemand », *Bull. Joly soc.*, Numéro spécial juill. 2005, cité par GADRAT (M.), thèse précitée, p. 64.

[88] POUGOUE (P.-G.), « Le petit séisme du 14 Août 1992 », précité, p. 15.

[89] L'employeur qui décide de licencier ses salaries pour l'intérêt de l'entreprise est seulement tenu de respecter les exigences procédurales prévues par l'article 40 du Code du travail.

[90] Le Code du travail camerounais ne parle que des modifications substantielles du contrat de travail. C'est qu'en réalité, les modifications non substantielles ne sont pas jugées importantes et ne portent pas atteinte au contrat de travail. La doctrine

ou licencier en payant les droits[91]. Cette dernière mesure est d'ailleurs assez utilisée par les entreprises en difficulté[92].

B- Des licenciements inévitables

45-Il n'est guère possible de parler d'entreprise en difficulté sans voir surgir le spectre du licenciement collectif, source d'angoisse pour le personnel, mais également souci majeur des chefs d'entreprise[93] et de l'État. Il nous convient de relever que l'entreprise doit avoir des effectifs acceptables permettant à la fois sa survie et la possibilité de payer à temps et normalement le salaire des travailleurs.

Aussi, les législations du travail des pays membres de l'OHADA ont-elles institué une procédure particulière de licenciement pour motif économique[94]. Cette particularité se caractérise non seulement par la lourdeur et la complexité de la procédure (**1**), mais surtout par l'accroissement prévisible du contentieux (**2**).

1- La lourdeur de la procédure de licenciement

46-L'article 40, alinéa 6, du Code du travail camerounais, par exemple, prévoit une procédure spéciale de licenciement pour motifs économiques en cas d'échec de la négociation préalable, ou des départs obligatoires nécessités par la situation de l'entreprise.

---

estime que les modifications non substantielles ne constituent pas véritablement des modifications du contrat de travail, mais une simple application de celui-ci. Aussi, le salarié doit en principe les respecter et se soumettre aux nouvelles directives qui lui sont données. La situation est différente en cas de modifications substantielles du contrat (art 42 al 2 du CT), cf. KENFACK (P. E.), « La modification du contrat du travail au Cameroun », *R.J.A*, 1994, p. 201.

[91] Et même dans ce cas, il lui sera extrêmement difficile de tenir à ses engagements, surtout si les employés résistants sont nombreux.

[92] A priori, on croirait que le licenciement serait une panacée pour l'entreprise à cause de sa canalisation et du cantonnement du montant des indemnités y afférentes. Or, en réalité, les difficultés de l'entreprise sont généralement si pressantes qu'elle se trouve à cet effet dans l'impossibilité totale de débourser la moindre somme d'argent pour des motifs quelconques non liés directement au fonctionnement, à la bonne marche de l'entreprise.

[93] Une étude de terrain nous a permis de constater que l'application des différentes mesures subsidiaires aux licenciements pour motifs économiques conduit rarement au sauvetage, voire au redressement des entreprises en difficulté. Dans la plupart des cas, il s'agit en réalité de préludes aux profondes restructurations et liquidations couplées de nombreux licenciements.

[94] Cf. BRILMAN (J.), *op. cit*, p. 196. Cf. notamment les articles 72 et s. du Code du travail togolais, 56 et s. du Code du travail gabonais, et 40 du Code du travail camerounais.

Plusieurs interrogations entourent la mise en œuvre de cette procédure : comment choisit-on les personnes à licencier ? Comment se déroule la procédure ?

47-Sur la première question, il faut rechercher des éléments de réponse dans le texte du Code du travail même[95]. En effet, l'article 40, alinéa 6 (a), du Code du travail camerounais prescrit au chef d'entreprise qui souhaite compresser pour des motifs économiques, d'établir la liste des personnes concernées selon le critère prioritaire de l'aptitude professionnelle[96].

Dans la pratique, de nombreuses autres considérations, hautement subjectives, entrent en ligne de compte. Vraisemblablement, elles seront à l'origine des contestations, notées çà et là, chaque fois qu'une entreprise publie la liste « des victimes de la crise »[97]. Les raisons de ces critiques sont fondées certainement sur l'absence d'un véritable contrôle *a priori* de la liste des personnes à compresser[98]. Un tel vide juridique ouvre incontestablement la porte à d'éventuels abus et lenteurs[99]. Aussi serait-il souhaitable de confier à l'inspecteur du

---

[95] Cf. articles 40, alinéa 6, du Code du travail du 14 Août 1992, 73 du Code du travail togolais et 59, alinéa 7, du Code du travail gabonais.

[96] Aux termes de l'article 40 al. 6 (a) du Code du travail camerounais, « ... *l'employeur doit établir l'ordre des licenciements en tenant compte des aptitudes professionnelles, de l'ancienneté dans l'entreprise et des charges familiales des travailleurs. Dans tous les cas, l'ordre des licenciements doit tenir compte en priorité des aptitudes professionnelles* ».

[97] L'appréciation de l'aptitude professionnelle est assez subjective, voire relative et sujette à de nombreux risques d'arbitraire. Aussi, est-il fréquent d'entendre des employés compressés se plaindre, par exemple, que tel employé retenu est moins compétent que tel autre qui a été licencié sans toutefois prouver l'insuffisance de leurs capacités. Néanmoins, il demeure tout de même vrai que les chefs d'entreprises acceptent difficilement de se séparer de leurs cadres compétents, car la survie de l'entreprise dépend du maintien en place des travailleurs les plus indispensables à assurer son fonctionnement.

[98] L'exemple le plus manifeste est celui de l'ex-BICIC, où la presse nationale a relaté de nombreuses plaintes de certains employés licenciés s'estimant plus compétents et disciplinés que les autres retenus par la BICEC à la suite de l'opération de restructuration de la première.

[99] Le contrôle *a priori* de l'ordre des licenciements ne semble être prévu que pour les délégués du personnel (art 40 al 7 du CT camerounais). Pour les autres employés, la loi fait seulement obligation à l'employeur de communiquer la liste des personnes à compresser aux délégués du personnel dans le but de recueillir leurs avis. Qui plus est, la loi ne dit rien sur la force de cet avis ni sur celle de l'arbitrage du ministre du travail fait à la suite de la transmission de la réponse des délégués du personnel. En outre, même le juge du travail appelé à exercer un contrôle à postériori sur l'ordre

travail du ressort la mission de contrôle *a priori* de la liste des personnes à compresser[100].

48-Sur la deuxième question, le déroulement de la procédure de licenciement pour motifs économiques connaît deux phases importantes : la phase de communication de la liste des personnes à compresser aux délégués du personnel et celle d'arbitrage du ministre du Travail.

Le Code du travail camerounais[101] fait obligation à l'employeur de communiquer par écrit aux délégués du personnel la liste des personnes qu'il se propose de licencier avec précision des critères de choix retenus. Le Code du travail gabonais étend cette communication aux délégués du syndicat le plus représentatif et aux membres du comité permanent de concertation économique et sociale[102]. Leur réponse écrite doit parvenir à l'employeur dans un délai maximum de 8 jours francs[103]. Il est permis de s'interroger sur les délégués du personnel à saisir. Est-ce l'ensemble des délégués ou seulement les délégués des collèges correspondant aux travailleurs à licencier ?

Dans le silence des textes, il est préférable, selon un auteur[104], de saisir la collectivité des délégués. Ce point de vue s'impose parce que les difficultés économiques touchent très souvent la survie même de l'entreprise, c'est-à-dire la collectivité du personnel et non pas seulement une partie. La liste arrêtée, ainsi que la réponse des délégués du personnel doit être communiquée sans délai au ministre

---

des licenciements, ne pourra plus arrêter ou influencer le licenciement déjà opéré ; il pourra seulement le taxer d'irrégulier sans grandes conséquences majeures.

[100] Comment peut-on réellement expliquer que parmi les 40% des personnes licenciées à l'ex-BICIC, on ait des cadres très importants tels que de nombreux chefs comptables, directeurs d'agence et de régions … Mais, il convient de signaler que les hommes clés dans une entreprise ne sont pas toujours les plus gradés, ni les plus diplômés. L'expérience montre que quelques cadres, quelques agents de maîtrise et quelques ouvriers spécialisés détiennent des connaissances essentielles pour la marche de l'entreprise.

[101] Cf. article 40, alinéa 6, du Code du travail camerounais.

[102] Cf. article 59, alinéa 1, du Code du travail gabonais.

[103] Cf. article 40, alinéa 6 (b) et (c), du Code du travail camerounais.

[104] Cf. POUGOUE (P.-G.), Droit du travail, Tome I, P.U.F, n° 233, p. 98, cité par TCHOKOMAKOUA (V.), « La compression d'effectifs », *Revue de Jurisprudence Sociale Camerounaise*, T_3, p. 14.

du Travail pour arbitrage[105] et non plus à l'Inspection du Travail de 1974[106].

49-Le rôle dévolu au ministre du Travail interpelle doublement. Premièrement, il est permis de se demander si le ministre du Travail était le personnage le plus indiqué pour accomplir une mission aussi déterminante d'arbitrage des contestations. Le législateur de 1992 espérait rendre la procédure de licenciement pour motifs économiques plus rapide et moins lourde. Or, en substituant le ministre vraisemblablement plus occupé et plus distant à l'inspecteur du Travail, la procédure de licenciement risque de traîner davantage. Cette crainte est d'autant plus justifiée que, pour citer le Professeur POUGOUE Paul-Gérard et lui rendre l'hommage que méritent ses réflexions, « *il n'est prévu aucun délai pour la transmission (de la liste), ni pour l'arbitrage du ministre, et aucun recours n'est organisé* »[107].

Deuxièmement, on peut s'interroger sur la nature juridique de cet arbitrage du ministre. En d'autres termes, quel contenu revêt la fonction d'arbitrage de l'article 40, alinéa 6 (d), du Code du travail camerounais de 1992 ? Est-elle différente de celle d'avis et de conseil qui était jadis dévolue à l'inspecteur du Travail ? Peut-elle être assimilée à l'arbitrage des articles 161 à 164 du même Code du travail qui s'analyse en l'exercice d'une fonction juridictionnelle ?

50-À notre sens, l'arbitrage du ministre du Travail qui se noue en principe à un stade pré-contentieux, s'analyse comme une conciliation qui doit être perçue comme un instrument permettant de dépasser l'antagonisme des intérêts et faciliter le rapprochement des points de vue opposés jusqu'à l'acceptation d'une solution de type transactionnel[108]. L'arbitrage de l'article 40 al 6 (d) du Code du travail

---

[105] Afin de donner au chef d'entreprise en difficulté la possibilité de se séparer rapidement des employés non indisponibles, le Code du travail de 1992 a ramené le délai de réponse des délégués du personnel de 15 à 8 jours (art 40 al 6 (c)).

[106] Au Gabon et au Togo, c'est encore l'inspecteur du travail qui est l'autorité à saisir d'une demande d'autorisation de licenciement individuel ou collectif pour motif d'ordre économique. Cf. les articles 58 du Code du travail gabonais et 74 du Code du travail togolais.

[107] Cf. POUGOUE (P.-G.), « Commentaire de la loi n° 92 / 007 du 14 Août 1992 portant Code du travail », *Juridis Info*, n° 12, p. 44. Cf. article 40 al. 6 (d) du Code du travail de 1992.

[108] Normalement, l'employeur n'a aucun intérêt à retarder la transmission de ces différents documents au ministre du travail, car son souhait est certainement que la

camerounais n'est pas différent de l'avis et conseil autrefois dévolu à l'inspecteur du Travail[109]. C'est donc par abus de langage que le législateur de 1992 a utilisé le terme d'arbitrage. Il aurait été juste de parler tout simplement de conciliation. Ces difficultés d'interprétation seront certainement source de nombreux contentieux.

2- L'accroissement prévisible des contentieux.

51-Des contentieux peuvent s'élever de l'application des articles 40, alinéa 6, et 59 respectivement des Codes du travail camerounais et gabonais[110]. Certains tiennent aux motifs des licenciements, d'autres à l'indemnisation et quelques-uns enfin à l'exercice de la priorité d'embauche instituée en faveur des travailleurs compressés.

52-Sur le premier point, l'article 40, alinéa 6, du Code du travail camerounais contient en lui-même les germes de nombreux contentieux. En effet, aucun contrôle *a priori* n'est prévu pour assurer la régularité du motif du licenciement et du choix des travailleurs à licencier. Ne l'ayant pas fait, on assiste sur le terrain à de nombreuses contestations soulevées par les employés à la fois sur le motif économique et sur l'ordre des licenciements, même si toutes ne sont pas toujours portées devant les tribunaux[111].

Évidemment, le juge pourrait exercer ici un contrôle *a posteriori*, même si son efficacité est critiquable. La décision du juge est généralement incapable d'arrêter ou influencer la procédure de licenciement déjà violée même au prix de fortes condamnations au paiement de dommages et intérêts. Qui plus est, pareilles condamnations aggravent davantage la situation de l'entreprise[112]. Toutefois, en l'absence d'un contrôle *a priori*, il paraît tout au moins souhaitable de condamner les auteurs à payer des dommages et

---

procédure se déroule le plus rapidement possible ; À notre sens, la lenteur pourrait provenir plutôt du côté de l'arbitre qui, non seulement ne dispose pas d'assez de temps pour agir rapidement, mais surtout ne court aucun risque ou aucune sanction quand bien même il le ferait de mauvaise foi.

[109] Cf. POUGOUE (P.-G.), « Le petit séisme du 14 Août 1992 », préc., p. 35.

[110] Il en est de même de 72 et s. du Code du travail togolais.

[111] On peut à cet effet déplorer que l'arbitrage du ministre ne lie pas l'employeur, même si la loi rend obligatoire cette phase de la procédure.

[112] Le cas de la SEMRY est assez révélateur. Cette société avait payé cher le licenciement abusif de 7 de ses employés entre 1985 et 1989 ; elle avait été condamnée par le T.G.I. de YAGOUA, à leur verser 15.418.500 FCFA de dommages et intérêts. (Voir T.G.I. de Yagoua, ch. Civ du 12 Nov 1991, Inédit). De nombreux autres litiges du même ordre sont à ce jour pendant devant les tribunaux.

intérêts aux victimes. Cependant, l'idéal serait de résoudre toutes les difficultés susceptibles de survenir avant le licenciement de telle sorte qu'il n'y ait plus de contentieux à l'issue de la procédure[113]. Aussi, l'inspecteur du Travail qui dispose d'énormes moyens et arguments pour influencer la procédure en veillant à sa régularité, serait mieux qualifié pour accomplir une véritable mission de contrôle *a priori*[114].

53-Sur le deuxième point, l'employeur est placé à « *la croisée des chemins de l'économie et du social* »[115]. Le Code du travail camerounais, par exemple, n'autorise effectivement le licenciement pour motifs économiques qu'après paiement préalable et intégral des indemnités liées à la rupture[116]. Or, très peu d'entreprises en difficultés ont des moyens suffisants pour faire face à de telles obligations. Aussi manifestent-elles peu d'enthousiasme pour le paiement des différentes indemnités au demeurant fort modiques. Dans ces conditions, ce sont les salariés qui sont durement pénalisés, d'autant plus que le dispositif légal visant à protéger les créances salariales en cas de perte d'emploi est pauvre[117]. Il serait dès lors

---

[113] On pourrait alors envisager un véritable contrôle *a priori* du déroulement de la procédure spéciale de licenciement pour motif économique à l'instar de celle prévue pour le licenciement d'un délégué du personnel (article 40 al 7 et 130 du Code du travail camerounais).

[114] Évidemment, il y aurait de fortes chances que la saisine *a posteriori* du juge du travail sur des contestations liées au déroulement de la procédure soit de moins en moins élevée. C'est à notre avis le moyen efficace pour rendre la procédure spéciale plus effective à défaut d'exclure totalement le ministre du travail de la procédure.

[115] POUGOUE (P.-G.), « Codicille du travail, de l'emploi et de la solidarité nationale », *R.J.A*, 1994, p. 225.

[116] Aux termes de l'art. 40 du Code du travail camerounais, le travailleur licencié à la suite de la procédure de licenciement pour motif économique, aura droit à l'indemnité de préavis et, le cas échéant, à l'indemnité de licenciement s'il remplit les conditions d'ancienneté de 2 ans au sein de l'entreprise. En réalité, le licenciement autorisé qui est le licenciement pour motif économique pose un grave problème de principe, de justice, d'équité et d'éthique : le travailleur licencié dans ces conditions n'a commis aucune faute ; il a donc normalement droit à l'indemnité de préavis, de licenciement (s'il remplit les conditions d'ancienneté exigées) ou aux primes de bonne séparation si elles sont prévues par des accords particuliers ? Aussi il est assez injuste, voire peu équitable et malhonnête de ne pas réparer efficacement et promptement le préjudice subi innocemment par un salarié d'autant plus que, le montant de la somme qui lui sera allouée est généralement disproportionnée par rapport au préjudice qu'il subit en réalité, surtout que notre droit positif ne consacre pas l'indemnisation en cas de chômage total ou partiel.

[117] Les articles 70 et 71 du Code du travail camerounais consacrent le système de privilège galvanisé par un "super privilège" accordé aux salariés et qui s'exerce sur

souhaitable d'instituer un fonds de garantie de salaire, à l'instar de ce qui se passe actuellement dans certaines législations européennes[118].

54-Sur le troisième point enfin, l'article 40, alinéa 9, du Code camerounais de 1992, reprenant l'article 43, alinéa 4, de celui de 1974, prévoit que « *le travailleur licencié bénéficie, à égalité d'aptitude professionnelle, d'une priorité d'embauche pendant deux ans dans la même entreprise* »[119] si la situation venait à s'améliorer[120]. Le droit à la priorité d'embauche dans la même catégorie d'emploi, tel qu'institué par le Code du travail camerounais, se justifie en réalité par la particularité de ce type de licenciement.

55-Aussi, sa mise en œuvre pose au moins deux types de problèmes : celui de l'ordre de réembauchage des employés compressés et celui de la détermination de la nature juridique du contrat de réembauchage.

Pour le premier problème, face au silence des textes, la Cour Suprême du Cameroun décide que la priorité d'embauche est laissée à la libre appréciation de l'employeur suivant les disponibilités d'emplois qui peuvent se créer au sein de l'entreprise[121]. Mais le pouvoir d'appréciation de l'employeur n'est pas à l'abri de tout contrôle. Aussi est-il possible qu'un employeur soit condamné pour licenciement abusif s'il est démontré que c'est par malveillance qu'il a

---

tous les biens meubles ou immeubles, permettant ainsi que la fraction insaisissable du salaire prime sur tous les autres privilèges généraux ou spéciaux. Mais, il est regrettable que le super-privilège ne puis protéger la totalité des créances, d'autant plus que les sommes dépassant la fraction insaisissable continueront à bénéficier d'un privilège simple à concurrence d'un plafond et seront chirographaires au-delà. C'est dire que le privilège n'aura de réelle portée que si l'entreprise dispose d'un actif facilement réalisable ; et ce n'est pas toujours le cas surtout si l'entreprise est déclarée en faillite.

[118] Sur une étude comparative de quelques expériences européennes, voir entreprises en difficultés, gestion de l'emploi et droits des salariés, rapport CAMPUS cité par POUGOUE (P.-G.) in « Codicille du Travail, de l'emploi et de la solidarité nationale », précité, p. 259 et s.

[119] Cf. également les articles 75 et 60, respectivement des Codes du travail togolais et gabonais.

[120] Au contraire, au-delà de cette durée, si un recrutement est envisagé, il s'agira d'un recrutement ordinaire avec éventuellement essai.

[121] Voir Cour Suprême, arrêt n° 25 / S du 29 janvier 1981, affaire HATIYE Georges c/ Ets. BROSSETTE ; Arrêt n° 1/S du 7 octobre 1982 Affaire Sté ASQUINI ENCORAD c/MBELEK Benjamin, Inédits.

refusé de reprendre un employé plus ancien au profit des moins anciens[122].

Quant au second problème, on se demande si le contrat de réembauchage ainsi conclu entre l'employeur et son ancien salarié est le prolongement de l'ancien contrat de travail ou plutôt tout à fait nouveau et n'ayant aucun rapport avec l'ancien. L'hypothèse n'étant pas prévue parmi les cas de suspension du contrat de travail de l'article 32 du Code du travail camerounais, la doctrine penche pour cette seconde solution[123]. Mais il ne fait pas de doute que ce nouveau contrat sera largement influencé par l'ancien contrat de travail ayant déjà lié les parties[124].

56-Au total, les législations du travail de nombreux pays membres de l'OHADA[125] ont pour but de favoriser le sauvetage des entreprises en difficultés en dépit de différents contentieux susceptibles de surgir entre les partenaires sociaux. Par-là, l'article 40 du Code du travail camerounais, en particulier, annonce déjà un droit de l'entreprise en difficulté et s'ajoute ainsi aux articles 32, alinéa 4, relatif au chômage technique et 42, alinéa 2, relatif à la modification substantielle du contrat de travail, pour donner un certain nombre de moyens au chef d'entreprise de lutter contre les difficultés conjoncturelles qui menaceraient son unité économique.

Il s'agit là de mesures essentiellement provisoires qui ont rarement conduit au redressement véritable d'une entreprise en difficulté, la solution de ses problèmes se trouve plutôt ailleurs, au niveau des facilités de paiement notamment. Et même encore là, il ne s'agit pas non plus d'une panacée.

Paragraphe 2- L'aménagement controversé des paiements

57-Dans le domaine des affaires, le strict respect des échéances est considéré comme un principe fondamental, garant non seulement de la

---

[122] Voir Cour Suprême, Arrêt n° 108 / S du 19 Août 1982, Affaire Sté, Asquini Encorad c / Mbelek Benjamin, Inédit.

[123] Cf. POUGOUE (P.-G.), Ouvrage précité, n° 239, p. 100.

[124] Cf. TCHOKOMAKOUA (V.), « La compression des effectifs », article précité, p. 16. C'est d'ailleurs pourquoi on admet que l'employeur qui propose un emploi à son dernier travailleur, ne fait qu'exécuter une obligation légale et ne peut dès lors être accusé de débauche.

[125] Cf. notamment les articles 40 du Code du travail camerounais, 72 et s. du Code du travail togolais et 56 et s. du Code du travail gabonais.

moralité commerciale, mais surtout de la sécurité des transactions. L'octroi de délais de paiement supplémentaires est cependant fréquent et nécessaire.

À cet effet, l'entreprise en difficulté peut demander des reports volontaires d'échéances, qui ne présentent guère de particularité ; tout au plus peut-on considérer que leur renouvellement et leur importance traduisent une situation financière proche de l'état de cessation des paiements et ils sont considérés comme un indice significatif du profond déséquilibre de l'entreprise.

58-En dehors de ces hypothèses, l'entreprise en difficulté obtient des facilités de paiement en demandant en justice un délai de grâce (**A**), ou en obtenant des crédits auprès des banques (**B**). Mais la situation de l'entreprise ne favorise pas toujours la mise en œuvre facile de ces différentes mesures.

A- La mauvaise conception des délais de grâce

59-Le terme de grâce, ou délai de grâce[126] est accordé par le juge au débiteur dont la dette est venue à l'échéance et que le créancier poursuit. C'est une mesure individuelle qui ne peut être assimilée aux divers moratoires légaux accordant la suspension des poursuites des créanciers aux débiteurs en difficulté[127]. Le délai de grâce de l'article 1244, alinéa 2, du Code civil figure dans la section consacrée au paiement et constitue une exception notable à la force obligatoire des conventions.

60-En 1804, pour des raisons humanitaires, il a été introduit dans le Code civil en ces termes : « *Les juges peuvent (...), en considération de la position du débiteur et en usant de ce pouvoir avec une grande réserve, accorder des délais modérés pour le paiement, et surseoir à*

---

[126] Cf. MALAURIE (Ph.) et AYNES (L.) et STOFFEL-MUNCK (Ph.), Droit civil, Droit des obligations, 8e éd., LGDJ, 2016, n° 1124 ; TERRE (F.), SIMLER (Ph.) et LEQUETTE (Y.), Droit civil, les obligations, 11e éd., Dalloz, 2013, n° 1205 et s. ; WEILL (A.) et TERRE (F.), Droit civil, Les Obligations, 2e éd., 1975, DALLOZ, n° 916 et s. ; CARBONNIER (J.), Droit civil, Les Obligations, t. 4, 9e éd., 1976, P.U.F., Coll. THEMIS, n° 61 ; NGUIHE KANTE (P.), « Commentaire de l'Arrêt de la Cour d'Appel de DOUALA, n° 55 /C (bis) du 17 Décembre 1993, Affaire pharmacie du RAIL, Sté SADE c/ Sté Laboratoires LAPROVET », *LEXLATA*, n° 13, p. 3 et S ; SERIAUX (A.) « Réflexions sur les délais de grâce », *RTD Civ.*, 1993, p. 789.

[127] Cf. les articles 2 et 3 de AUPCAP.

l'exécution des poursuites, toutes choses demeurant en l'état ». Les dispositions de ce texte sont toujours applicables au Cameroun[128].

Les débiteurs malheureux et de bonne foi, victime des circonstances, peuvent ainsi obtenir par le jugement même qui statue sur la dette et prononce la condamnation, un délai fixé discrétionnairement par le juge, sans limitation légale de durée. Et pendant plus d'un siècle, les débiteurs poursuivis se sont présentés humblement devant le tribunal, sollicitant des délais pour payer. Aussi les décisions favorables, plus ou moins nombreuses, sont pratiquement dictées par le sentiment de pitié qui empêche qu'une suprême injustice ne résulte de l'application stricte du droit[129].

61-Le délai de grâce est donc accordé en tenant compte de la position du débiteur et de la situation économique pour une durée indéterminée[130], et en cas d'urgence, ce pouvoir appartient au juge des référés[131]. Il peut ainsi être obtenu aussi bien lors de la décision de condamnation, qu'après[132].

Lorsqu'il est accordé, il n'a pour effet que de surseoir à l'exécution des poursuites. Aussi non seulement le créancier est en droit de

---

[128] L'article 1244, alinéa 2 du Code civil a été profondément modifié par deux lois des 25 Mars et 20 Août 1936 qui ont prévu un délai de grâce ne pouvant excéder un an. Mais les modifications apportées n'ont pas été introduites au Cameroun.

[129] Cf. RIPERT (G.), « Le droit de ne pas payer ses dettes », *D.H.*, 1936, p. 57, n° 1 ; NGUIHE KANTE (P.), in « Commentaire de l'Arrêt de la Cour d'Appel de Douala », précité, p. 5.

[130] Contrairement au droit français qui prévoit un délai fixe, l'article 1244, al 2, du Code civil applicable au Cameroun envisage simplement de « délais modérés » sans autre précision de durée. Dès lors, il revient au juge de fixer un délai convenable, compte tenu des circonstances, pour permettre au débiteur de désintéresser ses créanciers. En tout état de cause, il devra motiver sa décision.

[131] Pratiquement, en cas d'urgence, le débiteur même condamné et à qui il a été refusé un délai par la juridiction saisie sur le fond, peut en solliciter à nouveau l'octroi en invoquant les dispositions des articles 1244 al 3 du Code civil. Mais le débiteur ne doit pas se trouver dans des situations excluant le bénéfice du délai de grâce (en matière d'effet de commerce par exemple, à moins que le créancier ne consente à reporter l'échéance de son paiement ou lorsqu'il est en état de cessation des paiements ou de faillite).

[132] Pour un cas de délai de grâce obtenu avant la décision de condamnation, cf. NGUIHE KANTE (P), in « Commentaire de l'arrêt de la Cour d'Appel de Douala du 17 Décembre 1993 », préc., p.15 et s.

prendre des mesures conservatoires, mais surtout les intérêts continuent à courir et la compensation pourrait se produire[133].

62-Dans une période de crise économique et de chômage comme cela est le cas actuellement, les dangers sont réels de voir les juges accorder avec une certaine facilité ces délais de grâce.

Lorsqu'une entreprise obtient un délai de grâce, qu'elle soit ou non victime des conséquences de l'octroi de tels délais à ses propres débiteurs, la mesure dilatoire qu'elle représente a au moins quatre inconvénients qui la rendent d'une efficacité toute relative. En premier lieu, le délai de grâce est un délai modéré, et qui peut s'avérer court pour rétablir une situation financière difficile. Il est vrai que son objet n'est que de suspendre l'exécution d'une poursuite d'un créancier et non de redresser l'entreprise. En deuxième lieu, il ne s'agit que d'une mesure isolée, dont le bénéfice se trouve automatiquement perdu si un autre créancier saisit les biens du débiteur et à plus forte raison si son état de cessation des paiements est constaté[134].

En troisième lieu, les dirigeants de l'entreprise qui bénéficient d'un délai de grâce ne sont soumis à aucun contrôle de gestion quotidienne une fois la mesure obtenue. Aussi, n'auront-ils aucune crainte à aggraver la situation de l'entreprise ou à organiser leur insolvabilité, d'autant plus que les juges n'exigent pas en pratique des garanties financières[135]. On peut déjà entrevoir leur dimension à la manière des rats qui quittent le navire qui sombre[136]. Il serait dès lors souhaitable que le juge qui accorde des délais de grâce, organise en même temps des mesures de contrôle permanent ou exige des engagements particuliers et fermes de la part des dirigeants.

En quatrième lieu, les dirigeants de l'entreprise profitant de l'apparente solvabilité que leur procure l'octroi d'un délai de grâce se lancent généralement à la conquête de nouvelles sources de financement. À cet effet, il est à craindre que les dirigeants malhonnêtes recourent à des opérations d'escroquerie tous azimuts,

---

133 Cf. article 1292 du Code civil.
134 cf. NGUIHE KANTE (P), in « Commentaire de l'arrêt de la Cour d'Appel de Douala du 17 Décembre 1993 », préc., p. 16.
135 *Ibidem*.
136 Cf. HOUIN (R.), « Les solutions de crise des sociétés en droit français », *Revue Juridique. Politique. Ind. Et coop*, Mars 1978, t. 32, p. 602.

surtout lorsqu'ils sont convaincus que la situation de l'entreprise est irrémédiablement compromise.

63-Au demeurant, le délai de grâce n'est utile que pour obtenir en justice une prorogation d'échéance que le créancier refuse de consentir, et dès qu'il existe une pluralité des créanciers dont le paiement à l'échéance s'avère impossible, le recours à l'article 1244 du Code civil est sans effet. Mesure conjoncturelle, individuelle et purement dilatoire, le délai de grâce a cependant son utilité, en dépit de ses limites.

Mais lorsque l'entreprise rencontre de telles difficultés pour honorer ses échéances, il est fréquent qu'elle ait négligé le paiement des cotisations et impôts dont elle est redevable ; il lui sera alors utile d'essayer d'en différer le règlement et d'éviter les pénalités de retard. Quelquefois, l'entreprise recourt aux concours bancaires pour se renflouer.

B- Le recours illusoire aux crédits bancaires

64-Parmi les techniques ayant un caractère conjoncturel, les crédits bancaires constituent une nouvelle source de mesures dilatoires[137].

Concrètement, la structure financière des entreprises ne leur permet pas de vivre sans un recours permanent au crédit à court terme, plus spécialement celui consenti par les banques, dont le coût est élevé en frais financiers et accompagné de la constitution de sûretés[138]. Dans une large mesure, sous réserve des mesures prises par les pouvoirs publics pour limiter ou encadrer le crédit, les banques détiennent la clef du crédit et l'on a même pu dire qu'elles étaient devenues, en fait,

---

[137] Il ne s'agit pas de crédits à moyen ou à long terme, généralement consentis par les établissements spécialisés pour les deniers, qui servent à effectuer des investissements que la carence ou l'insuffisance de l'autofinancement et de fonds propres ne permettent pas de réaliser. Il est plutôt question ici des crédits à court terme qui alimentent le fonds de roulement de l'entreprise et ne devraient en principe revêtir qu'un caractère conjoncturel ou saisonnier. Ce besoin de fonds de roulement se définit comme la différence entre besoins courants et ressources d'exploitation, et l'entreprise devrait pouvoir normalement assurer elle-même sa trésorerie.

[138] Cf. KEOU TIANI (F.), « Les entreprises face aux banques dans le contexte actuel au Cameroun », Texte, intégral d'un exposé présenté lors du séminaire sur le droit et le redressement des entreprises en difficulté, *Juridis Info*, n° 6, Avril-Mai-Juin 1991, p. 72 et s. ; NGNONBOWO KOUA (B.), Les conditions générales de banques au Cameroun, Mémoire de Maîtrise en droit, Université de Dschang, 1998, p. 5 et s.

les « commanditaires » des entreprises[139]. Elles jouent un rôle clé dans l'économie en accompagnant les entreprises dans leur réussite et dans leurs difficultés[140].

65-Cette situation, fort éloignée des principes classiques de gestion financière, fait de la banque l'arbitre de la poursuite ou de la cessation de l'activité de l'entreprise. Mais en plus de ses effets sur la survie même de l'entreprise, le crédit bancaire peut induire en erreur les tiers sur la solvabilité réelle de l'entreprise avec laquelle ils traitent[141].

Ainsi, le recours aux crédits bancaires devient illusoire dans la mesure où la vigilance conseillée au banquier paralyse très souvent la demande de financement **(1)** et sa responsabilité éventuelle peut le dissuader de s'engager dès lors que la société a des difficultés **(2)**.

1- Un refus justifié

66-La vigilance conseillée au banquier l'incite à ne prêter qu'à celui qui peut rembourser. L'adage bien connu selon lequel « on ne prête qu'aux riches » retrouve tout son sens ici. Aussi serait-il difficile de blâmer l'attitude des différents établissements bancaires qui hésitent à aider les entreprises en péril de mort et dont la survie est tout à fait aléatoire. Car, face à une entreprise en situation désespérée, si une banque n'a pas le droit de rompre de manière fautive ses crédits, elle n'en est pas moins tenue de fournir du crédit de manière abusive[142]. Pareille attitude se justifie à plus d'un titre.

En premier lieu, les établissements spécialisés dans l'aide aux entreprises ont des ressources limitées et dès lors, ne peuvent logiquement les engager dans des opérations aléatoires alors que certaines ont déjà fortement été laminées par des financements insérés dans des projets peu ou non rentables[143].

---

[139] Cf. BROSSOLETTE (C. P.), « La banque à l'horizon des années 80 », *Revue Banque*, 1979, p. 713 et s.

[140] Pour s'en convaincre, lire MAGUEU KAMDEM (J. D.), Les banques et les entreprises en difficulté, mémoire de DEA, Université de Dschang, 2007.

[141] Le banquier décerne une sorte de « brevet de moralité » qui incite les tiers à accorder leur confiance à l'entreprise. Mais, ils ne doivent pas favoriser la survie artificielle d'une exploitation sans issue.

[142] CAPOEN (A.-L.), La responsabilité bancaire à l'égard des entreprises en difficulté, thèse, Toulouse, p. 13.

[143] La multitude des crédits accordés aux PME-PMI camerounaises, réalisés assez souvent sans fourniture des garanties réelles - car recommandés par des pouvoirs publics qui souhaitent voir naître un véritable secteur privé national hautement

En second lieu, certaines banques assez liquides qui souhaiteraient fournir du crédit aux entreprises sont généralement confrontées à l'incapacité de celles-ci de fournir de véritables garanties. Cela ne saurait étonner. En réalité, une entreprise en panne de liquidités a presque déjà hypothéqué tous ses principaux biens chez des créanciers, raison pour laquelle elle a de la peine à trouver des fonds nécessaires pour la relance.

67-Mais le banquier n'est pas seulement un marchand de crédit[144], n'ayant à prendre en compte que ses propres intérêts, parmi lesquels le plus essentiel est de s'assurer du remboursement de prêts qu'il consent ; il est aussi d'une certaine manière le gardien de la sécurité des affaires[145]. Tout cela donne la mesure de l'étendue de la responsabilité des banques pouvant dispenser des crédits aux entreprises en difficulté.

2- Une responsabilité envisageable du banquier

68-Lorsqu'une entreprise connaît des difficultés graves, la participation de la banque à telles opérations et l'aide financière apportée soulèvent un certain nombre de questions. A-t-elle, en raison des informations dont elle dispose, ou devrait disposer, le devoir de refuser son concours et de considérer qu'elle n'a pas à participer au sauvetage de l'entreprise ? Ou bien peut-elle prendre un certain nombre de risques, dont celui de ne pas recouvrer sa créance avec la crainte, en cas d'échec, de se voir reprocher d'avoir provoqué la survie artificielle de l'entreprise ?[146] Les réponses à donner à ces questions dépendent à l'évidence, de la situation de fait telle qu'elle se présente.

En effet, confrontée aux difficultés de son client, entreprise en difficulté, la banque peut soit décider de rompre les crédits à fournir,

---

performant - n'ont pas été remboursés normalement et ont été à l'origine de nombreuses difficultés qu'ont connues et que connaissent encore la plupart des banques et établissements spécialisés d'aides aux entreprises.

[144] Pour l'évolution historique de l'activité bancaire, cf. Didier (P.), Droit Commercial, T_1, P.U.F, Collection THEMIS, 1970, p. 174.

[145] Ses obligations et son rôle ont imprimé aux contrats bancaires un particularisme certain, notamment en matière de crédit. À cet égard, le banquier est investi d'une mission de service public dans la distribution de crédit. Peu de contractants ont à la fois autant de pouvoirs et de devoirs vis-à-vis de l'autre partie et des tiers.

[146] Dans le même sens, lire COTTIGNY (M.), Responsabilité civile et procédures collectives, thèse, Lille 2, 15 décembre 2015, p. 120.

soit être tentée de donner des conseils de gestion à son client, soit poursuivre la fourniture de concours, en accordant à son client de nouveaux crédits, afin de lui donner une chance de se redresser[147]. Dans l'un ou l'autre cas, la banque peut voir sa responsabilité engagée pour rupture abusive de crédit, pour immixtion fautive en cas d'échec du redressement de la situation, ou pour aggravation de la situation du passif du client en difficulté[148].

69-En réalité, la banque qui consent des découverts et des crédits élevés à une société en difficulté tout en sachant que la situation est sans issue ou qui octroie des avances excessives à un client en état de cessation des paiements, prend un risque sérieux vis-à-vis des autres créanciers ou du crédité lui-même. Aussi, le droit OHADA admet la responsabilité de tous ceux qui ont concouru plus ou moins directement, par leurs négligences ou leurs fautes, à l'aggravation du passif d'une entreprise[149]. Il pourra certainement être fait application des dispositions prévues par les articles 1382 et 1383 du Code civil[150].

70-Toutefois, la difficulté réside dans la détermination du seuil de gravité de la situation ou du point de non-retour, au-delà duquel l'aide bancaire peut être considérée comme fautive. Les quelques exemples jurisprudentiels ayant retenu la responsabilité délictuelle de la banque font référence à l'état de cessation des paiements[151]. En réalité, celui-ci n'est qu'une condition d'ouverture d'une procédure collective, et semble peu adapté pour apprécier la faute éventuelle du dispensateur de crédit. Il faut l'accumulation de fautes assez peu courantes pour qu'un banquier consente des crédits en connaissant l'extrême gravité de la situation de l'entreprise ou un comportement « *suicidaire* »[152].

---

[147] CAPOEN (A.-L.), thèse précitée, p. 11.

[148] Ibid.

[149] Cf. articles 228 et 229 de l'AUPCAP ; YAWAGA (S.), « Infractions relatives aux procédures collectives d'apurement du passif », in Paul-Gérard POUGOUE (sous la direction de), *Encyclopédie du droit OHADA*, op. cit., p. 1004 et s.

[150] Cf. NYAMA (J. M.), « Réflexions sur la responsabilité du banquier : à propos des arrêts BICIC c/ MOSAH ALLEN, SGBC c/ SANITONGA et BIAOC c/ MENTHONG Adalbert », *Juridis Info*, n° 9, Janvier-Février-Mars, 1992, p.33 et s ; CAPOEN (A.-L.), thèse précitée.

[151] Cf. GIOANNI (R). « La cessation des paiements dans l'infraction de banqueroute », *D.*, 1994, chron. 53.

[152] Cf. DIOP – O'NGWERO, « La responsabilité civile du banquier pour l'octroi de crédits à une entreprise en difficulté : À propos d'un jugement du Tribunal de Libreville du 17 mars 1992 », *Revue Penant*, n° 817, Jan-Avril 1995, P 99 et s. ;

71-C'est en deçà de cette situation que le problème se pose réellement, et il ne semble pouvoir être résolu qu'en déterminant le rôle joué par le crédit accordé.

Selon la conception généralement admise, le banquier a l'obligation de ne pas s'immiscer dans la gestion de l'entreprise. Elle relève de la compétence des seuls dirigeants et il n'a aucun devoir général de conseil. Tout au plus, lui reconnaît-on un devoir d'information[153].

Concrètement, la banque conserve pour seule mission celle de dispenser des crédits dans des conditions jugées normales eu égard à la situation du crédité et à l'importance du concours. Cela ne signifie pas qu'elle n'ait pas le pouvoir de participer plus activement à l'opération qui se concrétise pour partie par une demande de crédit ; elle court le risque de sa propre erreur d'appréciation et surtout celui de voir l'entreprise ne pas faire un bon usage de ce crédit, sans qu'elle puisse intervenir. En réalité elle ne pouvait faire autrement, puisqu'il est admis, qu'elle n'a pas à veiller à ce que le crédit respecte la destination de ce crédit[154].

72-En réalité, ce serait confondre pouvoirs et devoirs que de s'en tenir à cette présentation du principe de non-ingérence du banquier. L'immixtion et l'octroi du crédit ne sauraient être en eux-mêmes fautifs, tout comme l'arrêt d'un crédit ne constitue pas à lui seul l'état de cessation des paiements : tant qu'elle ne se substitue pas aux dirigeants, la banque peut donner des avis, des conseils et même participer activement à un plan de redressement, mais avec le risque d'une action en responsabilité de droit commun[155]. Afin d'éviter de tels risques, on pourrait déjà entrevoir que les banques mesureront leur concours à la situation économique et financière de l'entreprise et au sérieux de ses dirigeants[156].

STOUFFLET (J.), « Devoirs et responsabilité du banquier », cité par HAEHL (J. Ph.), *op. cit.*, p.100.

[153] Cf. NGONBOWO KUO (B.), *op. cit.*, p. 15.

[154] *Ibidem*, p. 34.

[155] Cf. HAEHL (J. Ph.), *op. cit.*, p. 102.; NYAMA (J. M.), « Réflexions sur la responsabilité du banquier … », article précité, p. 35 ; DIOP-O'NGWERO, article précité, p. 108.

[156] Cf. NYAMA (J. M.), précité, p. 34 ; VILANOVA (L.), Risque juridique et rôle des banques dans le gouvernement des entreprises, Finance Contrôle Stratégie, vol. 5, n° 4, Décembre 2002, p.137-175.

73-L'étude des différentes techniques dilatoires de sauvetage des entreprises en difficulté permet de relever, au moins pour les crédits bancaires à court terme, que leur rôle ne consiste pas uniquement à différer quelque peu l'exigibilité du paiement des dettes ou à alimenter le fonds de roulement de l'entreprise. On procède, en réalité, à une analyse détaillée de sa situation réelle, à une recherche de solutions plus durables et parfois même à l'élaboration de véritables plans de redressement économique et financier, plans qui sont parfois négociés entre les dirigeants de l'entreprise et les dispensateurs de délais ou de crédits.

Certes, ces techniques demeurent encore pragmatiques, fragmentaires, inorganisées et souffrent à bien des égards d'une absence de règles précises concernant leur mise en œuvre. La situation difficile que connaît l'entreprise oblige à les employer en qualité de méthodes à moyen terme, alors qu'elles sont essentiellement des mesures à court terme. Cependant, on a pu voir comment la fonction curative est non seulement présente en arrière-plan, mais encore pénètre et métamorphose ces techniques, faisant apparaître leur dualité de fonctions.

74-Il n'en demeure pas moins vrai que l'efficacité de ces techniques reste encore limitée. Dès lors que la carence en fonds propres s'avère trop importante, le sauvetage ne sera possible et durable qu'en ayant recours à d'autres moyens qui permettent l'apport de capitaux permanents et réalisent un véritable renflouement financier. Là également, les résultats sont discutés.

Section II - Les leurres du renflouement financier

75-Les diverses mesures dilatoires peuvent se révéler insuffisantes, pour combler le passif de l'entreprise, ou inefficaces à terme. Un véritable renflouement financier est alors nécessaire pour éviter la liquidation de l'entreprise. Il peut se réaliser soit par des apports de capitaux permanents qui souffrent cependant d'une vision insuffisante des problèmes posés, de nos jours, par les entreprises (**Paragraphe 2**), soit par des accords conclus avec tous les créanciers pour apurer le passif de l'entreprise, mais d'application incertaine (**Paragraphe 1**).

Paragraphe 1- Les contraintes des pactes amiables

76-Le débiteur en difficulté peut proposer à l'un ou l'autre de ses créanciers, ou à quelques-uns d'eux, ou même à l'ensemble de ses créanciers une opération ayant pour but de régler généralement à terme ou à certains délais et moyennant des remises, l'intégralité de son passif[157]. Il s'agit d'un concordat amiable conventionnel, encore appelé, selon le cas, « moratoire amiable », contrat d'atermoiement ou moratoire général[158]. Ces pactes amiables sont d'une pratique courante dans tous les pays membres de l'OHADA[159] et il est à l'évidence impossible d'en connaître le nombre et d'en mesurer l'efficacité[160].

77- Les traités amiables réalisent ainsi, en dehors de toute intervention judiciaire, un accord collectif, nécessitant l'unanimité des créanciers, qui permet d'apurer le passif de l'entreprise. Ils constituent un faisceau de contrats individuels dont les règles d'établissement et les effets n'appellent guère de commentaires particuliers, le droit commun des contrats leur étant applicable. En revanche, les

157 Cf. KOKOU EVELAMENOU (S.), Le concordat préventif en droit OHADA, thèse en cotutelle entre les Universités de Lomé au Togo et Paris-Est Val-de-Marne en France, 18 décembre 2012, p. 12.

158 L'état latent des paiements de l'entreprise est propice à ce genre d'accords et une convergence d'intérêts, en favorise la multiplication. Les créanciers hésitent en effet à assigner leur débiteur en faillite ou en liquidation judiciaire, en raison des résultats décevants pour eux de ces procédures, et considèrent qu'un mauvais arrangement vaut mieux qu'un bon procès. L'attrait d'un paiement apparemment plus important, principalement pour les créanciers chirographaires, et plus rapide, le maintien des rapports économiques avec un client, constitue autant d'incitations à préférer ce type d'accords aux aléas et aux piètres dividendes d'une procédure de concours. Pour le débiteur, le souci de renflouer son entreprise au plus vite, par des moyens relativement discrets, le conduisent à proposer cet accord amiable à ses créanciers.

159 Cf. la note de présentation de l'AUPCAP, p. 5. À vrai dire, ils ne doivent pas être confondus avec les accords de conciliation conclus dans le cadre de la procédure de conciliation, ou les concordats préventifs votés dans le cadre du règlement préventif (art 5 à 24 de l'AUPCAP), ou les concordats de redressement votés dans le cadre du redressement judiciaire. Le concordat de redressement notamment, présente la double caractéristique de consister en des accords votés à certaines majorités, homologués par les instances judiciaires et s'imposant à la minorité. Il serait préférable de qualifier ces concordats amiables conventionnels de pactes amiables, l'atermoiement ne constituant qu'un de leurs aspects à côté des remises consenties et le terme de concordat pouvant laisser penser que des règles de majorité pourraient s'appliquer.

160 La sévérité des sanctions des procédures collectives peut inciter au développement de ces concordats amiables conventionnels. Cf. DERRIDA (F.), « concordat préventif et droit français », Mélanges J. HAMEL, 1961, p. 48.

négociations auxquelles ils donnent lieu méritent quelques développements, ainsi que la question de savoir si de tels accords peuvent intervenir lorsque l'entreprise est en état de cessation de paiements virtuelle, si le caractère d'ordre public des règles relatives aux procédures collectives[161] conduit à les interdire après que le jugement déclaratif ait acquis l'autorité de la chose jugée. Le problème reste entier pour ceux qui sont conclus antérieurement à cette date.

78-La fonction préventive de ces pactes amiables reste liée à la réalité de son rôle curatif ; or, les conditions de la négociation sont imprécises (**A**) et la date à laquelle ils peuvent être conclus incertaine (**B**).

A- L'imprécision des conditions de la négociation des pactes amiables

79-Le principe de la liberté des conventions permet de donner à ces pactes amiables la forme et les conditions souhaitées et acceptées par les parties. Généralement, le débiteur adresse une lettre circulaire à tous ses créanciers, exposant sa situation et les mesures qu'il leur propose de ratifier afin de réaliser l'apurement de son passif. Dans certains cas, il propose une réunion au cours de laquelle il est procédé à une sorte de vérification amiable des créances et à l'adoption d'un véritable plan de sauvetage.

Les créanciers, malgré la menace d'un dépôt du bilan, peuvent, en effet, exiger du débiteur certaines mesures de réorganisation indispensables pour garantir l'avenir de leurs créances, en contrepartie des sacrifices qu'ils acceptent de consentir. C'est ainsi que l'on admet que le principe de l'égalité entre les créanciers n'est pas applicable en ce domaine : les plus importants acceptent parfois que les petites créances soient réglées plus rapidement et dans des proportions plus élevées[162]. L'intérêt commun justifie de telles préférences et elles ne sont possibles qu'à la condition d'être acceptées par tous et de ne pas être clandestines. En ce domaine, les obligations de sincérité et de renseignement à la charge des contractants, et plus particulièrement du

---

[161] MOHO FOPA (E. A.), thèse précitée, p. 147 et s.

[162] Cf. Note de présentation de l'Acte Uniforme sur les Procédures Collectives précitée, p. 5.

débiteur, revêtent une grande importance et leur irrespect s'analyse aisément en un dol ou en une fraude[163].

80-À cette fragilité issue de l'application du droit commun et de l'absence de caractère collectif, s'ajoute la difficulté de convaincre certains créanciers, notamment ceux qui bénéficient de privilèges et qui n'ont guère intérêt à renoncer à leurs avantages. Enfin, les créanciers postérieurs à ce pacte amiable n'y sont évidemment pas soumis et peuvent exiger un paiement comptant ou à défaut assigner en redressement judiciaire ou en liquidation des biens.

81-Le danger le plus sérieux de ces pactes amiables réside dans l'absence d'un contrôle objectif, extérieur à l'entreprise, de sa situation réelle. Les créanciers subordonnent souvent leur adhésion à l'établissement d'un véritable plan de redressement[164] conçu par le débiteur seul, ou avec l'aide de ses propres conseils, avec les risques d'oublis de certaines données, de fraudes caractérisées ou d'analyse trop optimiste de l'avenir économique.

Leur rôle préventif n'est ainsi assuré qu'à la condition de mettre en œuvre leur fonction curative, et cette dernière dépend en réalité de la sincérité d'un débiteur aux abois. On peut dès lors dénoncer la fragilité des pactes amiables[165].

82-Le sauvetage de l'entreprise n'en demeure pas moins possible par ce moyen, à la condition de compléter l'opération d'assainissement financier par des mesures de redressement économique et une action sur les causes des difficultés. Mais est-il possible de conclure de telles opérations à la veille ou durant l'application d'une procédure de concours ?

[163] Ce contrat à titre onéreux, qui n'est pas collectif, obéit au droit commun des contrats. Une acceptation de tous les créanciers est ainsi nécessaire, chacun subordonnant son accord à celui des autres. Le veto d'un seul d'entre eux peut faire échouer la réalisation et ce dissident peut assigner le débiteur en redressement judiciaire ou en liquidation des biens. La nullité demandée par un seul profitera à tous, le maintien du pacte amiable étant subordonné à son application à tous les créanciers ; cf. HAEHL (J. Ph.), précité, p. 111 et s.
[164] Cf. Note de présentation de l'Acte uniforme précitée, p. 6.
[165] *Ibid.*

B- L'incertitude du moment de la négociation des pactes amiables

83-Il est admis que les pactes amiables ne peuvent intervenir après que le jugement déclaratif ouvrant une procédure collective ait acquis l'autorité de la chose jugée[166]. Le débiteur se trouve alors soumis aux dispositions d'ordre public de ces procédures non seulement en cas de redressement, mais aussi en cas de liquidation des biens[167].

84-Au contraire, tant que le jugement n'est pas passé en force de chose jugée, et à plus forte raison avant l'ouverture de la procédure, les pactes amiables peuvent en principe être conclus librement. Le débiteur est alors parfaitement capable de telles conventions.

85-On peut cependant se demander si le fait pour un débiteur de demander à ses créanciers de tels délais et des remises importantes n'est pas un signe révélateur de l'état de cessation des paiements. Pour la doctrine[168], tant que le pacte amiable est exécuté, il n'y a pas cessation des paiements ; son inexécution au contraire la révèle et il est admis que la date puisse en être reportée jusqu'à celle de sa conclusion.

86-De même, l'Acte uniforme portant organisation des procédures collectives d'apurement du passif semble aller dans le même sens. En effet, le débiteur en état de cessation des paiements est tenu d'en faire la déclaration dans les trente (30) jours suivant son constant. Le non-respect de ce délai est une faute[169], passible de sanction pénale, c'est un élément constitutif de banqueroute simple[170].

Or, le non-respect de ce délai ainsi que l'absence de déclaration de la cessation des paiements par le débiteur concerné ne constituent pas l'infraction si ce dernier dispose d'une excuse légitime. Dès lors, au

---

166 Ainsi le faisait déjà remarquer Thaller au XIXe siècle : « on n'imagine pas toutes les fraudes et tous les abus que masquent ces concordats amiables, sur lesquels la justice n'exerce aucune inspection. Le débiteur présente un bilan qu'on se dispense de vérifier. Les créanciers ne se rendent pas eux-mêmes aux convocations, ils s'y font représenter par des courtiers acquis d'avance à la cause du négociant. À tout instant, on déroge au principe de l'égalité, non pas ostensiblement sans doute, mais au moyen de contre-lettre. On s'est dispensé d'appeler les absents … ».

167 Cf. TOUJAS (G.), « Du concordat amiable », *J.C.P*, 1942, p. 255 et s. ; Note de Présentation de l'Acte Uniforme précitée, p. 5.

168 Cf. HAEHL (J. Ph.), article précité, p. 113.

169 YAWAGA (S.), article précité, p. 1006.

170 Voir article 228 de l'Acte uniforme.

regard des réels espoirs fondés sur le concordat amiable, surtout lorsqu'il obtient l'assentiment de tous les créanciers ou des créanciers les plus importants, un débiteur sera légitimement fondé à repousser ou à s'abstenir de déclarer une cessation des paiements avérée lorsqu'il est sur le point de conclure un tel accord. Dès lors, la juridiction compétente ne pourrait logiquement imputer le retard ou le défaut de la déclaration de cessation des paiements à un débiteur ayant fait recours au concordat amiable.

87-En réalité, il ne paraît pas que les pactes amiables conclus avant l'ouverture d'une procédure de concours soient à l'abri de toute critique ou sanction à l'encontre des créanciers, et *a fortiori* à l'égard du débiteur. L'imminence de l'état de cessation des paiements doit inciter à la prudence et les créanciers n'ont guère de moyens sérieux d'en supputer la proximité. Mais, ajoutés à d'autres indicateurs des difficultés[171], les pactes amiables constituent des indices réels de l'existence d'un état de cessation des paiements.

88-Aussi peut-on constater que le domaine d'application de cette technique est extrêmement limité et ne saurait en aucune manière remplacer les procédures collectives. Et dans ce cadre réduit, pour ne pas dire exceptionnel, un pacte amiable n'est envisageable que s'il va au-delà d'une simple mesure dilatoire et si sa fonction curative est réalisée.

89-En définitive, les pactes amiables présentent de nombreux dangers pour le débiteur et pour ses créanciers, et ils supposent, pour leur réussite, la conjonction de conditions favorables difficiles à réunir. Ce n'est qu'en prenant conscience de leur fonction curative indispensable et non pas seulement préventive, que l'on peut faire le partage entre les pactes possibles, voire permis, et ceux qui ne peuvent qu'entraîner une aggravation de la situation. Le plus souvent, ces tractations ne constituent que l'un des éléments d'une transformation plus profonde de l'entreprise, en particulier par une modification de ses structures ou des apports de capitaux permanents pour la plupart inadaptés.

[171] Cf. Introduction générale, n° 8 et 9.

Paragraphe 2- La neutralisation des apports de capitaux permanents

90-Le renflouement financier d'une entreprise en difficulté peut s'opérer par l'augmentation du recours aux emprunts à moyen et long terme et par la variation du montant de son capital social. Dans ce dernier cas, la question principale consiste à faire en sorte qu'une augmentation de capital réalisée par des apports en provenance des tiers ne conduise pas à une perte du contrôle de la société, et ne soit pas trop onéreuse d'un point de vue fiscal.

91-Ces mesures n'ont dans l'ensemble pas pour rôle spécifique de permettre le sauvetage des entreprises en difficulté et visent plutôt à prévenir leur survenance en provoquant un accroissement des investissements et une réduction corrélative du chômage.

Elles peuvent dans certains cas, aider à une opération de sauvetage en ce qu'elles peuvent augmenter les fonds propres sans porter atteinte au pouvoir de ceux qui contrôlent l'entreprise ou faire obtenir des prêts à long terme remboursables après l'ensemble des créanciers privilégiés et chirographaires, si une procédure collective est ouverte. Ces mesures viennent aussi s'ajouter aux techniques du droit des sociétés.

92-Mais, elles sont pour la plupart inadaptées aux entreprises qui ne sont pas exploitées sous la forme de sociétés commerciales, pour lesquelles seuls les apports successifs de capitaux nouveaux ou une cession sont possibles. Les sociétés commerciales qui connaissent de sérieuses difficultés peuvent avoir recours aux emprunts à long terme, à condition de trouver des établissements qui acceptent de leur consentir de tels prêts (**A**). Elles tentent le plus souvent de modifier le montant le leur capital social, ou bien en le réduisant, ou bien en l'augmentant, aidées en cela par les dispositions de l'Acte uniforme relatif au droit des sociétés commerciales et du groupement d'intérêt économique (**B**).

A- Le recours incertain aux emprunts à long terme

93-Afin d'assurer leur développement, ou pour faire face à des difficultés financières, les sociétés commerciales peuvent essayer d'obtenir des prêts à long terme. Les banques et établissements de crédit tout en exigeant des sûretés, se montrent souvent réticents lorsque l'entreprise se trouve déjà dans une situation financière délicate et conseillent plutôt une cessation ou une opération de fusion. La loi du marché conduit à n'apporter des capitaux qu'aux entreprises prospères[172] accentuant ainsi les inégalités.

94-À côté des modes d'emprunts classiques **(1)**, une nouvelle catégorie de prêts a été officiellement consacrée par l'Acte uniforme OHADA relatif au droit des sociétés commerciales : il s'agit des prêts participatifs **(2)**. Dans les deux hypothèses, l'état de difficulté de l'entreprise ne constitue pas un élément de nature à faciliter l'obtention de ces prêts, et ils ont un rôle préventif lorsqu'ils correspondent à une opération plus globale de sauvetage, à la présentation d'une sorte de plan de redressement qui assure la fonction curative en même temps. Par ailleurs, un mode de financement, non encore consacré par l'Acte uniforme, peut être mis en contribution. Il s'agit du compte courant d'associé **(3)**.

1- Les emprunts de type classique

95-Les concours financiers de longue durée peuvent être fournis par les banques. Ces opérations, destinées à financer les investissements plus qu'à renflouer l'entreprise, peuvent cependant avoir cet usage. Il s'agit souvent d'un montage financier global qui permet d'éviter les conséquences d'une liquidation des biens déjà prononcée ou de permettre la création d'une entreprise nouvelle chargée de reprendre tout ou partie des actifs de l'entreprise en difficulté.

Ces concours de longue durée sont faits généralement sous la forme d'emprunts obligataires (**a**) ou d'avances des associés à la société (**b**).

a- Les emprunts obligataires

96-La technique la plus couramment utilisée par les sociétés anonymes consiste à émettre un emprunt obligataire, réglementé par les articles 779 et suivant de l'Acte Uniforme relatif au droit des Sociétés Commerciales et du Groupement d'Intérêt Économique (AUSCGIE). À la différence d'une augmentation de capital, il ne provoque pas un renversement de majorité par l'entrée dans la société de nouveaux associés. Dans la même veine, l'épargnant ne court pas

---

172 Cf. KEOU TIANI (F.), « Les entreprises face aux banques dans le contexte actuel au Cameroun », article précité., p. 72 et s.

les risques de l'entreprise et demeure assuré d'un intérêt fixe, souvent élevé, en plus d'un régime fiscal de faveur[173].

De tels emprunts ne peuvent être émis[174] que par les sociétés anonymes ou, sous certaines conditions, par les groupements d'Intérêt Économique[175]. En conséquence, le domaine de l'emprunt obligataire devient considérablement réduit.

97-La société qui émet des obligations doit être assurée que le développement de ses activités, à l'aide des fonds reçus, lui permettra de faire face au remboursement à l'échéance et au paiement des intérêts. L'emprunt obligataire ordinaire n'est pas en règle générale une technique utilisée pour le sauvetage d'une entreprise en difficulté faute de pouvoir obtenir la confiance nécessaire auprès des souscripteurs éventuels. Les obligations convertibles ou échangeables contre des actions peuvent s'avérer plus adéquates. Elles sont très proches d'une augmentation de capital qu'elles permettent de réaliser assez rapidement ou à terme. Leur régime juridique doit normalement être dérogatoire à celui prévu pour les obligations ordinaires.

98-L'objet des obligations convertibles ou échangeables en actions étant de concilier les droits des actionnaires et des obligataires, un certain nombre de conditions doivent être ajoutées à celles requises pour l'émission d'obligations ordinaires. C'est ainsi que l'émission d'obligations convertibles en actions relève normalement de la compétence de l'assemblée générale extraordinaire[176]. C'est ensuite que l'assemblée spéciale devra approuver ou désapprouver cette décision modifiant leurs droits[177].

Cette forme d'emprunt obligataire présente un certain nombre d'avantages non négligeables pour les souscripteurs comme pour la société émettrice. Les premiers peuvent examiner l'évolution de l'entreprise avant d'opter pour le parti le plus intéressant pour eux. Pour la société qui émet, cet emprunt représente un service d'intérêts moins onéreux et permet de réaliser à terme une augmentation de

---

173 Cf. MERLE (Ph.), Droit commercial, Sociétés commerciales, 20e éd., Dalloz, 2017, p. 411.

174 Les sanctions sont prévues par les articles 893 et suivants de l'AUSCGIE

175 Cf. les articles 780 et 875 de l'AUSCGIE.

176 Cf. article 551 de l'AUSCGIE.

177 Cf. article 555, alinéa 2, de l'AUSCGIE. Cf. MAO (Ch.), Les opérations de capital social en droit français et chinois, thèse, Panthéon-Assas, 2016, p. 70 et s.

capital tout en bénéficiant d'avantages fiscaux[178]. En effet, le versement des dividendes aux actionnaires n'est pas déductible pour le calcul de l'impôt sur les sociétés, alors que cet effet est attaché aux intérêts de toutes les formes d'obligations.

99-Mais, plutôt que de recourir au marché des obligations convertibles ou non, ou encore de consentir à une augmentation de capital, les principaux actionnaires ou les associés peuvent accorder des avances à la société, en mettant une certaine somme à sa disposition par versement direct ou en ne percevant pas les dividendes distribuées.

b- Les avances des associés à la société

100-Cette pratique, assez courante dans les PME, fait des associés des créanciers à part entière dont la rémunération est souvent très supérieure à celle procurée par des dividendes ou d'autres placements.

Ces avances d'associés, qui prennent parfois un caractère permanent, constituent des conventions passées entre les dirigeants et la société au sens des articles 438 et 502 de l'AUSCGIE[179] et sont soumises de ce fait à la procédure spéciale des articles 439 à 448 et 503 à 505 du même Acte uniforme.

101-Ces avances permettent ainsi un apport de capitaux permanents, à moyen et surtout à long terme, et elles favorisent à leur tour l'obtention des prêts bancaires plus importants. Mais elles ne constituent encore qu'une mesure partielle et pour reconstituer vraiment les fonds propres des entreprises, le législateur africain encourage la transformation de ces avantages en éléments du capital lui-même. Il a aussi procédé à la consécration, quoiqu'implicitement, d'une catégorie nouvelle et très particulière de titres : les prêts participatifs.

2- Les prêts participatifs

102-Les prêts participatifs constituent un nouvel instrument juridique destiné à renforcer la structure financière des entreprises en les mettant en mesure d'accroître leurs investissements.

Ils sont définis comme des « *moyens de financement intermédiaire entre le prêt à long terme et la prise de participation permettant à*

---

[178] Cf. MERLE (Ph.), *op. cit.*, p. 411 et s.
[179] Cf. les articles 350 à 355 de l'AUSCGIE pour les SARL.

divers organismes (établissement de crédit, banques, sociétés commerciales) ou à l'État d'apporter un concours financier (sur des fonds disponibles à long terme) à des entreprises commerciales ou industrielles, moyennant le service d'un intérêt fixe (modique) en général majoré d'une participation au bénéfice net de l'emprunteur »[180]. L'un de leurs objectifs est de « *répondre à une insuffisance de fonds propres (...) et d'éviter une dilution du capital* »[181].

103-Les prêts participatifs n'ont pas les caractéristiques ni ne courent les risques des apports en capital, et leur statut spécial de « créance de dernier rang » a incité le législateur africain des sociétés commerciales à les assimiler, dans l'Acte uniforme initial, à des fonds propres[182]. Ils améliorent ainsi le ratio fonds propres / endettement de l'entreprise, et par un effet multiplicateur, favorisent l'octroi des prêts ordinaires supplémentaires.

104-Ce procédé financier particulier, inspiré du système anglo-saxon, a été conçu afin d'assurer le redressement des entreprises en difficultés[183]. Imaginés principalement pour les aides financières de l'État et les grands organismes de crédit, ces prêts participatifs peuvent être accordés par les autres établissements financiers ou des sociétés commerciales, en particulier par une société-mère souhaitant aider une de ses filiales.

Mais on conçoit assez difficilement l'intérêt que peut avoir une banque ou une société à se placer dans la situation d'un créancier sous-chirographaire[184] remboursé, en cas de procédure collective, après tous les créanciers de l'entreprise. C'est certainement la raison pour laquelle après l'avoir évoqué en filigrane à l'article 822 de l'AUSCGIE initial, sans toutefois les décrire, les rédacteurs du nouvel AUSCGIE n'ont plus jugé utile de rappeler l'évidence.

---

[180] CORNU (G.) (sous la direction de), Vocabulaire Juridique, *op. cit.*, V° Prêt participatif.
[181] MULTRIER-TREBULLE (A.), La notion de subordination de créance, Thèse, Paris 2, 2002, p. 13.
[182] Cf. article 822 de l'ancien AUSCGIE.
[183] Cf. HAEHL (J. Ph.), *op. cit.*, n° 158.
[184] On a aussi parlé des créanciers « Infra-chirographaire » : CABRILLAC (M.) et ARGENSON (J.), *JCP*, 1979, Ed. C. I, 7564, cité par HAEHL (J. Ph.), *op. cit.*, n° 340.

105-Concrètement, qualifiés de « quasi-fonds propres »,[185] les prêts participatifs restent des créances d'un type spécial obéissant normalement à des règles particulières. Ils ressemblent pour partie à une augmentation de capital, sans en avoir les inconvénients, mais restent fondamentalement une opération de prêt d'un type spécial. Leur consécration juridique est trop récente pour qu'il soit possible d'en mesurer l'efficacité et de savoir en particulier s'ils seront accordés par des sociétés à d'autres ou uniquement par l'État et les organismes de crédit qu'il contraindra à en consentir avec lui.

106-Les prêts participatifs présentent un grand intérêt pratique et théorique. Le particularisme de leur régime juridique est révélateur de l'évolution du rôle des prêts à long terme ; ils ne s'analysent plus seulement comme des moyens pour les sociétés de se développer, voire de se redresser, mais ont pour fonction même de participer à la réussite d'un véritable plan de sauvetage lorsqu'ils sont accordés à des entreprises en état de défaillance. On a cherché, par la consécration d'une technique originale, à permettre l'octroi des capitaux permanents, d'un coût financier réduit ou égal à celui du marché[186], sans les garanties obtenues généralement par les sûretés réelles, en prenant soin de protéger les créanciers actuels et futurs si une procédure de concours devait intervenir.

107-Ce cumul d'avantages et la réduction corrélative des garanties auront sans doute pour résultat de réserver l'octroi de ces prêts aux pouvoirs publics et aux établissements de crédit qui dépendent de lui, et aussi pour effet de conduire à une véritable négociation d'un plan détaillé de redressement de l'entreprise. À défaut, ces nouveaux prêts ne constitueraient qu'une nouvelle forme de subvention à fonds perdu.

Si les bailleurs de fonds ne deviennent pas des gestionnaires de l'entreprise, ils surveillent la bonne exécution des engagements pris, et le lien établi entre les projets économiques, sociaux et financiers, et

[185] Les fonds propres sont constitués des capitaux et des réserves, c'est-à-dire les fonds qui appartiennent à la société. Mais on y englobe aussi des prêts participatifs et certains emprunts obligataires à long terme. On parle, dans ce cas, de quasi fonds propres ou fonds assimilables à des capitaux propres709 ayant pour vocation de rester durablement dans l'entreprise. Cf. MAGUEU KAMDEM (J. D.), thèse précitée, p. 223 ;

BENHAMOU-GABRIEL (A.), Les financements structurés et le droit des entreprises en difficultés, thèse, Paris I, Panthéon-Sorbonne, 2017, 110 et s.

[186] La clause de participation aux bénéfices semble quelque peu théorique lorsque ces prêts sont accordés en vue de redresser une entreprise en difficulté.

l'octroi de ces prêts exprime bien l'importance de leur rôle curatif à côté de leur mission préventive.

3- Le compte courant d'associé

108-L'intervention des associés ou des dirigeants dans le financement d'une exploitation difficultueuse peut revêtir plusieurs formes, notamment celle d'un compte courant d'associés. En effet, lorsqu'une entreprise est organisée sous la forme sociétaire, elle peut faire appel aux comptes courants d'associés pour soutenir sa trésorerie[187].

En fait, au lieu de fournir à la société des apports complémentaires, les associés, les dirigeants et même les salariés peuvent contribuer à l'augmentation de la marge de manœuvre financière de leur société en consentant à celle-ci des avances, en plus de leur part dans le capital[188] : ces avances constituent les comptes courants d'associés .

109-Le compte courant d'associés se définit comme « *l'apport en compte courant consistant pour l'associé à consentir à la société des avances ou des prêts en versant directement des fonds ou en laissant à sa disposition des sommes qu'il renonce provisoirement à percevoir* »[189]. En s'analysant ainsi comme un prêt consenti à la société afin de l'aider temporairement à surmonter ses difficultés de trésorerie, le compte courant d'associés se distingue du compte courant bancaire. Si le compte courant d'associé correspond à une dette que la société aura envers un des associés, le compte courant bancaire retrace les mouvements de trésorerie de la société et se retrouve en disponibilités.

110-Le compte courant d'associés est, en fait, une convention conclue entre une société et ses associés[190]. Créance de l'associé sur la société, il est une technique privilégiée de financement des entreprises

---

[187] CALVO (J.), « Les comptes courants d'associés : aspects juridiques et fiscaux », *Les Petites Affiches*, n°8, 19 janvier 1998, p. 4.

[188] COZIAN (M.), VIANDIER (A.) et DEBOISSY (F.), Droit des sociétés, 27e éd., LexisNexis, août 2014, p. 142.

[189] VINCKEL (F.), J.-Cl. Sociétés, Fasc. 36-20, Comptes courants d'associés ; DANET (D.), Comptes courants d'associés : pour en finir avec un apartheid juridique, *RTD com.*,1993, p. 55 ; CALVO (J.), Les comptes courants d'associés : aspects juridiques et fiscaux, LPA 19 janv. 1998, p. 4.

[190] En ce sens, cf. COURET (A.), « Dépendance ou indépendance des qualités d'associé et d'apporteur en compte courant », *Bull. Joly* 1992. 7 ; COZIAN (M.), VIANDIER (A.), et DEBOISSY (F.), *op. cit.*, n° 254 et s,

en difficultés en raison de la souplesse et de la rapidité que le mécanisme du compte autorise dans la réalisation de l'opération[191]. Concrètement, le compte courant d'associés est pour l'entreprise en difficultés un mode de financement efficace qui offre plus d'avantages que le prêt ordinaire. En principe, aucune garantie n'est exigée par le titulaire du compte pour sûreté de sa créance[192]. Aussi, il ne nécessite pas de modification des statuts comme c'est le cas dans une augmentation de capital et s'accompagne de très peu de formalités[193].

Les comptes-courants d'associés constituent alors une source de financement extra-bancaire des entreprises en difficultés en ce qu'ils permettent d'avoir accès à un financement alternatif et moins onéreux que ceux des établissements de crédit.

111-Les différents emprunts à long terme, lorsqu'ils sont obtenus par une entreprise en état de difficulté, n'ont pas seulement pour rôle de prévenir l'aggravation de la situation et de permettre le redressement financier, mais sont aussi liés à la recherche de solutions plus durables et générales visant à porter remède aux causes elles-mêmes. Ils se révéleront souvent insuffisants pour réaliser le sauvetage espéré et ils se heurteront en particulier au refus des éventuels bailleurs de fonds de prêter leur concours tant que le capital social n'aura pas été mis en harmonie avec la situation réelle.

B- Les paradoxes de la variation du capital social

112-La notion de capital social a subi une évolution depuis la grande loi 1867 jusqu'à nos jours[194] en raison du phénomène d'érosion monétaire, de la possibilité de rachat par la société de ses propres actions, des participations croisées ou circulaires, etc. Notion plus économique que strictement juridique, le capital social[195] représente une garantie pour les créanciers[196], notamment lorsque la

---

191 Dans le même sens, lire MAGUEU KAMDEM (J. D.), thèse précitée, p. 115.

192 *Ibid.*, p. 116 et s.

193 COZIAN (M.), VIANDIER (A.) et DEBOISSY (F.), *op. cit.*, p. 143.

194 Cf. Colloque des 3 Mars 1997 organisé par l'Université de Paris II, sur le thème : « le capital social : grandir ou décadence ? », Compte-rendu à la Gazelle du Palais, 16-17 Mars 1997, p. 18 et s.

195 Sur la définition de la notion de capital social, lire MBAYE MAYATTA (N.), « Capital social », in POUGOUE (P.-G.) (sous la direction de), *Encyclopédie du droit OHADA*, *op. cit.*, p. 462 et s. ; MAO (Ch.), thèse précitée, p. 23 et s.

196 C'est-à-dire à un droit de gage général de tout créancier sur les biens de son débiteur.

responsabilité des associés est limitée à leurs apports, et aussi pour les actionnaires[197]. De ce fait, il a une certaine fixité[198].

Sauf au moment précis de la constitution de la société, il se distingue de l'actif social, qui lui est en principe largement supérieur. Si la situation inverse se présente, il est porté atteinte au gage des créanciers par une apparence trompeuse et pour mettre fin à cette situation, on procède à une réduction (**1**) ou à une augmentation du montant du capital (**2**), opérations assez strictement réglementées afin d'assurer la protection des tiers et des actionnaires. Elles s'avèrent délicates lorsque l'entreprise est en état de difficulté, mais indispensable pour prévenir l'aggravation de la situation et favoriser un véritable sauvetage.

1- La réduction du capital social

113-La réduction du capital social[199] est le plus souvent opérée à la suite du constat des pertes subies par la société[200] et elle tend à mettre le fonds social en harmonie avec la réalité. Cette mesure d'assainissement financier de la situation permet de fixer à sa juste valeur le gage des créanciers et éventuellement de reprendre la distribution des dividendes aux actionnaires si la société réalise par la suite des bénéfices[201].

114-La réduction ne doit pas être telle qu'elle conduise à fixer le capital social en dessous du montant minimum exigé par la loi[202]. Tout intéressé pourrait alors demander en justice la dissolution de la société, ou sa transformation en une autre forme, « *à moins que le*

---

[197] Sur la fonction du capital social, cf. MBAYE MAYATTA (N.), article précité, p. 464 ; MAO (Ch.), thèse précitée, p. 27 et s.

[198] S'il est vrai que la fixité du capital social est garante de sécurité, il n'en demeure pas moins qu'elle est porteuse de rigidité : elle rend les augmentations et les réductions de capital laborieuses. Cf. MAO (Ch.), thèse précitée, p. 28.

[199] Pour une étude sur la réduction du capital comme l'une des opérations de capital social, lire MBAYE MAYATTA (N.), article précité, p. 487 ; MAO (Ch.), thèse précitée, p. 211 et s.

[200] L'hypothèse d'une société qui trouve son capital trop élevé et en restitue le surplus à ses actionnaires est rare. Cf. NGOMO (A.-F.), *op. cit.*, 249 et s. ; MAO (Ch.), thèse précitée, p. 215 et s.

[201] Cf. MERLE (Ph.), *op. cit.*, p. 736.

[202] Cf. article 66, alinéa 2, 368, 627 et s. de l'AUSCGIE.

capital ne soit porté à un montant au moins égal au montant minimum », dans les conditions fixées par l'Acte Uniforme[203].

115-Si l'actif net de la société est devenu inférieur à la moitié de son capital social, c'est-à-dire que l'on constate la perte de la moitié de son capital[204], dans les quatre mois de l'approbation des comptes ayant fait apparaître cette situation, le conseil d'administration ou l'administration générale, le gérant, ou le cas échéant le commissaire aux comptes, doivent convoquer une assemblée extraordinaire. Celle-ci peut décider de la dissolution de la société, ou la continuation de l'exploitation si elle considère que ces pertes ne sont que passagères, ou de la réduction du capital social. Au plus tard dans les deux ans qui suivent, il faut reconstituer l'actif à la concurrence de la moitié du capital social[205] et bien procéder à sa réduction.

Cette proportion des pertes est souvent considérable et il est souvent impossible de redresser une entreprise qui doit la considérer autrement que par de mesures de réorganisation totale des unités de production, des apports de capitaux nouveaux, et même le plus souvent par une absorption pure et simple.

116-La réduction du capital social peut aussi être volontaire, lorsque l'importance des pertes ne la rend pas nécessaire[206]. Elle est une sorte d' « *opération-vérité* », souvent réalisée avant de procéder à une augmentation du capital[207].

L'opération de décroissance du capital ne peut se réaliser au moyen d'un achat par la société de ses propres actions en vue de les annuler ensuite. Si l'article 639, alinéa 2, de l'AUSCGIE autorise, dans les limites très précises[208] un tel rachat, il demeure exclu en cas de pertes constatées.

---

[203] Cf. article 66, alinéa 2, *in fine*, et 369 de l'AUSCGIE.

[204] Cf. articles 371 de l'AUSCGIE pour les SARL, et 664 pour les Sociétés Anonymes.

[205] Cf. article 372 de l'AUSCGIE pour les SARL et 665 pour les Sociétés Anonymes.

[206] Sur la question des réductions de capital social non motivées par des pertes, lire MAO (Ch.), thèse précitée, p. 261 et s.

[207] La valeur vénale des actions dépendant du montant de l'actif qui se trouve dans ce cas inférieur à la valeur minimale calculée sur le montant du capital, on réduit cette dernière valeur du chiffre des pertes enregistrées et l'augmentation de capital devient possible à la valeur réelle des actions.

[208] Cf. les articles 641 et suivants de l'AUSCGIE.

117-La réduction diminue le montant nominal des actions ou leur nombre[209], et l'Acte Uniforme OHADA sur les sociétés commerciales a enfermé cette opération dans des conditions très strictes[210] afin d'assurer la protection de l'égalité entre les actionnaires[211] et le respect des règles imposées par la modification des statuts.

Dès lors qu'elle est réalisée, la réduction s'impose aux actionnaires, aux obligations et aux créanciers, puisqu'elle traduit le constat d'une situation de fait[212]. Le droit d'opposition reconnu aux représentants des obligataires et aux créanciers ne peut être exercé lorsque la réduction se trouve motivée par les pertes[213]. Cette opération d'assainissement ne constitue le plus souvent qu'un préalable nécessaire à une augmentation du capital.

2- Les augmentations du capital

118-L'augmentation du capital[214] constitue pour une entreprise en difficulté l'un des moyens de se procurer des ressources, sans avoir à supporter les charges d'un emprunt[215]. Elle est même l'une des seules possibilités lorsque les prêteurs éventuels refusent leur concours, subordonnent leurs prêts à une augmentation préalable du capital[216], ou à des charges financières trop lourdes.

Les moyens techniques permettant de la réaliser sont nombreux et variés, selon que les fonds utilisés ont une origine interne ou externe à la société et en fonction de leur importance[217] (**a**). Les inhibitions que l'on constate à propos de ces opérations tiennent à la fois à leurs incidences fiscales et à la crainte d'un changement de majorité ou d'une prise de contrôle par le ou les apporteurs de capitaux. De même qu'une nouvelle forme de prêts a été consacrée par l'AUSCGIE[218], le législateur africain a créé une nouvelle catégorie d'actions sur les

---

209 Cf. MERLE (Ph.), *op. cit.*, p. 738.

210 Cf. articles 67, 69 et 72 de l'AUSCGIE.

211 Cf. article 72 de l'AUSCGIE.

212 *Ibid.*

213 Cf. les articles 785 et s. de l'AUSCGIE.

214 Sur l'augmentation du capital des sociétés commerciales en droit OHADA, cf. MBAYE MAYATTA (N.), article précité, p. 467 et s.

215 Cf. MAO (Ch.), thèse précitée, p. 67.

216 *Ibid.*, p. 172.

217 Pour une étude détaillée de ces techniques en droit camerounais, cf. Mme NGOMO (A.-F.), *op. cit.*, p. 219 et s. ; POUGOUE (P.-G.), ANOUKAHA (F.) et NGUEBOU TOUKAM (J.), *op. cit.*

218 Cf. supra, n° 87 à 89.

dividendes, afin de favoriser la reconstitution des fonds propres des entreprises, sans bouleverser les situations acquises par les associés majoritaires (**b**).

a- Les augmentations de capital classiques

119-Certaines techniques auront sans doute déjà été utilisées par les dirigeants de l'entreprise avant le constat de l'importance des pertes. Tel est le cas de l'augmentation de capital par incorporation des réserves, bénéfices ou de primes d'apports, d'émission[219] ou de fusion[220] ; qui est une opération comptable se traduisant par une augmentation de la valeur nominale des actions anciennes[221] ou la distraction d'actions gratuites, avec les difficultés posées par le régime des rompus[222]. La société aura déjà fait recours, si elle le pouvait, ou procédé à une réduction du capital social[223].

120-La compensation peut être utilisée. Un créancier de la société accepte de souscrire à une augmentation de capital en numéraire et, par compensation avec des créances sur la société, devient associé[224]. Pour un fournisseur, ce procédé suppose une certaine confiance dans la viabilité de l'entreprise et la compétence de ses dirigeants, ou une intention de participer au capital de la société et éventuellement d'en prendre ultérieurement le contrôle.

L'augmentation du capital par compensation avec les créances peut être aussi le fait d'actionnaires de la société ou d'associés ayant consenti une avance de compte[225]. L'opération n'est permise que si elle a d'abord été autorisée expressément ou implicitement, c'est-à-dire non exclue formellement, par l'assemblée générale extraordinaire[226] et à condition que la dette soit compensable, c'est-à-dire liquide, certaine et exigible[227]. Il faut ensuite que l'on respecte les

---

[219] Sur l'augmentation de capital par incorporation des réserves, bénéfices ou de primes d'émission, cf. MERLE (Ph.), *op. cit.*, p. 718 et s.
[220] Cf. les articles 562 et 565 de l'AUSCGIE.
[221] Il s'agit d'un simple virement du compte réserve au compte capital. Cf. PETIT (B.), Droit des sociétés, Litec, 5e éd., 2012, p. 222.
[222] L'article 566 de l'AUSCGIE s'efforce de régler la question en créant un droit d'attribution négociable.
[223] Cf. supra, n° 80 à 83.
[224] Cf. NGOMO (A. F.), *op. cit.*, p. 198 et s. ; elle est admise par l'article 562, alinéa 2, de l'AUSCGIE.
[225] Cf. supra, n° 108 à 110.
[226] Cf. article 564 de l'AUSCGIE et 1291 du Code civil.
[227] Cf. article 562, alinéa 2, de l'AUSCGIE.

dispositions de l'article 564 de l'Acte Uniforme OHADA sur les Sociétés Commerciales[228].

121-En réalité, ce mécanisme d'augmentation de capital n'est pas pleinement satisfaisant pour les entreprises en difficulté qui ont surtout besoin de fonds nouveaux pour faire face à des échéances commerciales dont le non-paiement risque d'entraîner leur faillite. Aussi, l'entreprise en difficulté s'accommode-t-elle mal d'un tel procédé d'augmentation de capital, perçu véritablement comme un simple jeu d'écritures[229].

Les autres moyens de procéder à une augmentation de capital par voie d'apports en numéraire ou en nature, sont réglementés minutieusement par les articles 562 et suivants de l'Acte Uniforme relatif au Droit des Sociétés Commerciales. Le droit préférentiel de souscription des actionnaires en cas d'apports en numéraire[230] permet de maintenir l'équilibre initialement réalisé entre eux, à moins qu'il n'ait renoncé[231].

122-Les difficultés que l'on rencontre en ce domaine et dont les incidences sont encore plus notables lorsque l'entreprise n'est pas prospère tiennent au coût fiscal de l'opération et au risque d'une prise de contrôle. Le législateur africain ne cesse pas pour autant de favoriser les augmentations de capital des sociétés et par voie de conséquence leur redressement financier.

---

[228] Il faut un rapport du conseil d'administration ou de l'administrateur général, selon le cas, et sur le rapport du commissaire de compte. Cf. CCJA, arrêt n° 012/2006 du 29 juin 2006 : GD-CCJA, p. 143, obs. A. FOKO ; Recueil CCJA n° 7, 2006, p. 42 ; Ohadata J-07-26.

[229] Il nous semble donc exact de déclarer que le procédé de l'augmentation de capital par l'incorporation des créances n'est pas du tout adapté au but de sauvetage que recherche généralement l'entreprise en difficulté qui a surtout besoin d'un accroissement de fonds propres.

[230] Cf. les articles 573 à 580 de l'AUSCGIE ; JAUFFRET (A.), « La modification du capital émis dans les sociétés anonymes notamment du point de vue des droits de souscription préférentielle », *RTDCom*. 1974, 183.

[231] Cf. HEMARD (J.), « La suppression du droit préférentiel de souscription aux augmentations de capital dans les sociétés anonymes », Mélanges JAUFFRET (A.), 1974, 393.

b- La consécration des actions de préférence sur le dividende

123-L'Acte uniforme OHADA relatif au droit des sociétés commerciales a créé une nouvelle catégorie de titres : les actions de préférence sur les dividendes[232].

L'émission de tels titres présente pour les souscripteurs, l'avantage d'une rémunération plus importante que celle des actions ordinaires et pour les sociétés, elle permet de favoriser rapidement la reconstitution des capitaux d'une entreprise en difficulté.

124-Aussi, ces actionnaires bénéficient du droit à un dividende prioritaire, prélevé avant la répartition des dividendes ordinaires et qui s'ajoute à ceux-ci par la suite. Ces dividendes prioritaires ont même un caractère cumulatif, c'est-à-dire que la part non versée lors d'un exercice est reportée sur les exercices suivants et bénéficie à son tour d'un paiement prioritaire.

Ces actionnaires peuvent participer comme tous les autres associés aux délibérations de la société et aux réunions en assemblée générale[233].

125-Ces nouveaux titres présentent cependant plusieurs inconvénients : les actionnaires minoritaires qui ne pourront empêcher l'émission risquent de perdre une part de leurs dividendes futurs, les dirigeants pouvant s'efforcer d'assurer le paiement de ceux qui sont prioritaires afin d'éviter d'éventuelles poursuites pénales[234].

En tout état de cause, l'émission d'actions de préférence, s'ajoutant à un véritable plan de redressement de la société, peut concourir au sauvetage d'une entreprise en difficulté.

126-En définitive, les divers moyens permettant de prévenir la liquidation du patrimoine de l'entreprise, plus particulièrement lorsqu'elle connaît des difficultés financières, s'appliquent à l'évidence selon chaque cas particulier.

---

[232] Cf. article 755 de l'AUSCGIE.

[233] En droit français, la participation de ces actionnaires aux délibérations de la société est extrêmement limitée, puisqu'ils n'ont pas de droit de vote. Aussi, c'est pour concilier les intérêts des apporteurs de capitaux et des dirigeants majoritaires dont la place pourrait être ravie, que le législateur français a supprimé ce droit de vote.

[234] Cf. les articles 893 et 895 de l'AUDSCGIE.

Le renflouement financier des entreprises en difficulté prend pour l'heure des formes extrêmement variées et les techniques principalement préventives ont un rôle curatif marqué. Les transformations apportées aux techniques classiques du droit des contrats, du droit des sociétés sont le résultat d'une recherche constante d'une plus grande efficacité, au travers de la prise en compte de la nécessité de porter remède aux difficultés et non pas seulement de tenter de prévenir l'aggravation de la situation. C'est en réalité tout un plan général de redressement économique et financier qui est établi.

127-Le caractère conjoncturel de l'ensemble de ces techniques ne permet de traiter qu'une partie des difficultés que connaît l'entreprise. Le plus souvent, l'aspect financier ne constitue que la manifestation extérieure d'autres facteurs de défaillance, notamment des défauts structurels de l'entreprise. La transformation des structures juridiques, conjuguée avec les techniques conjoncturelles, ou rendue nécessaire pour l'efficacité de certaines d'entre elles, est indispensable au sauvetage durable de l'entreprise. Mais, la complexité de certaines de ces techniques structurelles remet pratiquement en cause le sauvetage recherché.

CHAPITRE II :

DES TECHNIQUES STRUCTURELLES INADAPTÉES AUX CAUSES DES DIFFICULTÉS DES ENTREPRISES

128-L'une des principales causes de difficulté des entreprises est la gestion défectueuse, provoquée fréquemment par l'incompétence des dirigeants ou l'insuffisante adaptation de leurs méthodes à la dimension de l'entreprise. En réalité, on peut éviter la liquidation pure et simple grâce à des apports de capitaux ou d'autres techniques financières ; mais bien souvent, ils ne pourront être trouvés en raison de la défiance des prêteurs potentiels, ou se révéler insuffisants et inutiles à terme. Des changements atteignant la structure même de l'entreprise sont nécessaires et ils diffèrent selon qu'elle est exploitée à titre individuel ou sous forme de société[235].

129-Dans les deux cas, à défaut d'acceptation par les dirigeants en place des mesures indispensables, la solution ne pourra être trouvée qu'en ayant recours à des interventions extérieures à l'entreprise.

Elle peut aussi être victime de sa dimension trop réduite ou au contraire excessive, et diverses techniques permettent de résoudre cette difficulté particulière[236].

130-Les mesures prises dépendent non seulement des causes spécifiques des difficultés, mais aussi de la gravité de la situation. Il

---

[235] Dans la première situation, le ou les dirigeants sont le plus souvent en même temps propriétaires des moyens de production et il est a priori impossible de les évincer sans les déposséder de leur propriété personnelle. La persévérance dans l'erreur de la part des responsables qui refusent de « passer la main » est alors bien souvent la cause directe d'un échec grave et de ses conséquences funestes. Dans le second cas, on constate fréquemment une concentration entre les mêmes mains du pouvoir et des capitaux, notamment dans les entreprises familiales, qui empêchent le remplacement des dirigeants, à moins d'un renversement des alliances entre les autres associés peuvent être à l'origine de graves conflits internes, d'une paralysie pure et simple des organes sociaux ou d'un immobilisme dangereux.

[236] Dans tous ces cas, des actions portant sur les structures sont indispensables si l'on souhaite éviter la dissolution de la société pour mésintelligence entre associés, ou le cheminement inéluctable vers une procédure de concours.

peut être utile de recourir, au moins dans un premier temps, à de simples mesures provisoires, qui affectent la direction sans transformer totalement les structures. L'objectif de prévention de l'aggravation des difficultés peut être ainsi atteint par divers moyens, tels que l'administration provisoire[237] ou la location gérance[238].

Une action plus directe sur les structures intervient lorsque l'entreprise prend la forme d'une société commerciale et que les apports de capitaux nouveaux provoquent des changements importants dans la direction et la gestion. Il en est de même par suite d'une modification de la forme juridique initiale d'une société, effectuée afin de l'adapter à sa dimension réelle[239].

131-Ces différentes opérations, par leur complexité et leur caractère global, illustrent parfaitement la liaison entre les fonctions préventive et curative. Elles réalisent par la même opération cette double mission en faisant usage des dispositions du droit commun et en mettant en évidence l'importance contemporaine de l'intervention des autorités publiques et judiciaires.

Ainsi, l'on constate que l'inadaptation des techniques structurelles à ces causes est due non seulement aux limites des techniques provisoires (**Section I**), mais aussi aux artifices des mesures de transformation structurelles de l'entreprise en difficulté (**Section II**).

---

[237] NJOYA NKAMGA (B.), L'administration provisoire des sociétés dans l'espace OHADA, Préface de Paul-Gérard POUGOUE, Coll. Économica, éd. Veritas, 2012 ; KALIEU ELONGO (Y. R.), « La restructuration des établissements de crédit dans la CEMAC : entre spécificité et efficacité du droit des défaillances bancaires », in *Annales de la Faculté des Sciences Juridiques et Politiques de l'université de Dschang*, t. 18, 2016, p. 1 et s.

[238] On constate cependant que le rôle curatif de ces techniques est sans cesse présent, et conduit à considérer ces moyens en tant qu'élément à part entière d'un processus de sauvetage et non pas sous le seul aspect dilatoire qu'ils revêtent à première vue.

[239] Dans certains cas, la forme juridique de l'entreprise disparaît purement et simplement au profit d'une autre société, tout en préservant en totalité ou en partie les unités de production. Cette opération de fusion-absorption se caractérise par son rôle essentiellement curatif et sera étudié avec les autres techniques principalement curatives.

Section I- les limites des techniques structurelles provisoires

132-L'inaptitude des dirigeants ou leurs erreurs de gestion peuvent avoir, indépendamment d'autres causes, des conséquences graves et mettre en péril la vie de l'entreprise. Cette dernière peut être encore viable économiquement et redressée simplement grâce à un renouvellement de l'équipe dirigeante ou en confiant l'exploitation de tout ou partie de l'actif à des tiers. Car, ne serait-il pas difficile de vouloir sauver une entreprise en difficulté alors que la cause de ses difficultés est l'incompétence de son dirigeant ? La solution qui se présente dès lors n'est-elle pas le remplacement du dirigeant négligent ou incompétent[240] ? Deux techniques différentes permettent de réaliser ces objectifs. Il s'agit de l'administration provisoire et de la location-gérance[241].

133-Il peut en effet être indispensable de confier à un administrateur provisoire, nommé par la justice ou les pouvoirs publics, le soin de gérer une entreprise dont on constate que les organes de gestion sont, en droit ou en fait, dans un état de vacance ou de défaillance. La mission provisoire qui lui sera confiée consistera au retour à une situation normale, mais son rôle peut être plus important et aller jusqu'à rechercher la négociation d'un véritable plan de renflouement de l'entreprise[242]. Mais, le nombre des nominations d'administrateurs provisoires restant assez faible, il est difficile d'en mesurer l'efficacité réelle (**Paragraphe 1**).

De même, le contrat de location-gérance réalise un transfert de l'exploitation du fonds de commerce, ou de certaines unités de production, à une personne physique ou morale. Dans tous les cas, il constitue plus qu'une simple mesure provisoire et peut jouer un rôle curatif important, et à plus forte raison, lorsque la location-gérance

---

[240] Dans le même sens, cf. TOH (A.), La prévention des difficultés des entreprises : étude comparée de droit français et droit OHADA, thèse, Bordeaux, 09 décembre 2015, p. 448 et s.

[241] Elles diffèrent notamment en bien des points et, si elles n'ont pas été conçues pour favoriser le sauvetage des entreprises en difficulté, elles sont particulièrement utiles dans ce genre de situation. Cf. BOYE (M.), « L'administration provisoire des sociétés commerciales en OHADA », *Penant*, n° 895, avril-juin 2016, p. 180 et s. ; TSAGMO TAMEKO (E.), mémoire précité.

[242] C'est d'ailleurs la mission qui avait été confiée par les pouvoirs publics à l'administrateur provisoire de la LONACAM.

mène à une cession pure et simple du fonds loué. Cependant ses conditions d'application sont assez rigides (**Paragraphe 2**).

Paragraphe 1- Une technique d'administration provisoire inefficace

134-Afin de permettre le dénouement d'une crise interne venue troubler le cours normal de la vie d'une société, le recours à une intervention extérieure est très souvent nécessaire. La nomination par la justice ou par les pouvoirs publics d'un administrateur provisoire est une invention de la pratique et de la jurisprudence[243]. Il s'agissait jadis d'une pure construction prétorienne, témoignage du pouvoir légitime du juge de s'immiscer dans la gestion de la société lorsque la survie ou le bon fonctionnement de celle-ci est en cause[244].

Mais, cette technique de restructuration des entreprises est devenue, en droit OHADA des sociétés commerciales, une solution légale de traitement des crises sociales[245]. L'AUSCGIE a consacré un régime général de l'administration provisoire[246].

---

[243] Cf. BOYE (M.), article précité, p. 180 et s. ; MERLE (Ph.), *op. cit.*, p. 741 et s. Quant aux raisons de la faible utilisation en droit camerounais de cette institution, cf. NYAMA (J.-M.), thèse précitée, p. 45 et s.

[244] COZIAN (M.), VIANDIER (A.) et DEBOISSY (Fl.), Droit des sociétés, 30e éd., Lexis Nexis, 2017, p. 259. Voir également MERLE (Ph.) et FAUCHON (A.), Droit commercial, Sociétés commerciales, 20e éd., Dalloz, 2017, p. 742 ; KAMNANG KOMGUEP (I. F.), Les pouvoirs du juge dans les sociétés commerciales de droit OHADA, thèse, Dschang, 2017, p. 352 et s.

[245] Cf. article 160-1 et s. de l'AUSCGIE.

[246] Mais, avant sa consécration légale par le droit OHADA des sociétés commerciales, l'administration provisoire était déjà légalement prévu dans la majorité des pays membres de l'OHADA à travers leur législation bancaire. En effet, misant sur sa nécessité, la règlementation bancaire de la sous région de l'Afrique Centrale par exemple, va très vite instituer l'administration provisoire pour remédier à certaines difficultés rencontrées par les établissements de crédit. Sa consécration intervint notamment à travers l'annexe à la Convention du 16 octobre 1990 portant création d'une Commission Bancaire en Afrique Centrale (article 14) et l'annexe à la Convention du 17 janvier 1992, portant harmonisation de la réglementation bancaire dans les États de l'Afrique centrale (article 39). Voir KALIEU (Y. R.), « Le contrôle bancaire dans la zone de l'Union Monétaire et Économique de l'Afrique Centrale », *Penant*, n° 841, 2002, p. 445 et s. ; MOHO FOPA (E. A.), « La Commission bancaire de l'Afrique Centrale et le traitement des difficultés des établissements de crédit en zone CEMAC », in KALIEU ELONGO (Y. R.), (sous la direction de), *Régulation et intégration bancaires dans la CEMAC*,

135-Ainsi, pour limiter le domaine des actions en dissolution de sociétés[247] et assurer la protection de l'existence de l'entreprise, la juridiction compétente peut décider de nommer un administrateur judiciaire aux fins d'assurer momentanément la gestion des affaires sociales. Elle n'y sera invitée que lorsque le fonctionnement normal de la société est rendu impossible, soit du fait des organes de gestion, de direction ou d'administration, soit du fait des associés[248]. Saisie dès lors à la requête soit des organes de gestion, de direction ou d'administration, soit d'un ou plusieurs associés, la juridiction compétente nomme en qualité d'administrateur provisoire une personne physique, mandataire de justice ou non, justifiant d'une expérience ou une qualification particulière au regard de la nature de l'affaire et d'une bonne réputation[249].

La juridiction compétente, dans la décision de nomination de l'administrateur provisoire, détermine l'étendue et la durée de sa mission, et ses pouvoirs, fixe sa rémunération. Ainsi, ce dirigeant exceptionnel doit rendre compte à la juridiction compétente en lui présentant un rapport sur les opérations qu'il a accomplies, ainsi que sur l'évolution de sa mission.

Malgré cette précision légale, le domaine de l'administration provisoire reste, dans la pratique, imprécis (**A**). Aussi, des zones d'ombre subsistent en ce qui concerne les pouvoirs de l'administrateur provisoire (**B**).

A- L'imprécision du domaine de l'administration provisoire

136-Limitée au départ aux hypothèses dans lesquelles les organes sociaux ne fonctionnent plus correctement[250], l'administration provisoire a été utilisée pour protéger les actionnaires minoritaires

---

actes du colloque organisé par le GERDIIC à Dschang, les 10 et 11 décembre 2015, PUA, 2017, p. 181 et s.

247 Le silence législatif sur la question est considéré comme une marque de sagesse de nature à assurer la souplesse nécessaire à une institution qui porte directement atteinte à la souveraineté des associés ou au droit de propriété de l'entrepreneur individuel pour assurer la pérennité de l'entreprise.

248 Cf. article 160-1 de l'AUSCGIE.

249 Cf. article 160-2, alinéa 2, de l'AUSCGIE.

250 CA Cotonou, arrêt n° 256/2000 du 17 août 2000, Ohadata J-06-101 ; CA Littoral-Douala, arrêt n° 38/REF du 10 février 1999, in *Juridis Périodique*, n° 42, p. 45, note Y-R KALIEU.

contre les abus commis par la majorité[251] et afin de faire prévaloir l'intérêt de l'entreprise sur les intérêts catégoriels, dans sa double réalité économique et sociale[252]. Sous la pression de cet impératif, le rôle de l'administrateur provisoire, tel qu'il est conçu de nos jours, en fait un rouage important dans le cadre des techniques de sauvetage des entreprises en difficultés[253].

Cette évolution est bien connue, et il n'est pas utile d'en reprendre tous les éléments. Mais, en n'évoquant que les hypothèses dans lesquelles l'entreprise connaît de sérieuses difficultés, on peut constater que trois situations différentes peuvent se présenter.

137-Dans un premier cas, la cessation des paiements est extrêmement proche ou déjà acquise en fait[254]. La solution normale consisterait ici à appliquer le droit des procédures collectives[255]. On constate cependant qu'en pratique, il n'est pas possible qu'un administrateur provisoire soit désigné malgré la gravité de la situation financière, afin de favoriser une opération de scission ou d'absorption, ou surtout de permettre l'établissement d'un plan de sauvetage avec les créanciers[256]. Tout se passe généralement sous le contrôle du

---

[251] Sur les conditions d'intervention du mandataire ad hoc en droit des sociétés, cf. GONCALVES SCHWARTZ (M.), La notion de mandataire ad hoc, thèse, Poitiers, 05 décembre 2013, p. 76 et s.

[252] Cf. les articles 200 et s. de l'AUSCGIE.

[253] La nomination d'un administrateur provisoire a été pendant longtemps réservée aux seuls cas dans lesquels il était constaté une défaillance des organes sociaux, qu'il y ait un constat de leur carence, ou une sorte de paralysie de leur fonctionnaire en raison de luttes internes entre les groupes d'actionnaires. Dans ces circonstances exceptionnelles le fonctionnement de la société n'était plus assuré et le choix se présentait entre une dissolution ou le recours à un tiers arbitre judiciairement nommé. Dès lors, l'institution de l'administration provisoire s'est ainsi transformée, prenant appui sur des critères économiques, afin de prévenir la naissance même d'une situation désastreuse grâce à son rôle curatif. Il ne s'agit plus seulement de dénouer une situation complexe, mais de rechercher les moyens d'assurer la survie de l'entreprise. Dans le même temps, on admet que la demande de nomination puisse être faite non seulement par les associés eux-mêmes, mais aussi par les commissaires aux comptes, les salariés, voire les créanciers.

[254] Cf. HAEHL (J. Ph.), *op. cit.*, p. 153 et s. ; ROBERT (J. H.), Le Droit des Sociétés Commerciales de l'ex-Cameroun oriental, Cours Polycopié, Université de Yaoundé, 3e année de Licence en Droit, éd. 1980, p. 49 et s. ; POUGOUE (P. G), ANOUKAHA (F.) et NGUEBOU (J.), *op. cit.*, n° 176 et s.

[255] Cf. art 25 de l'Acte Uniforme sur les Procédures Collectives d'Apurement du Passif.

[256] Cf. les exemples cités par NYAMA (J.-M.), thèse précitée, p. 47.

juge[257]. Aussi, peut-on s'étonner que des juges prêtent leur concours à de telles opérations et sans doute regretter qu'ils n'estiment pas préférable l'ouverture d'une procédure de concours[258].

138-Dans le second cas, les difficultés financières sont la cause ou la conséquence de dissensions internes graves entre les associés ou les dirigeants de l'entreprise. En tout état de cause, l'entreprise est en danger de disparition si aucune mesure n'est prise immédiatement pour tenter de remédier à cette situation. Ce faisant, l'institution de l'administrateur provisoire a connu ses plus grands développements avec sa transformation progressive aussi bien en droit comparé que dans notre droit positif[259].

139-Dans le troisième cas, enfin, le fonctionnement formel de la société est assuré alors que sa situation financière se révèle très préoccupante et qu'il pèse de sérieuses menaces sur la continuité de son exploitation. L'intervention judiciaire, dans ce type de situation, ne devrait pas, *a priori*, pouvoir se produire : le principe de la souveraineté des organes sociaux, qui fonctionnent normalement, s'impose et toute immixtion extérieure devrait être proscrite. Pourtant, les praticiens relèvent la fréquence de l'utilisation de l'administration provisoire, bien avant la phase de la cessation des paiements[260], qui est « amiable » ou faite d'« accord-parties » par requête.

Grâce à cette technique, un auxiliaire de justice participe à des négociations généralement complexes, en s'entourant d'un certain nombre d'experts, en demandant un certain nombre de garanties et il lui est possible de juger rapidement si le sauvetage est possible ou

---

[257] Cf. ROBERT (J. H.), *op. cit.*, p. 52.

[258] Leur attitude est cependant compréhensible pour au moins deux raisons : d'une part, les juges n'ont guère de moyens, sauf à faire procéder à une enquête, de déterminer avec précision si l'état de cessation des paiements est vraiment proche, et ils peuvent considérer qu'un tel arrangement amiable surveillé par leurs soins et un administrateur est somme toute meilleure solution qu'un concordat amiable conventionnel, négocie en dehors d'eux et pouvant présenter des dangers de fraude, d'autres part, les garanties professionnelles des administrateurs provisoire sont de nature à éviter que cette tentative de sauvetage ne constitue un moyen dilatoire utilisé pour éviter le dépôt de bilan.

[259] Cf. CONTIN (R.), Le contrôle de la gestion des sociétés anonymes, Bibliothèque de Droit de l'Entreprise, Lib. Tech, 1975, n° 630 et s. ; ROBERT (J. H.), *op. cit*, p. 48 et 49. NYAMA (J.-M.), thèse précitée, p. 49.

[260] Cf. NYAMA (J.-M.), thèse précitée, p. 50 et s. et les exemples développés par l'auteur HAEHL (J. Ph.), *op. cit.*, p. 157 ; ROBERT (J. H.), *op. cit.*, p. 50.

illusoire et ainsi, d'aider à la recherche des mesures adaptées à la situation. Il semble donc que l'on pourrait ne pas limiter la possibilité de nomination d'un administrateur provisoire aux seuls cas de cessation de paiements avérée[261].

140-Cette extension du domaine de l'administrateur provisoire comporterait certainement quelques risques d'actions engagées abusivement, mais n'en resterait pas moins opportune. Considérée pendant longtemps comme un simple organe de secours[262], elle est devenue aujourd'hui, une technique assez élaborée qui est en mesure de contribuer au sauvetage effectif d'une entreprise en difficulté[263]. Mais les garanties insuffisantes que présentent les professionnels concernés et leurs compétences imprécises relativisent l'efficacité de cette institution. Néanmoins, la recherche des mécanismes de prévention des difficultés des entreprises peut trouver ici une technique particulièrement utile et efficace, en raison de sa souplesse et de sa simplicité.

Cependant, des zones d'ombres subsistent encore, que la pratique, la doctrine et les tribunaux s'efforcent d'éclairer, notamment en ce qui concerne les pouvoirs de l'administrateur provisoire.

B- La limitation des pouvoirs de l'administrateur provisoire

141-D'après l'article 160-2, alinéa 3, de l'AUSCGIE, la décision de nomination de l'administrateur provisoire détermine l'étendue de ses pouvoirs ; indique, le cas échéant, ceux des organes de gestion, de direction ou d'administration qui restent en fonction et précise les pouvoirs et compétences qui leur sont maintenus (…).

---

[261] Une telle limitation s'opère aux règles des procédures collectives qui visent à ne pas laisser retarder le constat judiciaire de l'état de cessation des paiements et ne correspond pas aux fondements désormais reconnus à l'extension du domaine de l'administrateur provisoire. Si l'on admet que le critère moderne doit être l'intérêt de l'entreprise, on ne peut logiquement réduire le domaine de l'administration provisoire aux seuls cas dans lesquels les organes sociaux ne fonctionnent pas correctement. Dès lors que la continuité de l'exploitation se trouve sérieusement menacée, la société est en état de péril grave et il n'est guère opportun d'attendre que surviennent des conflits graves entre associés pour intervenir.

[262] Cf. HAEHL (J. Ph.), *op. cit.*, p. 160.

[263] Elle est à cet égard bien consacrée comme une technique spéciale de restructuration des établissements de crédit qui rencontrent des difficultés. Pour s'en convaincre, lire KALIEU ELONGO (Y. R.), « La restructuration des établissements de crédit dans la CEMAC : entre spécificité et efficacité du droit des défaillances bancaires », préc., p. 9 et s.

À vrai dire, la nomination de l'administrateur provisoire dessaisit les dirigeants de l'entreprise[264] ; et les pouvoirs de gestion qui lui sont reconnus sont étendus selon la formule très large généralement utilisée par les tribunaux[265] : « il est chargé de gérer et d'administrer la société ». On pourrait ainsi, l'assimiler à un représentant légal de la société, dont il a les pouvoirs[266]. L'AUSCGIE dispose en son article 160-1, *in fine*, que l'administrateur provisoire est nommé « *aux fins d'assurer momentanément la gestion des affaires sociales* ».

142-Issue, en fait, de la pratique judiciaire afin d'éviter les blocages de situation nés de conflits inter organiques ou infra organiques[267], la mission de l'administrateur provisoire se transforme, s'amplifie jusqu'à comprendre le redressement de l'entreprise en difficulté[268]. Une nouvelle fois, la recherche de solutions durables pénètre et modifie une institution au départ uniquement préventive.

Cette solution d'attente par excellence permet de confier à un tiers le soin de procéder à un examen précis de la situation de l'entreprise, de servir s'il y a lieu d'arbitre entre les associés pour s'efforcer de concilier leurs antagonismes et de proposer un règlement satisfaisant : soit il recherche les moyens pouvant assurer la survie de l'entreprise, en la gérant et en étudiant une éventuelle absorption ou un apport de

---

[264] CA Centre-Yaoundé, ordonnance de référé du 28 septembre 2001, inédit ; CA Littoral-Douala, arrêt du 21 février 2003, in *Juridis Périodique*, n° 64, 2005, obs. R. NJEUFACK TEMGOUA. BOYE (M.), article précité, p. 197.

[265] Voir les exemples donnés par NYAMA (J.-M.), thèse précitée, p. 50 et s.

[266] Une confusion est souvent commise entre l'administrateur provisoire et le mandataire ad hoc ; ce dernier, désigné en cas de désordres limités atteignant une société gérée de manière irrégulière, n'a pas de pouvoir de gestion. Les organes compétents n'étant pas dessaisis, sa mission est limitée et sa nomination est expressément prévue par différents textes du droit des sociétés.
Une seconde confusion peut se produire avec les contrôleurs de gestion nommés par le tribunal ou recrutés par un administrateur provisoire en fonction pour l'aider dans sa tâche ; leur mission est limitée à l'objet prévu et ils n'ont que des pouvoirs d'information ou d'étude. L'administrateur provisoire détient des pouvoirs beaucoup plus étendus. Pour plus de précision, cf. BOYE (M.), article précité, p. 181 et s. ; GONCALVES SCHWARTZ (M.), thèse précitée.

[267] Cf. VIANDIER (A.), La notion d'associé, L.G.D.J, 1978, n° 144.

[268] C'est d'ailleurs fréquemment le cas en matière bancaire où l'administrateur provisoire a généralement pour mission de poursuivre la gestion courante de l'établissement de crédit en collaboration avec le personnel, à élaborer un plan de restructuration crédible visant à rétablir l'équilibre de la situation financière de l'établissement en crise. Ce plan est nécessairement soumis à la commission bancaire pour approbation.

capitaux; soit il établit de concert avec quelques créanciers importants ou les banques, un véritable plan de redressement.

En réalité, le pouvoir de l'administrateur provisoire s'étend essentiellement à l'administration et à la gérance de la société en difficulté. Il représente la société dans le cadre de sa mission et dans la limite de ses pouvoirs. Car tout acte qu'il accomplit en outrepassant ces pouvoirs est inopposable à la société[269]. Ainsi, s'il ne lui a pas été expressément accordé, le pouvoir de disposer de certains biens même pour des nécessités de sauvetage, lui est refusé. C'est d'ailleurs là le plus grand hic qui entache l'institution de l'administration provisoire.

143-Au demeurant, l'institution de l'administration provisoire, en droit OHADA des sociétés commerciales, se trouve peut-être à l'aube d'un développement important ; elle nécessite une règlementation légale contraignante qui la transformerait en une nouvelle procédure préventive de la faillite. On peut cependant souhaiter que soient déterminés avec plus de précision les pouvoirs des administrateurs provisoires[270], en particulier pour ce qui concerne la possibilité de disposer de certains éléments de l'actif[271] ou de conclure un contrat de location-gérance du fonds de commerce[272].

L'administration provisoire a un rôle préventif très net, et son évolution résulte de la prise en compte de son caractère curatif. La liaison structurelle entre ces deux fonctions apparaît très clairement. On peut constater certains de ces phénomènes en étudiant une forme de dessaisissement du débiteur dans le cadre du transfert de gestion réalisé par la location-gérance.

Paragraphe 2- Une réglementation contraignante de la location-gérance

144-La location-gérance, définie par l'article 138, alinéa 3, de l'Acte uniforme relatif au droit commercial général (AUDCG) comme la

---

[269] Cf. article 160-4 de l'AUSCGIE.

[270] L'Acte Uniforme sur les Procédures Collectives d'Apurement du Passif n'a pas organisé les pouvoirs des administrateurs provisoires. Il est souhaitable que le législateur africain élabore très rapidement d'autres textes sur la question.

[271] La jurisprudence comparée admet cependant qu'un administrateur provisoire puisse réaliser les actifs qui ne sont pas nécessaires à la poursuite de l'exploitation. Cette solution mérite d'être approuvées ; Com. 5 Nov. 1971, Grands Arrêts de la Jurisprudence Commerciale, 2e éd. SIREY, 1976, p. 217, note B.B.

[272] Cf. Infra n° 120 et s.

convention par laquelle le propriétaire du fonds de commerce, en concède la location à un gérant, qui l'exploite à ses risques et périls pour une certaine période et moyennant une redevance, que l'on nomme aussi gérance-libre, peut constituer une heureuse solution au sauvetage des entreprises en difficulté. En effet, loin de pouvoir constituer une simple solution d'attente, elle est une technique d'administration d'une entreprise en difficulté lorsque l'incompétence des dirigeants ou leurs erreurs de gestion sont la cause de cette situation obérée[273].

145-Cette technique, expressément envisagée par l'Acte Uniforme OHADA sur les Procédures Collectives dans le cadre de la poursuite de l'exploitation d'une entreprise soumise aux procédures de concours[274], permet de changer la direction du fonds de commerce[275] et opère ainsi une dissociation entre la propriété du fonds et son exploitation[276]. Il s'agit là d'un moyen assez efficace d'apurement du passif de cette entreprise mal gérée, mais encore viable économiquement[277]. D'un autre côté, la gravité des difficultés de l'entreprise peut être telle qu'il soit impossible de trouver un locataire-gérant, qui accepte de louer les fonds ; les diverses mesures légales qui protègent les créanciers du loueur sont d'ailleurs de nature en l'en dissuader[278].

---

273 Cf. TSAGMO TAMEKO (E.), mémoire précité.

274 Cf. article 115 et s. de l'AUPCAP.

275 La location-gérance n'est permise que si un fonds de commerce existe (art 109 de l'AUDCG).

276 Issu de la pratique avant qu'une réglementation intervienne, le contrat de location-gérance se distingue de celui de crédit-bail qui est essentiellement un procédé de financement tenant compte de l'amortissement du matériel et aussi du contrat dit de management apparenté au mandat.

277 Le passif peut, en fait, être progressivement apuré grâce aux redevances perçues par le loueur, le gage des créanciers se trouvant augmenté si la gestion est bonne ; et d'un point de vue économique et social, l'entreprise est ainsi préservée en tout ou en partie. En ce sens, cf. TSAGMO TAMEKO (E.), mémoire précité, p. 47 et s.

278 La réglementation légale de ce contrat, particulier est assez stricte, non seulement pour éviter qu'il ne soit utilisé à des fins spéculatives, mais aussi pour protéger les créanciers du propriétaire et ceux issus de la gérance ; les diverses conditions et les effets de ce contrat revêtent une importance, toute particulière lorsque l'entreprise est en état de sérieuses difficultés. Si la négociation n'en est pas facilitée, ils protègent efficacement les différents intérêts particuliers et donnent des garanties assez sérieuses de réussite du sauvetage (cf. art 112 et s. de l'AUDCG).

146-La location-gérance ne constitue cependant qu'une solution provisoire, puisque le contrat est conclu pour une durée bien déterminée, assez courte, deux ans renouvelables une seule fois[279]. Mais, pareils dangers pourraient être limités si la convention de location-gérance ne constituait qu'une étape sur la voie de la cession pure et simple du fonds loué.

147-Après l'étude de la location-gérance réalisant un simple transfert provisoire de l'exploitation du fonds caractérisée par une protection excessive des créanciers (**A**), il conviendra d'examiner les dangers résultant de la cession qui peut figurer expressément ou implicitement dans la convention originaire (**B**).

A- La protection excessive des créanciers du loueur du fonds

148-L'AUDCG énumère de nombreuses conditions pour la conclusion de la convention de location-gérance[280], et seules certaines d'entre elles présentent un intérêt spécifique lorsque le fonds loué appartient à une entreprise en difficulté.

Deux situations doivent être distinguées : le contrat peut être conclu par le propriétaire ou bien par un mandataire de justice, remplissant les fonctions d'un administrateur provisoire. Dans ce dernier cas, un régime particulier favorable a été prévu par l'article 143 de l'AUDCG alors que dans l'autre cas, les exigences sont plutôt contraignantes. C'est dire que si cette protection est une exigence lorsque la location-gérance est conclue par le propriétaire du fonds (**1**), il n'en est pas le cas lorsque sa conclusion est plutôt faite par un administrateur provisoire (**2**).

1- Une exigence appliquée au contrat de location-gérance conclu par le propriétaire du fonds

149-L'article 141 de l'AUDCG exige que le propriétaire du fonds ait été commerçant pendant deux ans au moins, et que le fonds de commerce ait été, lui aussi, exploité pendant la même durée[281]. Ces

---

279 Ce simple transfert de l'exploitation n'empêche pas le redressement de l'entreprise, réalisé par une amélioration de la gestion et le remplacement des dirigeants. Le rôle préventif de cette institution se trouve complété par une fonction curative, qui est encore plus nette lorsque cette convention ne constitue qu'une étape sur la voie de la cessation du fonds loué.

280 Cf. les articles 138 à 146 de l'AUDCG.

281 Le texte est silencieux sur la nature de la sanction à prononcer en cas d'irrespect de ces conditions. À notre sens, il s'agit ici de la nullité absolue. À vrai dire, les

conditions tendant à empêcher les spéculations peuvent faire l'objet d'une dispense judiciaire accordée par la juridiction compétente lorsqu'elle constate un intérêt légitime[282]. Par ailleurs, ces conditions ne sont pas exigées à l'État, aux collectivités locales, aux établissements publics, aux incapables, aux héritiers ou légataires d'un commerçant décédé, ni aux mandataires de justice[283].

150-Néanmoins, il a surtout été jugé indispensable de protéger les créanciers et en premier lieu ceux du propriétaire, qui courent le risque de voir leur gage diminué si la gestion faite par le gérant n'est pas bonne. L'article 144, alinéa 2, de l'AUDCG les autorise à demander en justice, dans les trois mois qui suivent la publication du contrat, de rendre leurs créances immédiatement exigibles, et la déchéance du terme n'est accordée que si la location-gérance met en péril leur recouvrement[284]. Cette disposition protectrice des intérêts des créanciers de l'entreprise en difficulté peut empêcher la conclusion de ce contrat[285].

151-En tout état de cause, la location-gérance utilisée au profit d'une entreprise en difficulté s'insère dans une négociation plus importante permettant d'assurer le sauvetage. La possibilité de la déchéance judiciaire du terme est opportune, en ce qu'elle oblige le débiteur à un début d'apurement d'une partie de son passif avant la conclusion du contrat.

Évidemment, le gérant ne sera pas tenu de continuer les contrats en cours lorsqu'il prend le fonds en charge, à l'exception des contrats de travail maintenus de plein droit en application, par exemple, de l'article 42, alinéa 1, du Code du travail camerounais.

---

conditions de l'article 141 n'ont nullement été dans l'intérêt de l'une des parties, mais pour des motifs touchant à l'ordre public économique ; aussi la nullité absolue pourra donc être invoquée par tout intéressé, même par celui qui l'a provoquée par son mensonge ou sa réticence.

[282] L'article 142 de l'AUDCG relève le cas du propriétaire du fonds justifiant qu'il « *a été dans l'impossibilité d'exploiter son fonds personnellement ou par l'intermédiaire de ses préposés* ».

[283] Article 143 de l'AUDCG.

[284] Cf. article 144, alinéa 1, de l'AUDCG.

[285] Si le passif est important et que les dettes non encore exigibles les deviennent, aucun candidat à la gérance libre ne se présentera et il faudra constater l'état de cessation des paiements.

De même parce que l'exploitation du fonds de commerce aux risques et périls du locataire-gérant n'est pas immédiate, les créanciers de ce dernier bénéficient d'un avantage particulier. Aux termes de l'article 145 de l'AUDCG, le propriétaire du fonds est solidairement tenu avec lui des dettes contractées à l'occasion de l'exploitation jusqu'à la publication du contrat de location-gérance[286]. Cette disposition qui apporte une légère exception au principe de la relativité des conventions a pour objet la protection des tiers qui pourraient ignorer le changement intervenu dans l'exploitation du fonds.

152-Ce régime de responsabilité du propriétaire du fonds à l'égard des dettes du locataire-gérance ayant pris naissance au cours de la période antérieure à la publication du contrat, constitue un obstacle à sa conclusion. Il peut inciter les créanciers antérieurs du propriétaire à demander en justice la déchéance du terme, aggravant ainsi la situation passive de l'entreprise.

Dans le même temps, ces dispositions évitent l'utilisation de la location-gérance comme une technique dilatoire lorsque l'importance du passif rend nécessaires d'autres mesures comme l'ouverture d'une procédure de concours ou bien la nomination d'un administrateur provisoire qui pourra être conduit à conclure un contrat de location-gérance.

2- Une exigence étrangère au contrat de location-gérance conclu par un administrateur provisoire

153-Lorsqu'un administrateur provisoire a été désigné[287], il peut conclure un contrat de location-gérance dans les conditions du droit commun, sans faire appel aux dispositions particulières de l'article 141 de l'AUDCG[288]. Peut-il de sa propre autorité passer un tel contrat lorsqu'il a reçu le pouvoir de gérer et d'administrer l'entreprise ? Il ne

[286] Il faut comprendre par ce texte que la non publication du contrat de location-gérance dans le délai n'entraîne pas sa nullité. Un tel manquement autorise simplement une action des créanciers du locataire-gérant à l'encontre du loueur. Cf. CA Abidjan, arrêt n° 263 du 25 février 2005 : Ohadata J-07-32.
[287] Cf. supra, n° 110 et s.
[288] Cf. l'article 115, alinéa 1, de l'AUPCAP.

s'agit pas là d'un acte d'administration et il lui faut l'autorisation du tribunal[289].

L'article 143, *in fine*, de l'AUDCG envisage le cas dans lequel l'administrateur provisoire a été autorisé à conclure un contrat de location-gérance par l'autorité qui l'a désigné. Les dispositions des articles 142 et 143 dudit Acte uniforme sont alors écartées, à condition que les autres formalités aient été accomplies[290]. Cette dispense légale de certaines conditions et effets s'avère importante pour l'exclusion de la responsabilité solidaire de l'article 145. En quelque sorte, le législateur uniforme a estimé que la conclusion du contrat par un mandataire de justice justifie un retour au droit commun et rend inutile le maintien d'un cas exorbitant de responsabilité du loueur.

154-La nomination d'un mandataire de justice et l'autorisation formelle de conclure un tel contrat permettent une régénération de l'entreprise. Le mandataire de justice et la location-gérance utilisés pour redresser une entreprise en difficulté constituent des moyens d'assurer la survie du fonds de commerce, car ils permettent le renflouement de l'unité économique.

Le plan de sauvetage qui en est issu offre des garanties au locataire-gérant, qui peut prendre une exploitation sans redouter l'ouverture d'une procédure collective à l'encontre du loueur qui viendrait mettre fin au contrat. Le gérant pourra aussi envisager l'éventualité d'une cession du fonds.

B- Le recours parfois abusif à la location-gérance

155-La convention de location-gérance peut être affectée d'une promesse de vente par laquelle le propriétaire prend l'engagement de vendre le fonds si le locataire-gérant lève l'option dans le délai convenu[291]. Cette promesse unilatérale obéit nécessairement au régime de droit commun. Pendant sa durée, le loueur à la possibilité d'effectuer toutes les opérations attachées à son titre, notamment céder le fonds à un tiers ou le donner en nantissement. Le locataire-gérant pourra seulement réclamer des dommages et intérêts, à moins qu'il ne

---

[289] Cf. article 143, in fine, de l'AUDCG, ainsi que les articles 115 et s. de l'AUPCAP.

[290] Il s'agit des mesures de publicité notamment.

[291] Sur l'importance de la promesse de vente dans la location-gérance du fonds de commerce, cf. ALILI (S. M.), « La reprise des entreprises en difficulté dans l'espace OHADA », in www.ohada.com, Ohadata D-06-38., p. 3.

démontre l'existence d'un concert frauduleux entre le propriétaire et le tiers acquéreur.

156-Les contractants entendent parfois réaliser successivement les deux opérations, en respectant leurs conditions particulières, ou bien être liés définitivement par la cession dès la conclusion de la location-gérance. Ce dernier procédé peut être utilisé pour éviter l'application des règles protectrices des créanciers du vendeur du fonds de commerce[292] et les incidences fiscales d'une cession[293]. Le déguisement d'une vente sous l'apparence d'une location-gérance peut être révélé par certains indices, tels que le montant excessif de la redevance par rapport à la valeur locative, ou l'obligation pour le gérant de couvrir toutes les charges afférentes au fonds, y compris celles qui incombent normalement au propriétaire[294].

Ces contre-lettres sont déclarées nulles sur le fondement de l'article 158 de l'AUDCG. Selon cet article, sont nulles les contre-lettres ayant pour objet de dissimuler une partie du prix d'une cession de fonds de commerce. Dans l'hypothèse visée, il s'agit bien d'échapper aux droits fiscaux correspondant à la cession.

On s'est demandé si la nullité de la contre-lettre entraîne celle du contrat de location-gérance, ou bien si l'acte apparent est seul maintenu. Généralement, la doctrine se prononce en faveur de l'annulation de l'ensemble de l'opération, en considérant que la contre-lettre et l'acte apparent étaient indivisibles, l'un étant la cause impulsive et déterminante de l'autre[295] .

157-Force est dès lors de noter que le contrat de location-gérance présente à la fois des dangers et certains risques, mais offre aussi des avantages notables permettant de contribuer efficacement au sauvetage d'une entreprise en difficulté. Il favorise ainsi des changements dans le personnel de direction et dans les modes de gestion du fonds de commerce ou de l'unité d'exploitation avec la perspective d'une cession pure et simple.

---

[292] Cf. article 150 de l'AUDCG.

[293] Sur les conséquences fiscales de la cession d'entreprise comme technique de reprise de l'entreprise en difficulté, cf. ALILI (S. M.), article précité, p. 10 et s.

[294] Cf. HAEHL (J. Ph.), précité, p. 172.

[295] Cf. GHESTIN (J.), « Note sous Com ; 8 mai et 6 novembre 1979 », *D.*, 1980, p. 1488 et s.

Le contrat de location-gérance utilisé dans le cas d'une entreprise défaillante permet ainsi de redresser l'ensemble économique et social, et s'il conserve un rôle primitif dominant, la nécessité d'élaborer un véritable plan de sauvetage dans les différentes situations lui assigne un rôle curatif permanent. Que ce soit pour éviter les actions des créanciers du propriétaire du fonds, dans le cadre d'une administration provisoire ou lorsqu'existe la perspective d'une cession, l'institution n'est efficace qu'à la condition d'avoir ce double rôle préventif et curatif en même temps.

158-Les techniques structurelles tendant à éviter le recours aux procédures de concours et à traiter efficacement les difficultés de l'entreprise peuvent ainsi, à titre provisoire, apporter un certain nombre de solutions. L'administration provisoire, comme la location-gérance présentent de nombreuses garanties de sérieux et une réelle souplesse dans leur utilisation[296], mais leur caractère temporaire ne signifie pas pour autant qu'elles sont dilatoires.

Au contraire, il apparaît clairement que leur mise en œuvre suppose l'élaboration de véritables plans de sauvetage et non pas seulement de quelques mesures d'attente utilisées pour prévenir l'aggravation des difficultés de l'entreprise. Elles n'ont d'efficacité réelle qu'à condition de remplir une mission curative, et la pratique actuelle de ces techniques tend de plus en plus à leur confier cette tâche. Cette évolution exprime la prise de conscience de la nécessité de ne pas disjoindre les fonctions préventives et curatives.

159-De nombreux obstacles subsistent encore qui empêchent le développement de ces techniques, notamment en matière d'information, et ces mesures temporaires, en dehors du cas de la gérance-vente, doivent le plus souvent être complétées. Une modification plus nette encore des structures de l'entreprise, et non plus une forme de dessaisissement des organes de direction ou de gestion, s'avère alors indispensable afin de les adapter à la situation nouvelle ou de favoriser un apport extérieur de capitaux permanents. Malheureusement, la pratique nous présente des situations parfois décevantes.

---

[296] Il convient cependant de relever que la location-gérance peut être utilisée, en pratique par le loueur dans le but de porter atteinte aux droits de ses créanciers.

Section II - les artifices des mesures de transformation structurelle

160-La transformation structurelle de l'entreprise en difficulté n'est généralement que l'étape ultime d'autres opérations de sauvetage ou de négociations des tiers. Selon l'importance de son passif, son degré de viabilité économique, les causes de ses difficultés, il sera fait appel aux diverses formes d'emprunts, d'apports de capitaux, de modifications dans les organes de gestion, de liquidation partielle, etc.

Dans tous les cas, que la personne morale disparaisse purement et simplement ou soit maintenue, il ne s'agit que de la mise en forme d'une opération de sauvetage économique et financier. À la différence des autres techniques de sauvetage, l'entreprise n'a pas pour objet de résoudre quelques difficultés potentielles ou réelles, mais de constituer la conclusion de tout un processus complexe[297]. C'est l'entreprise elle-même qui se trouve sauvée ou renflouée par ces moyens.

Les procédés juridiques utilisés sont très nombreux et adaptés à chaque cas particulier. Certains d'entre eux ne semblent pas correspondre à l'objectif du sauvetage. Il s'agit des moyens de collaboration entre sociétés, tels que la constitution d'une filiale commune d'un Groupement d'Intérêt Économique (GIE), la conclusion d'accords de coopération ou de contrats de sous-traitance. Ces moyens assurent l'expansion des entreprises, mais ne permettent qu'incidemment de surmonter des difficultés potentielles[298].

161-En revanche, de véritables transformations des structures juridiques peuvent permettre un sauvetage de l'entreprise[299].

En réalité, la transformation permet à une société d'adapter ses structures[300]. Son domaine peut s'étendre aussi bien aux simples

---

[297] Il convient, en effet, de tenir compte de tous les aspects de l'entreprise, c'est-à-dire de sa capacité de production, de ses éléments commerciaux, de l'effectif de ses salariés, du maintien de ses dirigeants actuels ou leur remplacement, ainsi que des rapports entre les apporteurs de capitaux et les interventions des tiers.

[298] Cf. DEBENE (M.), « La restructuration des entreprises publiques », *Encyclopédie Juridique de l'Afrique*, t.7, p. 242 et s. ; GUYON (Y.), Droit des Affaires, t. I, éd. Économica, 1991, p. 567 et s.

[299] Sur la recherche de la croissance de l'entreprise à travers les opérations de restructuration, lire AHOUA (D.), thèse précitée, p. 25 et s.

[300] Cf. GUYON (Y.), *op. cit.*, p. 582.

transformations des structures juridiques[301], qu'aux opérations de cession pure et simple, de prise de contrôle ou d'apport à une société déjà existante[302]. Mais, ces transformations diverses sont la plupart de temps inefficaces. Concrètement, les transformations des structures juridiques ne procurent pas de moyens nouveaux dont ont le plus souvent besoin les entreprises en difficulté (**paragraphe 1**), tandis que les techniques de concentration sont alourdies par les différentes dispositions protectrices des salariés et des associés (**paragraphe 2**).

Paragraphe 1- Les résultats mitigés des transformations de structures juridiques

162-Les simples transformations des structures juridiques par création d'une nouvelle société, d'une société d'exploitation, ou de la constitution d'un groupement à caractère commercial à partir d'une entreprise individuelle ne constituent pas une véritable opération de concentration. En pratique, ces opérations s'accompagnent parfois des liquidations de certaines unités économiques, des apports de capitaux nouveaux, ou des licenciements des salariés.

Ces transformations structurelles permettent de prévenir l'aggravation de la situation, et à ce rôle préventif s'ajoute une fonction curative importante.

163-L'entreprise exploitée sous forme individuelle peut adopter la forme d'une société commerciale, favorisant ainsi l'apport de capitaux permanents tout en limitant la responsabilité des associés ; il suffit de respecter les règles ordinaires de constitution et de fonctionnement propres à chacune des catégories des sociétés[303]. De même une société commerciale peut être transformée en une autre forme, une société à responsabilité limitée ou anonyme devenant une société en

---

[301] C'est d'ailleurs là le sens étymologique du mot. Il s'agit de donner à la société une forme nouvelle, tout en maintenant inchangée sa personnalité morale (art 181 de l'AUSCGIE).

[302] En effet la gravité des difficultés de nombre d'entreprises appelle fréquemment ces solutions extrêmes y compris dans le cadre des procédures collectives. Ces techniques de concentration font strictement partie des mesures curatives ; mais elles jouent également un rôle préventif certain.

[303] Pour le cas des sociétés à responsabilité illimitée, voir l'art 181 al 3 de l'AUSCGIE.

commandite simple ou en nom collectif; il suffira simplement que les associés donnent à l'unanimité leur consentement[304].

Tous les cas de figure ne peuvent être cités, et la situation difficile de l'entreprise qui voit son statut juridique modifié par ces moyens impose seulement un respect scrupuleux des règles de constitution de ces sociétés, et en particulier des dispositions assurant la protection des associés et des créanciers[305].

164-Très souvent, la transformation des structures juridiques n'apporte pas des capitaux nouveaux[306]. Elle permet plutôt à l'entreprise en difficulté de choisir une forme qui facilite une gestion plus complexe ou qui permettra de faire plus aisément appel à de nouveaux associés qui apporteront certainement des capitaux.

La transformation s'opère aussi parfois pour bénéficier d'avantages fiscaux reconnus à telle forme de société. Elle a un caractère artificiel et parfois critiquable. En effet, elle peut conduire à l'adoption d'une forme juridiquement inadaptée pour un avantage illusoire et surtout précaire, le régime fiscal des sociétés étant soumis à de nombreux changements[307]. Or, le sauvetage d'une entreprise en difficulté suppose parfois que les associés acceptent d'aller au-delà, notamment en utilisant des techniques de concentration apparemment plus faciles, mais pratiquement plus lourdes.

Paragraphe 2- L'alourdissement des techniques de concentration

165-En raison de l'extrême gravité des difficultés rencontrées par quelques entreprises, il est souvent difficile d'éviter une liquidation pure et simple des actifs, si ce n'est grâce à une opération de cession globale ou d'absorption par une autre société. Le phénomène de concentration, permettant de transformer et de moderniser les structures de l'entreprise, est sans cesse présent[308].

---

[304] Cf. 181 al 3 de l'AUSCGIE.

[305] Cf. les articles 183 et 187 de l'Acte Uniforme précité.

[306] Elle n'entraîne pas la création d'une personne morale nouvelle. Ainsi, on a pu observer que la transformation régulière d'une SA en une SARL n'a aucune incidence sur une saisie opérée par celle-ci. Cf. CA Lomé, arrêt n° 43/09 du 17 mars 2009 : Ohadata J-O7-169.

[307] Cf. GUYON (Y.), *op. cit.*, p. 568.

[308] La poursuite de l'activité d'une entreprise peut être assurée par la constitution d'une société d'exploitation, d'une entreprise nouvelle, tout comme par un contrat

En effet, la dégradation constante de la structure des bilans rend l'entreprise plus sensible aux variations de la conjoncture et de la politique du crédit[309]. L'absence chronique de fonds propres, en particulier dans les PME et les entreprises familiales, favorise le recours aux fusions[310], souvent nécessaires pour réaliser leur expansion ou remédier à leurs difficultés, du moins si l'unité d'exploitation conserve un potentiel économique suffisant. Aussi sont-elles fréquemment utilisées non seulement comme une technique de développement, mais aussi de renflouement des entreprises en difficulté, c'est-à-dire de leur sauvetage[311].

166-En dépit de leurs avantages dans le domaine économique[312], les fusions présentent un certain nombre de dangers pour les créanciers de la société abordée, dont les droits doivent être maintenus, pour les salariés qui peuvent craindre des réductions d'effectifs ou la perte d'avantages particuliers et pour l'intérêt public qui peut se satisfaire de certaines atteintes à la concurrence[313].

---

de location-gérance assorti d'une promesse de vente ou qui prépare la cession ou encore par une absorption qui permet le sauvetage de tout ou partie d'une unité économique par la reprise de ses actifs et de son passif et une réorganisation complète de sa production et de sa gestion.

Quoi qu'il en soit, les avantages de la concentration sont indéniables : regroupement des moyens de production, réduction des frais généraux, lutte contre la concurrence, augmentation de la productivité … Egalement, elle permet aux entreprises de s'adapter à l'économie industrielle moderne laquelle ne leur laisse généralement aucun autre choix que de se grouper ou mourir. Cf. AHOUA (D.), thèse précitée, p. 26.

Le processus de concentration n'est d'ailleurs pas étranger aux procédures de concours en droit OHADA (articles 131 à 133 de l'AUPCAP)

309 Cf. supra, n° 74 et s.

310 Pour une étude sur les procédés juridiques de restructuration des sociétés commerciales en droit OHADA, cf. MBAYE MAYATTA (N.), « Fusion, scission, apport partiel d'actif », in POUGOUE (P.-G.) (sous la direction de), *Encyclopédie du droit OHADA, op. cit.*, p. 866 et s.

311 HAEL (J.-Ph.), *op. cit.*, n° 302.

312 En ce que la petite entreprise fusionnée profite du réseau de distribution de la société absorbante. Dans le même sens, l'absorption par un groupe international apporte des perspectives nouvelles à la société (cas de l'absorption de Amity Bank par la Banque Atlantique ou de First Trust par Orabank).

313 La fusion de la société International Brasserie avec les Brasseries du Cameroun a permis le renchérissement du prix des bières, ainsi que le nivellement vers le bas de la qualité de la boisson « MÜTZIG » que produisait avec beaucoup de succès l'International Brasserie absorbée. Sur une étude globale de la restructuration par la

167-Tout un régime juridique particulier plutôt lourd, a été institué, qui tend à concilier ces divers intérêts, en particulier au sein des articles 189 à 194 de l'AUSCGIE. Les modalités techniques des diverses formes de concentration sont importantes et varient selon qu'il s'agit d'une fusion-absorption ou d'une fusion de deux sociétés par création d'une nouvelle[314]. Mais en règle générale, la fonction curative de la fusion est évidente et se traduit par la survie de l'entreprise absorbée dans un cadre différent après dissolution de la personne morale[315]. L'opération ne sera entreprise que si l'unité d'exploitation présente encore une réelle capacité de production et si son passif n'apparaît pas impossible à apurer. Ainsi, elle a un rôle préventif, qui peut être partiel lorsque certains éléments de l'entreprise sont liquidés alors que d'autres sont absorbés, les sommes provenant de ces cessions permettant de payer une partie du passif[316].

168-L'opération d'absorption se caractérise par la disparition d'une société, par l'apport qu'elle fait à une autre de ses biens, de ses associés, de ses créanciers et de ses salariés. Le patrimoine tout entier est transmis activement et passivement et la fusion s'analyse en une dissolution anticipée de la société absorbée avec apport global de son patrimoine à la société absorbante dont le capital est augmenté à due concurrence[317].

169-L'Acte Uniforme OHADA relatif aux sociétés commerciales n'a prévu de droit des fusions qu'au profit des sociétés en retenant une conception économique. Cette restriction est regrettable[318]. Ainsi que l'admet expressément l'article 189, alinéa 2, de l'AUSCGIE, une société même en liquidation peut fusionner. Si elle est soumise à une procédure de redressement judiciaire, l'opération peut être prévue dans le concordat et en facilitera la présentation et le vote[319]. De même en cas de liquidation des biens, elle pourrait être possible à la condition qu'elle soit autorisée par le juge-commissaire[320].

---

transmission universelle du patrimoine en droit OHADA, cf. AHOUA (D.), thèse précitée, p. 30 et s.

[314] Cf. les articles 189 et 192 de l'AUSCGIE.

[315] Cf. l'article 190 de l'AUSCGIE.

[316] Cf. article 189, alinéa 2, de l'AUSCGIE.

[317] Cf. les articles 189, alinéa 3, et 191 de l'AUSCGIE.

[318] Cf. MARTIN (J.), « La notion de fusion », *RTDCom.*, 1978, p. 269 et s. Cf. également l'article 195 de l'AUSCGIE.

[319] Cf. les articles 131 à 133 de l'AUPCAP.

[320] Cf. art 162 de l'AUPCAP.

Dans tous les cas, cette technique a un rôle curatif certain et le fait que l'entreprise absorbée soit en état de défaillance plus ou moins grave confère un intérêt particulier aux dispositions protectrices des salariés[321] et des créanciers[322].

170-La recherche de la protection des salariés de l'entreprise et de ses créanciers concourt à favoriser la survie de l'entreprise. Le rôle curatif du droit des fusions ne peut se réaliser pleinement qu'en tentant de concilier les divers intérêts en présence : ceux de la collectivité nationale qui postulent la constitution d'unités économiques assez importantes, ceux des salariés à qui il est reconnu une certaine stabilité de leur emploi, et ceux des créanciers qui devraient voir leurs droits garantis. Les objectifs des techniques de sauvetage se trouvent ainsi satisfaits, en partie dans le droit des fusions avec moins de difficultés que dans le cadre des autres moyens tendant à réaliser le sauvetage structurel de l'entreprise en difficulté[323].

171-Les différentes techniques structurelles étudiées permettent d'apporter une solution provisoire aux difficultés nées de la mauvaise gestion des dirigeants, grâce à un transfert de l'exploitation du fonds de commerce dans le cadre d'un contrat de location-gérance, ou aux conflits existant entre eux, par le recours à l'administration provisoire. Elles traduisent aussi une véritable rénovation économique et financière lorsqu'elles introduisent par des modifications de la forme juridique des solutions de longue durée.

---

[321] Cf. article 42 du Code du travail du 14 Août 1992. Une exception légale au principe de l'effet relatif des contrats a été prévue au profit des travailleurs par l'article 42 al 1 du Code du travail, et permettant la stabilité de leur emploi. Toutefois, l'état de difficulté de l'entreprise absorbée peut ainsi justifier la remise en cause de la garantie de l'emploi prévue par cet article dès lors que la réorganisation de l'entreprise pourra justifier des licenciements avant ou après le transfert de l'exploitation à la société absorbante (cf. art 40 du Code du travail) cf. POUGOUE (P.-G.), « Commentaire du Code du travail du 14 Août 1992 », *Juridis info*, n° 12, p. 7 et s.

[322] Normalement, en raison du caractère universel de la transmission du patrimoine réalisé par la fusion, les créanciers de la société absorbée deviennent ceux de la société absorbante. Mais ils conservent le droit d'agir contre leur débiteur, les conventions intervenues entre lui et la société absorbante lui laissant la charge d'une partie du passif étant inopposables à leur égard.

[323] Pour une étude d'ensemble du droit de la restructuration comme un moyen de restauration des entreprises défaillantes, cf. AHOUA (D.), thèse précitée, p. 227 et s.

Mais, dans les deux séries d'hypothèses, on prévient l'aggravation des difficultés en constatant la gravité et en élaborant un plan de sauvetage. Cette nécessité de ne pas se limiter à la seule prévention apparaît même dans l'application des mesures provisoires de recherche des organes de secours, et on peut estimer que l'extension du domaine de l'administration provisoire constitue un bon moyen de vaincre l'inertie dangereuse des dirigeants sans pour autant lui appliquer les procédures de concours. Cependant les résultats font généralement douter de l'efficacité de toutes ces mesures.

CONCLUSION DU TITRE I

172- Les techniques de sauvetage des entreprises en difficulté ayant une fonction principalement préventive sont fréquemment utilisées par les praticiens. Le plus souvent, elles n'ont pas été instituées pour traiter le cas des entreprises défaillantes. Cependant, la situation de crise que connaît l'entreprise conduit à un infléchissement de certaines conditions, une modification de quelques règles, ou encore une extension jurisprudentielle de leur domaine.

173-À la diversité des situations de fait correspond une gamme variée de techniques, dont l'utilisation est souvent successive. Les différentes phases du processus de dégradation de la situation économique et financière justifient l'utilisation de moyens de sauvetage diversifiés. La recherche des mesures propres à permettre le sauvetage de l'entreprise incite à légitimer certaines solutions pragmatiques. Elle provoque en permanence des évolutions importantes dans le domaine législatif, administratif et jurisprudentiel.

174-Cette adaptation des techniques de sauvetage principalement préventives aux différents cas particuliers prend en considération la nécessité de leur fonction curative dans la recherche des moyens aptes à prévenir l'accumulation dangereuse des difficultés. Le constat de l'absence ou de la faiblesse de l'une ou de l'autre de ces deux fonctions explique l'échec de ces essais de sauvetage. Leur efficacité tient à la qualité des informations recueillies sur l'entreprise et à l'efficacité des solutions choisies[324].

Mais en admettant que le chef d'entreprise soit correctement informé de l'état réel de l'entreprise, les techniques principalement préventives reposent sur sa seule initiative[325]. Or on remarque le plus

---

[324] La qualité et l'étendue des informations dont les dirigeants de l'entreprise doivent disposer sont évidemment primordiales. Aussi, le législateur africain dans son Acte Uniforme portant sur les Sociétés Commerciales a amélioré l'information tournée vers le passé et instauré celle dite prévisionnelle.

[325] À l'exception de l'administration provisoire, l'accumulation d'indices préoccupants n'est pas une cause d'ouverture d'une quelconque procédure judiciaire, si ce n'est lors du contrôle d'une situation de financement pratiquement sans issue.

souvent que seule la contrainte de nécessités impérieuses est à même de convaincre les dirigeants de ne plus atermoyer. L'inconscience et l'obstination deviennent alors la cause de bien des déboires pour l'entreprise, ses créanciers et ses salariés.

175-Il convient de se demander s'il ne serait pas opportun de mettre en place diverses techniques permettant d'inciter plus sérieusement les dirigeants des entreprises en difficulté à utiliser des moyens véritablement curatifs, parce qu'appliqués avec la précocité nécessaire.

L'échec ou l'absence d'utilisation de ces techniques principalement préventives n'enlève pas pour autant tout espoir de renflouement et diverses formules sont à la disposition des entreprises pour tenter d'opérer le sauvetage voire le redressement : il s'agit des techniques principalement curatives.

TITRE II :

LA DIVERSITÉ DES TECHNIQUES CONSACRÉES PAR L'AUPCAP

176-L'accumulation et la gravité des difficultés que connaît l'entreprise rendent souvent inutile ou inefficace le recours aux différentes techniques ayant une fonction principalement préventive. Le sauvetage de la totalité de l'entreprise ou de certaines de ses composantes n'est pas pour autant exclu. Assez souvent, il s'avère plus difficile à réaliser et il peut être obtenu par divers moyens.

Dès lors que l'on constate un état de cessation des paiements, l'ouverture d'une procédure judiciaire de concours est nécessaire. Pendant longtemps, ces procédures avaient pour but principal le paiement des créanciers et la sanction des dirigeants fautifs[326]. La réforme des procédures collectives dans le cadre de l'OHADA fait désormais prévaloir une conception économique, l'objectif recherché étant celui d'assurer la continuité et la permanence des entreprises qui sont encore viables, grâce à la distinction faite entre le sort des hommes et celui de l'entreprise et à la recherche de la valorisation du concordat[327]. Cependant, une technique de liquidation des unités économiques que l'on n'est plus en mesure de renflouer subsiste.

Le pivot des procédures collectives modernes est ainsi la compétitivité et la rentabilité. Aussi, seules les entreprises conservant un avenir économique certain méritent la survie[328].

177-En redistribuant les cartes, l'AUPCAP a institué quatre procédures destinées à résoudre les difficultés des entreprises, indépendamment des sanctions personnelles pouvant frapper les dirigeants et les commerçants indignes, et applicables distributivement : deux procédures préventives de la cessation des

---

[326] Cf. NYAMA (J.- M.), thèse précitée, p. 80 et s. ; PAILLUSSEAU (J.), *op. cit.*, p. 109 et s. ; HAEHL (J. Ph.), *op. cit.*, p. 188 ; TERRE (F.), « Droit de la Faillite ou faillite du droit ? », *Rev. Jurisp. Com.* 1990, p. 1 et s. ; POUGOUE (P.-G.), « Compte rendue de colloque … », précité, p. 180.

[327] L'ouverture d'une procédure collective contre le débiteur a pour effet principal la suspension des poursuites individuelles de tous les créanciers, qu'il s'agisse du règlement préventif ou du redressement judiciaire. Il en résulte que le créancier se trouve désormais dans l'impossibilité de réaliser ses sûretés (art 18 et 134 de l'Acte Uniforme sur les Procédures Collectives). Dès lors, le concordat auquel le créancier a consenti ou qui lui a été imposé, a certainement toutes les chances de ne pas être ébranlé comme cela était souvent le cas par le passé.

[328] Cf. POUGOUE (P.-G.), « Compte-rendu de colloque … », précité, p. 179 et s. ; DARROUSEZ (P.), « Le fonctionnement des procédures collectives : Plaidoyer pour une révision », *Gaz. Pal.*, 1988, II, p. 622 et s. ; HOUIN (R.), « La réforme de la faillite et de la liquidation judiciaire », *RTDCom.*, 1995, p. 481 et s.

paiements que sont la conciliation et le règlement préventif ; deux procédures destinées à remédier à la cessation des paiements que sont le redressement judiciaire et la liquidation des biens. Les difficultés des entreprises pourront désormais être réglées, selon leur importance, dans le cadre de ces quatre procédures, constituant la nouvelle architecture du droit OHADA des procédures dites collectives.

La recherche du sauvetage des entreprises en difficulté, ou plutôt de certaines d'entre elles, se réalisera après une analyse précise de la situation, par des mesures globales de redressement, prenant en compte tous ses aspects économiques, financiers, techniques, juridiques et sociaux. Cette nouvelle conception économique consacre sans doute l'avènement d'un véritable « droit des entreprises en difficulté ». En ce sens, si les procédures préventives constituent bien un « *banc d'essai* »[329] d'un mécanisme de sauvetage des entreprises en difficulté, les procédures de traitement, quant à elles, constituent une sorte de modèle, au sens économique du terme.

178-Cette étude des techniques curatives confirme la dualité de fonctions qui est sans cesse présente et nécessaire en dépit de certaines limites. Aussi, face au renforcement des procédures de règlement précoce des difficultés de l'entreprise (**Chapitre I**), se présente la réorganisation des procédures collectives curatives (**Chapitre II**).

[329] Cf. HAEHL (J. Ph.), *op. cit.*, n° 243.

CHAPITRE I :

LE RENFORCEMENT DES PROCÉDURES DE RÈGLEMENT PRÉCOCE DES DIFFICULTÉS DE L'ENTREPRISE

179-Le droit antérieur à l'entrée en vigueur de l'AUPCAP était essentiellement axé sur la protection du crédit, l'élimination et la répression des débiteurs de mauvaise foi insolvables, l'organisation de la sauvegarde des droits des créanciers et leur égalité[330]. Par voie de conséquence, une démarche dualiste, synonyme de l'existence de deux procédures, animait l'attitude des tribunaux[331].

180-La bifurcation première reposait sur une analyse du comportement du débiteur commerçant. La pratique montra assez vite les limites de ces différents systèmes[332]. Aussi était-il devenu

[330] Aussi, le droit de procédures collectives traditionnelles issu de quelques dispositions du Code de commerce de 1807 et de la loi du 4 mars 1889, avait-il été construit à partir des notions de débiteur et de créancier, et en fonction de leurs relations réciproques. Pour plus de détails, cf. PAILLUSSEAU (J.), *op. cit.*, p. 110 ; TERRE (F.), *op. cit.* p. 12 et 13.

[331] D'une part, le système de la faillite du Code de Commerce de 1807 était réservé à ceux dont le comportement avait été émaillé immédiatement dessaisis de toute administration, dans l'attente de la réalisation forcée de leurs biens au profit des créanciers.

D'autre part, la liquidation judiciaire instituée par la loi du 4 mars 1889, était le régime normalement applicable à la personne commerçante physique ou morale, dont l'impossibilité à éponger son passif ressortait davantage de la maladresse que de la malhonnêteté. Le débiteur était alors soumis à une assistance dans la gestion de son patrimoine, jusqu'à l'obtention du concordat, accord par lequel les créanciers lui accordaient des délais et renonciations, et qui avait pour conséquence de le replacer à la tête de ses affaires. Cf. Codes et Lois du Cameroun, tome 2, p. 401 et s. ; NYAMA (J.-M.), thèse précitée, p. 96 et s. ; SERF (A. M.), « Réflexions sur la nature contractuelle du concordat », *Rev. Jurisp. Com.*, Sep - Oct. 1980, p 293 et S ; MERLE (Ph.), « La pratique de la nouvelle faillite », *Rev. Jurisp. Com.*, 1986, p. 81 et s.

[332] Le droit des procédures collectives se réduisait la plupart de temps à la détermination de l'ordre de paiement des créanciers, et à l'arbitrage de leur concurrence éventuelle dans les distributions. Le législateur français avait déjà tenté de corriger ces imperfections. Aussi peut-on s'étonner que pendant longtemps, la

classique de critiquer ces procédures, en les reprochant de faire disparaître parfois des entreprises parfaitement saines, dont les déboires étaient exclusivement dus à leur direction par des aigrefins, et de permettre aux incompétents de réitérer bientôt leurs errements[333].

C'est ainsi que confrontées aux réalités économiques et sociales de notre époque, cette conception et cette construction du droit des procédures collectives ne devraient pas résister à l'épreuve des faits. On déplora son obsolescence et son inadaptation[334]. D'où la naissance de l'Acte uniforme relatif aux procédures collectives d'apurement du passif OHADA adoptée le 1er janvier 1999, et révisée le 10 septembre 2015, par le législateur africain.

181-L'esprit et la lettre du texte uniforme attestent une volonté de changement : le mécanisme de l'intervention judiciaire n'est plus et ne doit plus être l'élimination des « canards boiteux », mais au contraire, la prise en compte du nouveau droit centré prioritairement sur le sauvetage permanent des entreprises en difficulté. À vrai dire, la finalité des procédures collectives est aujourd'hui, principalement, économico-sociale, et le critère technique de leur ouverture économico-comptable[335].

---

législation applicable soit demeurée celle de 1807, telle que complétée par la loi du 4 mars 1889.

[333] D'ailleurs, l'accord était déjà unanime pour considérer que les intérêts concernaient aussi ceux du débiteur et de toute la collectivité qui devraient être également protégés. Cf. POUGOUE (P.-G.), « Compte rendu de colloque ... », précité, p. 179 ; VASSEUR (M.), *op. cit*, p. 7 ; PAILLUSSEAU (J.), article précité, p. 111 et 112 ; TERRE (F.), article précité, p. 14 et 15 ; BOLARD (G.), « Principes d'un nouveau droit des faillites », Dalloz, 1983, chr. p. 173 et s. ; BRUNET (A.), « De la distinction de l'homme et de l'entreprise », Mélanges Roblot ; 1984, p 471 et s. ; MOULY (C.), « Procédures Collectives : assainir le régime des sûretés », Mélanges Roblot, 1984, p. 529 et s. ; PAILLUSSEAU (J.), « Le big bang du droit des affaires à la fin du 20è siècle (ou les nouveaux fondements et notions du droit des affaires) », *Rev. Jurisp. Com.*, 1987, p. 337 et s.

[334] On continuait encore à appliquer les procédures de la faillite et de la liquidation judiciaire telles que connues en France entre 1807 et 1889. Entre temps déjà, le droit français était considérablement reformé, notamment en 1955, 1967, 1985 et 1989, pendant que la législation applicable au Cameroun comme dans la plupart des pays africains de la zone Franc restait inchangée, et par conséquent dépassée.

[335] Pour rechercher si le règlement préventif est possible, la juridiction compétente est invitée à prendre auprès des experts les plus au fait des renseignements de nature à lui donner une exacte information sur la situation économique et financière de l'entreprise (article 13 de l'AUPCAP), avant de procéder par la suite à l'homologation du concordat préventif (article 15 de l'AUPCAP). Par ailleurs, la

182-Les dispositions de l'AUPCAP tendent ainsi, pour une bonne part, à favoriser le sauvetage des entreprises. Ce souci prédominant du sauvetage de l'activité en difficulté a mené le législateur uniforme à l'intégration de dispositifs légaux innovants, permettant lorsque cela est possible un assainissement de la situation financière de celle-ci par la voie de la négociation avec les créanciers[336]. Ces dispositions réglementent les procédures de conciliation et de règlement préventif qui permettent à une entreprise en difficulté d'obtenir la suspension des poursuites individuelles[337]. Cette évolution historique récente est caractérisée par l'émergence d'une vision plus globale et plus précoce des difficultés des entreprises.

Ainsi, si les procédures de prévention-traitement présentent, *a priori*, de par leurs critères d'ouverture, une fonction préventive (**Section I**), elles ont, *a posteriori*, pour finalité le sauvetage de l'entreprise en difficulté (**Section II**).

Section I- une fonction préventive imposée par les conditions de la procédure

183-L'AUPCAP tend à favoriser le sauvetage des entreprises qui, sans être en état de cessation des paiements, connaissent des difficultés économiques ou financières, avérées ou prévisibles, ou sérieuses. Aussi organise-t-il aux articles 5 à 24 des mesures très

---

cessation des paiements, qui conditionne l'ouverture de la procédure de redressement judiciaire ou de liquidation des biens, se définit comme son « impossibilité de faire face à son passif exigible avec son actif disponible, à l'exclusion des situations où les réserves de crédit ou les délais de paiement dont le débiteur bénéficie de la part de ses créanciers lui permettent de faire face à son passif exigible » (article 25, alinéa 2, de l'AUPCAP).

[336] Dans le même sens, cf. BOURDAIS (M.), Étude critique des modes de cession applicables au fonds de commerce dans le cadre de la réalisation des actifs en liquidation judiciaire, thèse, Lille 2, 23 novembre 2017, p. 8.

[337] Certains auteurs, à l'instar de HAEHL (J. Ph.), *op. cit.*, p 189, estiment que la suspension des poursuites individuelles est une mesure autoritaire d'exception où prévaut la raison d'État. Dans tous les cas, comme le souligne le professeur Yves GUYON, « le droit des procédures collectives est (…) comparable à l'état d'urgence, qui suspend l'application des lois habituelles ». In « Le droit des contrats à l'épreuve du droit des procédures collectives », mélange Jacques GHESTIN, 2001, LGDJ, p. 405.

originales et spéciales dites de conciliation et de règlement préventif des difficultés antérieures à toute rupture officielle des paiements[338].

184-D'un point de vue théorique, si la conciliation et le règlement préventif sont toutes des procédures préventives destinées à produire des effets[339] avant que ne soit constaté l'état de cessation de paiement, il faut noter que si la première est consensuelle et amiable, la seconde est judiciaire. L'ensemble des articles y relatifs tend à la réalisation d'un rôle à la fois curatif et préventif. Ces deux fonctions sont même considérées comme indissociables et ne peuvent permettre la sauvegarde de l'entreprise pour autant que la situation économique et financière n'est pas irrémédiablement compromise. Le législateur africain a eu conscience de la nécessité d'une intervention amiable et judiciaire précoce, et a tenté, au moins en théorie, de fixer des conditions précises correspondant à cet objectif.

185-Concrètement, l'AUPCAP réserve l'application de ces procédures préventives aux entreprises qui remplissent principalement deux conditions.

En premier lieu, l'entreprise doit « connaître des difficultés sans toutefois être en état de cessation des paiements », c'est-à-dire être dans une phase qui précède l'état de cessation de paiements. La seconde procédure est la compatibilité de cette procédure à l'intérêt des créanciers. L'analyse de cette situation où l'entreprise connaît de simples difficultés insusceptibles de l'entraîner en cessation des paiements reste complexe (**Paragraphe 1**), tandis que la compatibilité de la procédure aux intérêts des créanciers, même si on a l'impression que c'est la conséquence du sauvetage, doit être possible dès le déclenchement de la procédure (**Paragraphe 2**).

---

[338] Cf. article 2 alinéa 1 (b) *in fine* dudit texte ; ISSA-SAYEGH (J.), « L'intégration juridique des Etats Africains de la zone franc », Penant 1997, p. 5 et s. ; ANOUKAHA (F.), *op. cit.*, n° 172 et s. ; DERRIDA (F.), « mesures préventives de la faillite », in *Travaux de l'Institut de Droit Comparé*, Paris, 1958, p. 287 et s.

[339] C'est pour cette raison que le législateur africain donne pouvoir à la juridiction compétent d'ordonner la suspension des procédures individuelles (articles 8 et s. de l'AUPCAP).

Paragraphe 1- Le caractère complexe des conditions d'ouverture des procédures de règlement précoce des difficultés

186-Aux termes de l'article 5 de l'AUPCAP, les procédures préventives de conciliation et de règlement préventif sont destinées à sauvegarder les entreprises en difficulté et à apurer leur passif avant la cessation des paiements. C'est dire que leur ouverture, sous respect des conditions préalables, intervient en amont de la cessation des paiements. Si les deux procédures sont toutes introduites par une requête, elles sont fondées sur des critères différents. En effet, si la procédure de conciliation est ouverte aux personnes connaissant des difficultés avérées ou prévisibles[340], le règlement préventif est, quant à lui, ouvert au débiteur qui fait face aux difficultés financières ou économiques sérieuses[341].

Il apparaît clairement que les nouveaux critères d'ouverture des procédures préventives ont été posés en termes imprécis, car le législateur s'est borné à les mentionner sans pour autant en donner la quintessence[342]. Ainsi, si dans le cadre de la prévention amiable, la notion de « difficultés avérées ou prévisibles » reste délicate à préciser (**A**) ; dans la prévention judiciaire, celle de « difficultés financières ou économiques sérieuses » est très difficile à déterminer (**B**).

A- La délicatesse de la notion de « difficultés avérées ou prévisibles »

187-Le traitement des difficultés de l'entreprise nécessite au préalable une phase de détection elle-même englobée dans le processus légal dit de prévention. La période de prévention supposerait que l'entreprise ne soit pas en cessation des paiements, c'est-à-dire que pendant cette période, le débiteur dispose de suffisamment d'actifs pour faire face au passif exigible[343].

C'est ainsi qu'en droit OHADA, l'institution de la procédure de conciliation vient renforcer le dispositif de prévention de

340 Cf. article 5-1 de l'AUPCAP.

341 Cf. article 6 de l'AUPCAP.

342 Ces différents textes se contentent seulement de décrire les difficultés à prévenir en des termes généraux sans plus grande précision en les renvoyant à leurs conséquences.

343 Cf. TOH (A.), thèse précitée, p. 14.

l'AUPCAP[344]. Son ouverture à la suite de difficultés simplement avérées ou prévisibles, traduit la célérité qui devrait caractériser une procédure de prévention[345]. Située avant la cessation des paiements, cette procédure a pour objectif de trouver des solutions aux difficultés naissantes de l'entreprise[346]. Elle vise, en réalité, à sauvegarder les entreprises qui rencontrent des difficultés avérées ou prévisibles. Mais la question qui se pose est de savoir comment déterminer, apprécier, le caractère avéré ou prévisible des difficultés d'une entreprise ?

188-Le critère d'ouverture de la procédure de conciliation tel que posé, par l'alinéa 1er de l'article 5-1 de l'AUPCAP, comporte des imprécisions, notamment le moment d'appréciation des difficultés avérées ou prévisibles. Ces imprécisions sont source de complications et de contentieux comme c'est d'ailleurs le cas en droit français des procédures collectives. En effet, dans une espèce relative à la conciliation, la Cour de cassation[347] avait reproché au juge de la Cour d'appel de Versailles de n'avoir pas suffisamment caractérisé l'existence de difficultés avérées et de n'avoir pas relevé leur caractère insurmontable de nature à conduire le débiteur à la cessation des paiements. De ce fait, il ne doit pas s'agir d'une simple situation difficile, dont la gestion est liée à la liberté de commerce, qui favoriserait « *un gouvernement des juges, une bureaucratie étouffante, des atteintes à l'égalité des concurrents et finalement une disparition de l'esprit d'entreprise* »[348].

189-Face à cette absence de précision sur le type de difficultés concernées, la doctrine propose d'avoir une appréhension extensive, large, de la notion de difficultés avérées[349]. Ainsi, par rapprochement

---

344 Cf. SAWADOGO (F. M.), « Les procédures de prévention dans l'AUPC révisé : la conciliation et le règlement préventif », in *Droit et patrimoine*, n° 253, 8 décembre 2015, p. 33 et s.
345 Cf. KOKOU EVELAMENOU (S.), thèse précitée, p. 82 ; TSOBNY DONGO (J. J.), La célérité en droit des procédures collectives OHADA, Mémoire de Master, Dschang, 2017.
346 SAWADOGO (F. M.), « Commentaire et note sous l'Acte Uniforme portant organisation des procédures collectives d'apurement du passif », in *Traité et actes uniformes commentés et annotés*, Juriscope, 2016, p. 1152.
347 Cass. com. 26 juin 2007, n° 06-17821 : *BJS*, 01 nov. 2007 n° 11, p. 1167, note C. REGNAUT- MOUTIER.
348 GUYON (Y.), Droit des affaires, Entreprises en difficultés, Redressement judiciaire, Faillite, T. 2, 9e éd., Economica, 2003, p. 132.
349 KALIEU ELONGO (Y. R.), *op. cit.*, p. 66.

au droit français[350], les difficultés avérées ou prévisibles peuvent être de nature financière (dettes arrivant à terme, trésorerie fragile)[351], économique (perte d'un marché, concurrence agressive, renchérissement du coût des matières premières...), sociale (grèves, sous-qualification du personnel, sureffectifs)[352], juridique (difficultés de recouvrement de créances, procès en cours...)[353]. Il s'agira notamment des difficultés liées à l'insuffisance de fonds de roulement, à l'arrivée de nouveaux concurrents dans le secteur d'activité, à la perte d'un monopole, d'une exclusivité ou d'une concession, à la perte d'importants clients, à des mêlées judiciaires avec des partenaires[354].

190-Quoi qu'il en soit, quelle que soit sa nature, la difficulté devra être avérée lorsqu'elle a été effectivement constatée et que l'on peut facilement en mesurer les conséquences. Par contre, elle serait prévisible lorsqu'elle est imaginaire, c'est-à-dire qu'au moment de la demande d'ouverture de la procédure, la difficulté ne présente que des indices qui pourraient se révéler par la suite manifestes ou erronés. Dès lors, si la notion de « difficultés avérées » peut être facile à cerner, puisqu'il s'agit d'apprécier l'impact de ces difficultés constatées et donc mesurables[355], celle de « difficultés prévisibles » peut poser problème dans la mesure où elle « *impose une recherche délicate et parfois quasi divinatoire, sur les conséquences d'un fait lui-même imparfaitement connu* »[356].

191-Somme toute, la notion de difficultés avérées ou prévisibles est au cœur de la prévention amiable, de l'ouverture de la procédure de conciliation. Laquelle est préventive parce qu'elle doit être déclenchée avant la cessation des paiements, dès que le débiteur ressent une difficulté à laquelle il ne peut faire face avec les moyens dont il

---

[350] Cf. article L.611-4 du Code de commerce.

[351] Com. 26 juin 2007, n° 06-17821, *RJDA* 1/08, n° 56 : baisse du chiffre d'affaires d'une société et nécessité de lourds investissements pour développer une nouvelle activité ; Com. 26 juin 2007, n° 06-20820, *RJDA* 1/08, n° 56 : épuisement dans un avenir proche des lignes de crédit et existence d'un passif échu notable.

[352] TGI Bressuire, 19 déc. 2007, SAS Rambaud Carrières, BRDA 14/08, n° 9 : conflits familiaux incessants, absence de réelle direction, mouvement de grève.

[353] Cf. KOKOU EVELAMENOU (S.), thèse précitée, p. 123.

[354] KALIEU ELONGO (Y. R.), *op. cit.*, p. 66.

[355] KOM KAMSU (M.), « L'attractivité du nouveau droit OHADA de l'insolvabilité à l'égard du débiteur », *Penant*, n° 900, juillet-septembre 2017, p. 330.

[356] JACQUEMONT (A.), Droit des entreprises en difficulté, Litec, 4é éd., 2006, p. 41.

dispose, laquelle difficulté risque de nuire à la poursuite normale de son activité[357]. C'est dire que, lorsque les difficultés de l'entreprise ne seront pas véritablement identifiées, le temps de la prévention sera le temps de la conciliation.

La prévention consisterait alors à créer, dans un cadre amiable, un climat de confiance entre les débiteurs et les créanciers et à promouvoir un échange d'informations de qualité. Il s'agirait en ce sens, de permettre au débiteur de négocier avec ses créanciers qui peuvent avoir intérêt à la survie de l'entreprise[358]. Il en sera de même lorsque l'entreprise fait déjà face à des difficultés financières ou économiques sérieuses.

B- La subtilité de la notion de « difficultés financières ou économiques sérieuses »

192-La procédure de règlement préventif, mise en place par l'AUPCAP, ne peut s'appliquer en premier lieu, qu'aux entreprises qui connaissent non plus « *une situation financière et économique difficile, mais non irrémédiablement compromise* »[359], mais qui, « *sans être en état de cessation des paiements, justifient des difficultés financières ou économiques sérieuses* »[360] : l'un des soucis du législateur africain a été d'inciter à une prévision anticipée autant que possible de la menace de la cessation de paiement[361]. Cette notion de pré-cessation des paiements, tout à fait nouvelle, n'est pas aisée à distinguer des situations auxquelles on l'oppose[362], précisément de la notion de difficulté avérée et prévisible, d'une part, et de la notion de cessation des paiements, d'autre part.

193-Relativement au critère d'ouverture de la conciliation, la difficulté économique ou financière sérieuse est d'abord une difficulté avérée en ce sens qu'elle doit réellement être ressentie. Du fait de sa réalité, elle ne saurait plus être prévisible. La seule chose prévisible à

---

357 NANDJIP MONEYANG (S.), « La réforme des procédures collectives OHADA : quelle avancée pour le traitement des difficultés de l'entreprise ? », in *Lenemro, RTDE*, n° 3, Juillet/Septembre 2017, p. 220.
358 TOH (A.), thèse précitée, p. 14.
359 Exigence de l'ancien AUPCAP, article 2-1.
360 Alinéa 1er de l'article 6 du nouvel AUPCAP.
361 L'expression est empruntée à HAEHL (J. Ph.), *op. cit.*, n° 43.
362 Cf. CHAPUT (Y.), « L'inégalité des débiteurs face aux procédures collectives », *Études offertes à E. de LAGRANGE*, L.G.D.J., 1978, p. 125.

ce niveau est la cessation des paiements si des mesures adéquates destinées à endiguer la difficulté ne sont pas prises.

194-Sans être en état de cessation des paiements, l'entreprise doit simplement faire face à des difficultés qu'elle n'est pas en mesure de surmonter facilement. En fait, s'il est vrai que ce qui est « insurmontable » est forcément « sérieux », une difficulté insurmontable est une difficulté sérieuse[363]. À cet égard, le sauvetage de l'entreprise ne peut s'effectuer qu'à condition qu'elle ne soit pas dans une situation financière sans issue. Le rôle préventif de la procédure de règlement préventif ne peut être atteint si l'entreprise se trouve déjà dans l'impossibilité de faire face à son passif exigible avec son actif disponible ; et, à l'évidence, sa fonction curative disparaît de ce fait même[364].

195-Par voie de conséquence, la juridiction compétente statue d'office sur les procédures de redressement judiciaire ou de liquidation des biens si elle constate la cessation des paiements même si la procédure initialement ouverte est le règlement préventif[365]. Pour le délai minimum de trois ans[366], l'établissement des mesures et conditions envisagées pour le redressement suppose que l'état financier et économique de l'entreprise ne soit pas tel qu'il interdise d'avance toute perspective de sauvetage. Le débiteur doit être confronté à court terme à un problème grave qu'il ne peut surmonter ou résoudre avec des moyens ordinaires[367]. La difficulté doit donc être

---

[363] TOH (A.), thèse précitée, p. 305.

[364] Cela est une évidence dans la fonction curative du règlement préventif est indissociablement liée à sa fonction préventive de la cessation des paiements.

[365] Cf. article 15, alinéa 1 de l'Acte Uniforme sur les Procédures Collectives. V. également TGI du Wouri, jugement n° 580 du 20 juillet 2007, *Juridis périodique*, n° 91, juillet-septembre 2012, p. 45, note E. A. MOHO FOPA.

[366] Aux termes de l'article 15, alinéa 1, de l'AUPCP, les délais consentis ne peuvent excéder trois ans pour l'ensemble des créanciers, et un an pour les créanciers de salaires.

[367] Tel un simple crédit bancaire, et qui, non traité, met en danger l'exploitation normale de l'entreprise. Cf. PEROCHON (F.) et BONHOMME (R.), Entreprises en difficulté, Instruments de crédit et de paiement, 8ème éd. LGDJ, 2009, n° 66 ; ROUSSEL-GALLE (Ph.), « OHADA et difficultés des entreprises, Etude critique des conditions et effets de l'ouverture de la procédure de règlement préventif », *RJ. Com.*, fév. 2001, n° 40, p. 69.

sérieuse et révéler le besoin d'un soutien de la justice et du « *parapluie* » de la procédure[368].

196-Dans tous les cas, il reviendra à la juridiction compétente d'apprécier très souverainement cette situation préoccupante de l'entreprise. Pour ce faire, elle dispose des documents déposés par le débiteur lors de sa requête[369], d'un état de la situation économique et financière, et des perspectives de redressement envisagées[370]. Elle peut obtenir diverses informations nonobstant le secret professionnel[371] et après un rapport de l'expert commis[372] , on procède à l'audition du débiteur[373]. Le souci constant de rapidité a conduit le législateur africain à décider que la juridiction compétente doit statuer, dans le mois de sa saisine[374] ; elle doit à la fois procéder à une analyse du passé et du présent de l'entreprise, et à une prévision des chances de son redressement[375].

197-La notion de difficultés financières ou économiques sérieuses est une notion juridico-économique qui correspond au constat de la non cessation des paiements et à celui du maintien des chances de redressement. Elle traduit une situation économique ou financière difficile[376], avec des perspectives de redressement possible, que rencontrerait l'entreprise[377].

---

[368] Cf. SAINT-ALARY-HOUIN (C.), Droit des entreprises en difficulté, 10è éd., Montchrestien, Domat, 2009, n° 436.

[369] Cf. article 6 de l'AUPCAP.

[370] Cf. article 7 de l'AUPCAP.

[371] Cf. article 12 de l'AUPCAP.

[372] Cf. article 8, 12, et 13 de l'AUPCAP.

[373] Cf. article 14, alinéa 1er, de l'AUPCAP.

[374] Cf. article 14, alinéa 3, de l'AUPCAP.

[375] Cf. article 15, alinéa 2, de l'AUPCAP.

[376] Est caractéristique d'une situation économique et financière difficile, la diminution sensible du chiffre d'affaires, la liquidation des biens des filiales de production de la société débitrice, le déficit du dernier exercice comptable, l'allongement du délai de rotation des stocks, la diminution de la trésorerie, le déclenchement d'une procédure d'alerte par le commissaire aux comptes, la mise en œuvre d'un plan social prévoyant des licenciements économiques et un compte prévisionnel faisant apparaître un solde de trésorerie négatif à bref délai constituent des éléments de fait. CA Lyon, 31 mai 2006, Rev. proc. coll. 2006, p. 253, obs. Ph. ROUSSEL GALLE ; RJ com. 2007, p. 71, obs. J-P. SORTAIS ; *RTDCom.* 2006, p. 675, obs. J.-L. VALLENS.

[377] Le débiteur qui connaît une situation difficile a un actif disponible qui lui permet de faire face à son passif exigible. Mais cela risque de ne pas durer, compte tenu des difficultés auxquelles il est confronté, difficultés entraînant notamment une

La difficulté financière ou économique sérieuse serait la conséquence en général, de mauvais résultats d'exploitation se traduisant par un « *endettement lourd, des fonds propres très faibles, un fonds de roulement détérioré, une politique d'investissement mal contrôlée, le financement d'immobilisations par des fonds à court terme...* »[378]. À s'en tenir à la lettre de l'AUPCAP, le débiteur devra, pour bénéficier de l'ouverture du règlement préventif, justifier, d'une situation économique sérieuse, telle la nature de marchandises achetées ou livrées ou encore le retard de livraison, ou d'une situation financière difficile, notamment des retards de paiement, ou l'absence de trésorerie[379].

198-À la différence de la cessation des paiements, il n'existe pas encore de manifestations dangereuses telles que l'arrêt matériel des paiements, des protêts, et le crédit est encore conservé par l'entreprise auprès de ses banques et de ses fournisseurs. Cette situation de fait, encore plus insaisissable que la cessation des paiements, n'est définie que négativement par rapport à elle ; l'entreprise se trouve ainsi menacée à court terme du point de vue financier. Telle est la conception de la situation financière difficile qui correspond aux vœux du législateur africain des procédures collectives. Il s'agit là d'une exigence essentielle, qui constitue la clé de voûte de la procédure de règlement préventif : il ne saurait y avoir un essai de redressement sérieux, si la situation de l'entreprise est à ce point dégradée qu'elle ne peut raisonnablement envisager son sauvetage en obtenant un délai relativement bref[380] .

L'application normale de cette condition permet d'éviter les dangers et les inconvénients d'une procédure de règlement préventif accordée à des fins dilatoires et qui ne fait que rendre inéluctable la liquidation des biens.

199-Cependant, cette condition imposée par l'article 2, alinéa 1, de l'AUPCAP apparaît bien difficile à définir d'un point de vue théorique, et fort délicate à mettre en œuvre. Et on a pu dire que la situation financière ou économique sérieuse serait une cessation des

---

dégradation de sa situation financière et susceptible d'engendrer la cessation des paiements.

[378] Cf. E. du PONTAVICE, « Le commissaire aux comptes et les procédures collectives de paiement », *RJCom*, 1976, p. 147 et s.

[379] KOKOU EVELAMENOU (S.), thèse précitée, p. 84.

[380] Cf. article 15, alinéa 2, de l'AUPCAP.

paiements virtuelle et qu'en d'autres circonstances, cet état eût été reconnu[381] .

Aussi, la confusion de fait pouvant être établie entre la situation financière sérieuse ou difficile et la cessation des paiements ne permet guère de considérer cet essai d'une intervention judiciaire, plus précoce, comme concluant et de nature à faire évoluer le concept juridique d'entreprise en difficulté dans un sens moins restrictif. Peut-être les nouvelles techniques permettant un diagnostic plus précis, rapide et exact de la situation de l'entreprise, ainsi que la possibilité d'une saisine plus précoce des tribunaux faciliteront un peu les choses[382].

200-En dehors de l'exigence de cette première condition tenant à l'existence de difficultés avérées ou prévisibles, et sérieuses, les procédures préventives ne peuvent s'appliquer qu'aux seules entreprises dont la disparition peut être évitée dans les conditions compatibles avec l'intérêt des créanciers.

Paragraphe 2- La compatibilité des procédures de règlement précoce des difficultés aux intérêts des créanciers

201-Les procédures préventives, mises en place par l'Acte uniforme OHADA portant organisation des procédures collectives, ne peuvent s'appliquer que lorsque la juridiction compétente constate la compatibilité entre cette procédure et le souci de sauvegarder l'entreprise en difficulté. Si dans la procédure de conciliation cette sauvegarde passe par une restructuration financière ou opérationnelle (**A**), dans le règlement préventif, elle doit s'opérer à la suite de l'apurement du passif de l'entreprise (**B**).

---

[381] Cf. DERRIDA (F.), « Les dangers de la faillite pour la pratique notariale », *op. cit.*, p. 9.

[382] Cf. les articles 150 à 160 de l'Acte Uniforme OHADA sur les Sociétés Commerciales qui prévoient les procédures, d'expertise de gestion de l'alerte interne par les commissaires aux comptes et/ou par les associés en cas de disfonctionnement de la société ; Cf. également POUGOUE (P. G.), ANOUHAKA (F.) et NGUEBOU (J.), *op. cit.*, n° 190 et s. ; SAMBE (O.) et IBRA DIALLO (M.), Guide pratique des sociétés Commerciales et du Groupement d'Intérêt Économique (G.I.E) OHADA, Ed. ECJ, Juillet 1998, n° 1902 et s.

A- La compatibilité entre la procédure de conciliation et le souci de la restructuration de l'entreprise

202-Étymologiquement, la restructuration est appréhendée comme l'action de réorganiser selon de nouveaux principes avec de nouvelles structures, un ensemble que l'on juge inadapté[383]. Elle désigne un ensemble d'événements qui affectent la société dans sa structure car entraînant de véritables bouleversements sociétaires. Il s'agit pour le Professeur Bernard SAINTOURENS, de diverses opérations juridiques qui vont affecter les contours, les caractéristiques, le capital, la direction d'une entreprise[384]. De par leur transversalité, les techniques de restructuration « *ne sont pas utilisées uniquement comme des mesures stratégiques permettant aux entreprises d'amorcer leur développement, mais apparaissent également comme des solutions aux difficultés de l'entreprise* »[385].

203-En effet, afin de rester toujours pérennes et de croître, les entreprises confrontées en cours d'existence à divers évènements sont tenues à procéder à des restructurations de toutes sortes[386]. C'est ainsi qu'à la restructuration offensive[387], on oppose la restructuration défensive ou de crises justifiées par des enjeux de survie[388]. À cet égard, le droit des procédures collectives tend à assimiler la restructuration à la réorganisation, voire au redressement de l'entreprise défaillante[389]. Le concept de restructuration engloberait et viserait, en fait, uniquement les réorganisations d'entreprises opérées dans le cadre des procédures collectives. Ici, la restructuration est considérée comme forcée ou subie en raison de lourdes difficultés menaçant l'existence d'une entreprise.

204-Cette restructuration des entreprises défaillantes révèle une véritable contractualisation par le biais de la procédure amiable.

---

383 Dictionnaire Le Petit Robert.

384 SAINTOURENS (B.), Droit du travail et restructurations juridiques des entreprises, thèse, Bordeaux I 1982, p. 9.

385 AHOUA (D.), thèse précitée, p. 227.

386 « Car la nécessité de l'adaptation aux changements sociaux, économiques, juridiques, financiers, les contraintes et pressions du marché leur imposent des mutations profondes ». AHOUA (D.), thèse précitée, p. 11.

387 Ou de compétitivité inscrites dans des logiques d'anticipation de résultats et pouvant s'opérer en situation de croissance.

388 Cf. en ce sens AHOUA (D.), thèse précitée, p. 15.

389 BROCARD (E.), « les stratégies de restructuration des entreprises en difficultés », *LPA*, n° 93, 11 mai 2011.

Aussi, la restructuration doit-elle être envisagée dans l'accord de conciliation comme une réponse à une difficulté avérée ou prévisible rencontrée par une entreprise[390]. Elle est l'objectif visé par la procédure de conciliation, nouvelle procédure préventive instituée par l'Acte uniforme relatif aux procédures collectives révisées. En effet, d'après l'article 2, alinéa 1, dudit texte, « *la conciliation est une procédure préventive, consensuelle et confidentielle, destinée à éviter la cessation des paiements de l'entreprise débitrice afin d'effectuer, en tout ou partie, sa restructuration financière ou opérationnelle pour la sauvegarder* ».

205-La restructuration s'effectue à travers la conclusion d'un accord de conciliation négocié entre le débiteur et ses créanciers ou, au moins ses principaux créanciers et cocontractants, grâce à l'appui d'un conciliateur, tiers neutre, impartial et indépendant[391]. La conciliation semble alors bien adaptée surtout lorsque l'entreprise connaît des difficultés structurelles[392]. En effet, le temps de la restructuration est un temps de répit que seuls l'arrêt ou l'interdiction des poursuites individuelles autorisent[393].

Eh bien, si l'homologation de l'accord de conciliation arrête ou interdit toute poursuite individuelle nécessaire à la réorganisation de l'entreprise en difficulté, c'est la décision d'ouverture du règlement préventif qui suspend ou interdit toutes les poursuites individuelles susceptibles d'entraver l'apurement du passif de l'entreprise.

B- La compatibilité entre la procédure de règlement préventif et le souci de l'apurement du passif de l'entreprise

206-La procédure de règlement préventif, instituée par l'AUPCAP initial du 10 avril 1998 et modifiée par l'AUPCAP du 10 septembre 2015, ne peut s'appliquer que lorsque la juridiction compétente constate la compatibilité entre cette procédure et le souci d'apurer le passif de l'entreprise. Cette condition n'a pas en réalité la même force

---

[390] En ce sens qu'elle vise à maintenir de manière pérenne en mettant à sa disposition des outils nécessaires à sa survie pour éviter qu'elle ne soit emportée par des difficultés qui menacent son existence.

[391] Cf. article 2, alinéa 1, *in fine*, de l'AUPCAP.

[392] Cf. SAINT-ALARY-HOUIN, « L'ouverture de la procédure de sauvegarde », *RPC* 2008/2, p. 85 et s., spéc. p. 88, n° 16.

[393] Cf. article 5-12 de l'AUPCAP.

que la première. Aussi, certains auteurs la passent pratiquement sous silence et n'exigent que l'existence de la première[394].

À vrai dire, il semble bien que le législateur africain ait entendu rappeler que cette procédure n'est ouverte qu'aux seules entreprises qui peuvent encore proposer d'apurer leur passif[395], déduction faite des remises éventuelles consenties par les créanciers dans un délai maximum de trois ans. Peut-être qu'on a un peu trop rapidement interprété cette condition à la lumière du droit traditionnel des procédures collectives et considéré qu'à partir du moment où la juridiction compétente peut imposer un délai de deux ans aux créanciers récalcitrants lors du vote du concordat préventif, leur rôle est négligeable et leurs intérêts totalement sacrifiés[396].

207-Au contraire, la conformité à leurs intérêts constitue à notre sens une condition essentielle, et complète le constat d'une difficulté financière ou économique seulement sérieuse ou difficile. Le rôle préventif de cette procédure reste lié à sa fonction curative, et son ouverture n'est possible que si l'entreprise peut opérer son redressement économique et financier dans un court délai. L'intérêt des créanciers visé par cet article 2 de l'Acte Uniforme OHADA sur les Procédures Collectives correspond à la nécessité de pouvoir raisonnablement projeter dans un avenir immédiat, les chances d'un redressement sérieux, afin que le concordat homologué puisse garantir suffisamment leurs droits.

208-La nécessité du sauvetage économique et financier grâce à la procédure de règlement préventif est constamment rappelée par certains articles de l'Acte Uniforme OHADA sur les procédures collectives[397], avec celle de l'apurement du passif. L'une des caractéristiques les plus intéressantes de cette procédure réside dans cet essai d'apporter un remède aux difficultés de l'entreprise en portant l'attention sur la gestion et la production, tout autant que sur l'analyse strictement financière. Le souci permanent de la plus grande

---

394 Cf. ISSA-SAYEGH (J.), article précité, p. 5 et s.

395 Cf. article 15, alinéa 2 (b), de l'AUPCAP.

396 Il semble que c'est par interprétation de l'article 15 alinéa 2 (c), qui dispose que "dans le cas où le concordat préventif comporte une demande de délai n'excédant pas deux ans, la juridiction compétente peut rendre ce délai opposable aux créanciers qui ont refusé tout délai et toute remise, sauf si ce délai met en péril l'entreprise de ces créanciers".

397 Cf. les articles 1,2,5 et 15 de l'AUPCAP.

efficacité économique justifie, dès ce stade de la procédure, la constante célérité de l'instance[398], la suppression de la majeure partie des voies de recours habituelles[399] et le rôle prépondérant assigné à la juridiction compétente[400].

209-Les conditions d'admission à la procédure de règlement préventif des difficultés des entreprises attestent ainsi de sa fonction préventive, puisque le concordat préventif ne devrait être homologué que dans les hypothèses où le sauvetage est encore possible dans de bonnes conditions, et après qu'il a été procédé à une analyse détaillée des aspects économiques et financiers de l'entreprise[401]. Cette évaluation des chances de survie se poursuit lorsque la juridiction compétente a homologué le concordat préventif et que le rôle curatif de cette convention devient prédominant.

Section II- une fonction curative liée à la finalité des procédures de règlement précoce des difficultés

210-L'élaboration des mesures indispensables pour le redressement de l'entreprise et l'apurement du passif, son homologation par la juridiction compétente, s'il est conforme à la prescription du sérieux exigé par les articles 5-2, alinéa 2 (2°, 3°, et 5°) et 15, alinéa 2, de l'AUPCAP, correspondent à la fonction curative de la conciliation et du règlement préventif. Ces conditions ne peuvent être réunies que si l'entreprise se soumet en temps requis à l'une de ces procédures préventives. Sinon, la réalisation du sauvetage recherché (**paragraphe 1**) risque de ne pas être toujours assurée (**paragraphe 2**).

Paragraphe 1- Le redressement recherché

211-Dès l'article 1er de l'AUPCAP, il est noté que les procédures préventives de conciliation et de règlement préventif visent, tout comme les procédures curatives de redressement et de liquidation des biens, la préservation des activités économiques et les niveaux d'emplois des entreprises débitrices, et le redressement rapide des

---

[398] Cf. les articles 5 à 15 de l'AUPCAP.

[399] Cf. articles 23, alinéa 1, de l'AUPCAP.

[400] Cf. les articles 8 et s. de l'AUPCAP.

[401] Ce rôle est dévolu à un expert désigné par le président de la juridiction compétente (article 8 de l'AUPCAP).

entreprises viables. C'est dire qu'il s'agisse de la conciliation ou du règlement préventif, l'objectif recherché est la sauvegarde ou le redressement de l'entreprise en difficulté.

212-Dans les deux procédures, puisque le degré de difficultés n'est pas le même, les démarches sont différentes : dans la procédure préventive de conciliation, la restructuration de l'entreprise débitrice pour sa sauvegarde passe par des négociations privées et la conclusion d'un accord de conciliation. Par contre, dans la procédure de règlement préventif, l'apurement du passif souhaité pour le redressement de l'entreprise doit se faire au moyen d'un concordat préventif. En effet, si dans la conciliation le redressement recherché consiste en l'élimination des difficultés avérées ou prévisibles (**A**), dans le règlement préventif, la sauvegarde de l'entreprise débitrice passe par le traitement des difficultés financières ou économiques sérieuses (**B**).

A- Le souhait à l'élimination des difficultés avérées de l'entreprise à travers l'accord de conciliation

213-Afin de donner plus d'attractivité au dispositif de prévention traitement des difficultés des entreprises en droit OHADA, le législateur a institué, à côté du règlement préventif, une procédure de conciliation, véritable procédure amiable de prévention. Comme son nom l'indique, elle vise à permettre de rechercher les moyens propres à concilier le débiteur et ses créanciers et pérenniser l'entreprise[402]. Il s'agit d'une véritable technique de restructuration des entreprises en difficulté dont le mode opératoire repose essentiellement sur la négociation[403].

214-La conciliation, procédure de prévention destinée à éviter la cessation des paiements, a, alors, pour objectif de trouver un accord amiable avec le débiteur et ses partenaires, en vue de mettre fin à ses difficultés avérées ou prévisibles. En effet, grâce à l'appui d'un tiers neutre, impartial et indépendant dit conciliateur, le débiteur et ses principaux créanciers et cocontractants, sont appelés à conclure un accord de conciliation afin d'éliminer les difficultés naissantes ou imminentes de l'entreprise[404].

---

[402] BALEMAKEN (E. L. R.), thèse précitée, p. 82.

[403] Cf. BROCARD (E.), « Les stratégies de restructuration des entreprises en difficulté », *LPA*, 11 mai 2011, n° 93, p. 4.

[404] Cf. articles 5-1 et 5-4 de l'AUPCAP.

215-La conciliation se présente comme un réel mode de gestion des difficultés prévisibles de l'entreprise. Ceci s'explique par la souplesse des conditions d'ouverture[405], l'extension de la procédure à une pluralité de personnes[406]. En réalité, de nos jours, l'AUPCAP est applicable à toute personne physique exerçant une activité professionnelle indépendante, civile, commerciale, artisanale ou agricole, à toute personne morale de droit privé ainsi qu'à toute entreprise publique ayant la forme d'une personne morale de droit privé[407]. Aussi, les procédures de conciliation, sont applicables aux personnes morales de droit privé qui exercent une activité soumise à un régime particulier lorsqu'il n'en est pas disposé autrement dans la réglementation spécifique régissant ladite activité[408].

216-Par ailleurs, en plus de la mesure de suspension des poursuites individuelles que l'exécution de l'accord de conciliation entraîne relativement aux créances concernées[409], le législateur OHADA a procédé à un véritable renforcement de la confidentialité et de la transparence pour imprimer une approche nouvelle au système de prévention traitement.

217-Parmi toutes ces mesures d'attraction, le privilège de conciliation constitue l'incitation la plus importante de l'ensemble du dispositif institué par le législateur uniforme africain. Ce privilège, dit aussi de l'argent frais[410] ou parfois, par référence au droit américain, privilège de « *new money* »[411], est un droit de priorité de paiement institué par le législateur afin d'inciter les créanciers à financer la restructuration de l'entreprise en difficulté[412]. Il s'agit en réalité de la

---

[405] Cf. article 5-2 de l'AUPCAP.

[406] L'élargissement du champ d'application à une pluralité de personnes constitue un élément supplémentaire d'attractivité et donc susceptible de rendre efficace la procédure de conciliation.

[407] Pour une étude approfondie sur le champ d'application du nouvel AUPCAP, cf. NANDJIP MONEYANG (S.), préc., p. 210.

[408] Cf. article 1-1 de l'AUPCAP.

[409] Cf. article 5-12 de l'AUPCAP.

[410] Cf. LIENHARD (A.), Procédures collectives, 6è éd. Delmas 2014, n° 22.41, p. 67.

[411] Cf. Le CORRE (M.), « Le privilège de conciliation », *Gaz.Pal.*, sept. 2005, n° 251, p. 50 ; ASSONTSA (R.) et SILIENOU (H. I.), « L'introduction du privilège de ''new money'' en droit OHADA des procédures collectives », in *Annales Africaines, Revue de la FSJP de l'université Cheikh Anta Diop de Dakar*, vol. 1, n° 6, avril 2017, p. 353 et s.

[412] Cf. TOH (A.), thèse précitée, p. 211.

garantie du risque que prendront les créanciers en acceptant d'apporter leur soutien à l'élimination des difficultés de l'entreprise, de participer au sauvetage de l'entreprise en difficulté.[413]

218-Le privilège de conciliation est, somme toute, une sorte de prime[414] pour les personnes qui ont consenti dans l'accord un nouvel apport en trésorerie au débiteur, ou fourni un nouveau bien ou service, en vue d'assurer la poursuite de l'activité de l'entreprise débitrice et sa pérennité[415].

Il a été institué afin de récompenser la prise de risque des nouveaux fournisseurs de crédit, qui auraient accepté d'accompagner le débiteur alors qu'il se trouve en état de difficultés avérées, et qui, par ce seul fait, se trouveraient dans une situation différente de celle des créanciers qui se limitent simplement à accorder des remises de dettes déjà constituées avant l'ouverture de la procédure. L'homologation de l'accord de conciliation sera, ici, une condition de la participation des créanciers à l'effort de restructuration financière de l'entreprise.

219-L'institution de ces mesures incitatives à la conclusion d'un accord de conciliation traduit incontestablement la volonté du législateur OHADA de pérenniser l'activité de l'entreprise, c'est-à-dire de permettre « *d'appréhender les difficultés de l'entreprise dès qu'elles deviennent prévisibles, avant même qu'elles ne se traduisent en trésorerie* »[416]. La procédure de conciliation serait alors une procédure qui semble être très utile aux débiteurs diligents qui ont une vision claire de l'évolution des difficultés prévisibles de leur entreprise[417]. Elle constitue une possibilité supplémentaire, à côté du règlement préventif, de recherche de la solution au sauvetage de l'entreprise et au maintien de l'activité[418].

---

[413] Cf. ASSONTSA (R.) et SILIENOU (H. I.), préc., p. 359 et s.
[414] Cf. KALIEU ELONGO (Y. R.), *op. cit.*, p. 73.
[415] Cf. article 5-11.
[416] BALEMAKEN (E. L. R.), thèse précitée, p. 35.
[417] Cf. dans le même sens SAWADOGO (F. M.), « Les procédures de prévention dans l'AUPC révisé : la conciliation et le règlement préventif », préc., p. 37.
[418] Dans le même sens, cf. SAINT ALARY HOUIN (C.), « Les privilèges de la procédure », *LPA*, 14 juin 2007, n° 119, p. 71.

B- Le souhait du redressement de l'entreprise et de l'apurement du passif à travers le concordat préventif

220-Dès que la juridiction compétente a connaissance du dépôt du projet du concordat préventif[419] par le débiteur pour demander le déclenchement de la procédure, l'Acte Uniforme OHADA lui attribue un certain nombre de prérogatives.

Elle bénéficie d'une première prérogative lui permettant, de manière discrétionnaire, d'apprécier, *a priori*, le caractère sérieux apparent de l'offre de concordat[420]. Cette prérogative qui lui a été attribuée par la réforme de l'AUPCAP de 2015 est intéressante à plus d'un titre. Elle rompt radicalement avec la solution antérieure qui imposait à la juridiction saisie d'une offre de concordat préventif de suspendre immédiatement les poursuites individuelles et de désigner un expert, compte non tenu du sérieux apparent de l'offre[421].

En accordant aujourd'hui au juge la possibilité d'évaluer le caractère sérieux de l'offre de concordat avant de décider de la recevabilité de la demande, le législateur parvient à discipliner les débiteurs en les incitant à suffisamment envisager les pistes raisonnables de redressement de l'entreprise et d'apurement de son passif. Dès lors, les créanciers sont davantage rassurés en ce sens que la demande de règlement préventif ne pourra plus servir de moyen dilatoire permettant au débiteur d'échapper, au moins momentanément, au paiement de ses dettes.

221-Lorsque la juridiction compétente estime que le projet de concordat préventif parait sérieux, il ordonne la suspension des poursuites individuelles contre le requérant[422] et désigne

---

[419] Pour une étude sur le concordat en droit OHADA, lire KOKOU EVELAMENOU (S.), thèse précitée ; DECKON (F.), et AGBENOTO (L.), « Règlement préventif », article précité, p. 1554 et s. ; KALIEU ELONGO (Y. R.), *op. cit.*, p. 86 et s.

[420] Article 8 de l'AUPCAP.

[421] Voir article 8 de l'ancien AUPCAP. Cette exigence était d'ailleurs d'ordre public, car le juge était tenu de s'y soumettre. La solution était critiquable, car la compétence du juge en la matière était liée et ce dernier se devait de donner une suite favorable à la demande de règlement préventif quel que soit le défaut de sérieux de l'offre de concordat. Voir MOHO FOPA (E. A.), thèse précitée, p. 204.

[422] La décision de suspension des poursuites est alors une étape préalable à l'avènement du concordat qui se présente comme le résultat des sacrifices des créanciers qui ont accepté de renoncer à une partie de leur créance dans l'intérêt de l'entreprise. En consentant à l'accord concordataire, les créanciers renoncent de ce fait à exercer des poursuites sur les biens du débiteur en vue d'obtenir paiement de

concomitamment un expert chargé d'examiner la situation économique et financière de l'entreprise, et de servir d'intermédiaire entre les parties[423]. Dans un délai de deux mois[424], l'expert, avec ou sans l'aide du débiteur, doit apprécier la situation, prêter ses bons offices à ce dernier et à ses créanciers pour parvenir à la conclusion d'un accord sur les modalités de redressement et d'apurement de son passif telles que proposées dans l'offre de concordat préventif[425]. La conclusion d'un tel accord[426] sera vraisemblablement délicate à établir lorsque l'entreprise soumise à la procédure disposera de nombreux salariés créanciers[427]. Peut-être qu'il en sera de même lorsqu'un groupe de salariés sollicitera l'ouverture de cette procédure[428].

222-L'accord finalement conclu, comportera des conséquences financières importantes, les mesures et conditions envisagées pour le redressement de l'entreprise supposant généralement des apports de capitaux nouveaux sous la forme d'une augmentation de capital ou de l'ouverture de crédits par les établissements bancaires ou financiers. En plus de l'apurement du passif existant à la décision de règlement préventif, le plan envisagé doit tenir compte des besoins financiers qui seront issus de l'activité de l'entreprise et des mesures de redressement[429].

---

leurs créances, et ce pendant toute la durée d'exécution du concordat. Cf. TOH (A.), thèse précitée, p. 288 et s. cf. également CCJA, 2e Chambre, Arrêt n° 014/2015 du 02 avril 2015, SGBCI c/ Société Civile Immobilière Rue des Pêcheurs, Ohadata J-16-14.

[423] Cf. les articles 8 et s. de l'AUPCAP.

[424] L'article 13, alinéa 1, de l'AUPCAP donne la possibilité au président de la juridiction compétente de proroger ce délai d'un mois supplémentaire, à condition que sa décision soit motivée.

[425] Cf. les articles 7 et 12 de l'AUPCAP.

[426] Sur la conclusion du concordat préventif, cf. KOKOU EVELAMENOU (S.), thèse précitée, p. 140 et s.

[427] Dans la plupart des cas, les créanciers de salaires sont aussi importants que celles des autres partenaires de l'entreprise. Or l'article 15, alinéa 2 (d), contrairement à ce qui est prévu pour les autres créanciers, leur donne le droit de ne consentir aucune remise, ni de se voir imposer un délai qu'ils n'ont pas consenti eux-mêmes, encore qu'en l'acceptant, ils ne sauraient excéder un an. (Article 15, alinéa 2(b), de l'AUPCAP).

[428] Cf. les articles 175 à 180 de l'AUSCGIE.

[429] Cf. article 7 de l'AUPCAP. Peut-être pour que le concordat préventif soit rapidement homologué par la juridiction compétente, faudrait-il prévoir exactement le montant des nouveaux investissements, des emprunts, des indemnités de licenciement, des besoins en fonds de roulement et des dettes contractées entre

Ces conditions précises poursuivent le même objectif qui consiste à réserver cette procédure aux seules entreprises dont l'état économique et financier n'interdit pas, en raison de son extrême gravité, un redressement ou un sauvetage assez rapide. Elles confirment ainsi la double fonction curative et préventive de cette procédure, une solution ne pouvant être trouvée par ce moyen que si le concordat offre des possibilités sérieuses de redressement de l'entreprise.

223-La juridiction compétente ne peut homologuer le concordat préventif[430] conclu qu'à la condition de l'estimer sérieux et de constater qu'il offre des garanties suffisantes d'exécution[431]. Le respect de cette condition est le gage de la réussite du redressement, et il nécessite de la part du président de la juridiction compétente, un examen attentif de la situation actuelle de l'entreprise, de ses perspectives économiques à moyen terme, des éléments financiers permettant la continuation et le développement de son exploitation, et l'apurement de son passif[432].

Le rôle du président de la juridiction compétente est fondamental, puisque le concordat préventif, véritable moratoire judiciaire collectif, peut-être homologué et imposé aux créanciers indépendamment de leur volonté[433]; il est par nature essentiellement judiciaire et non contractuel, et l'on doit admettre que le président de la juridiction compétente puisse en modifier certains éléments pour en garantir le sérieux[434]. Il peut en effet s'avérer nécessaire d'admettre de tels aménagements, ne serait - ce que pour ne pas mettre en péril l'intérêt

---

l'ouverture de la procédure et l'homologation du concordat préventif. L'Acte uniforme OHADA ne permet pas de prévoir un remboursement du passif s'étendant sur trois annuités, à moins que les créanciers ne consentent des délais et des remises volontaires, et que la juridiction compétente les ratifie (article 15 alinéa 2(b) précité).

430 Pour une étude sur l'homologation du concordat préventif, lire KOKOU EVELAMENOU (S.), thèse précitée, p. 155 et s.

431 Cf. article 15, alinéa 2(b), *in fine*, de l'AUPCAP.

432 Afin de ne pas se tromper sur la situation exacte de l'entreprise, le législateur africain impose au président de la juridiction compétente la désignation rapide d'un expert, chargé de lui faire un rapport sur la situation économique et financière de l'entreprise, ainsi que ses perspectives de redressement. Aussi, c'est au vu d'un tel rapport que l'homologation du concordat préventif pourra emporter effectivement sa conviction.

433 Cf. article 15, alinéa 2, de l'AUPCAP.

434 *Ibidem*.

collectif ou l'ordre public[435]. Le président de la juridiction compétente, en examinant le caractère sérieux des mesures et conditions envisagées pour l'assainissement de l'entreprise, doit tenir compte de leur existence, et ce faisant, il ferait jouer pleinement à cette procédure judiciaire son rôle curatif.

224-Il apparaît que l'acceptation des mesures et conditions de redressement assez hypothétiques, et celles d'un apurement du passif qui ne s'avèrent possibles que grâce à l'importance des remises obtenues des créanciers autant que du report d'une partie notable de l'entreprise. À moins d'envisager à court terme une opération d'absorption, ou bien un apport de capitaux nouveaux provenant de certains associés. Agir autrement reviendrait à oublier les prescriptions claires de l'AUPCAP.

225-Les mesures et conditions homologuées dans le cadre de l'accord de conciliation et du concordat préventif n'ont un rôle curatif que si l'entreprise est encore viable économiquement, et peut financièrement être redressée. Cette fonction n'est assurée que si de telles mesures sont prises au cours d'une phase de difficultés prévisibles, ou si elles sont déjà sérieuses peuvent encore être surmontées. Mais ces procédures préventives risquent de ne pas connaître l'efficacité attendue d'elles, en raison essentiellement de certaines lacunes contenues dans l'AUPCAP.

Paragraphe 2- Le redressement entravé

226-Considérées comme de véritables techniques de sauvegarde, les procédures préventives en droit OHADA ont pour objectif de placer l'entreprise qui connait des difficultés mineures sous protection de justice afin de procéder à sa réorganisation. Qu'il s'agisse de la prévention amiable de la conciliation ou de la prévention judiciaire du règlement préventif, le but visé est la restructuration de l'entreprise en vue de permettre la poursuite de l'activité économique, le maintien de l'emploi et l'apurement du passif, au moyen d'un accord négocié.

227-Malheureusement, il arrive que ce double objectif de pérennisation de l'entreprise et d'apurement du passif soit entravé. Le traitement préventif des difficultés de l'entreprise devient mitigé étant entendu que les règles de renforcement de son attractivité connaissent des insuffisances. En fait, certains facteurs du renforcement de la

---

[435] *Ibidem.*

prévention, notamment le renforcement des règles relatives au plan de restructuration, pilier des mesures de sauvegarde, contiennent des insuffisances qui vont rendre le redressement peu attrayant, et peut-être même l'entraver. Celles-ci sont causées tant par les lacunes et imperfections qui affectent la procédure du règlement préventif (**A**), que par la nullité ou la résolution que peut subir l'accord négocié (**B**).

A- Les lacunes et imperfections affectant la procédure de règlement préventif

228-Un certain nombre de lacunes et d'imperfections affectent la procédure de règlement préventif des difficultés des entreprises, notamment lors des phases précédant et suivant l'homologation du concordat préventif par le Président de la Juridiction compétente. Elles sont essentiellement au nombre de deux.

En premier lieu, l'AUPCAP s'est abstenu d'organiser une véritable consultation des créanciers[436] et des salariés, alors qu'elle aurait été utile pour établir la liste des créanciers et parvenir à une sorte de consensus général à propos des différentes mesures et conditions envisagées pour le redressement de l'entreprise. À notre sens, il aurait été souhaitable d'instaurer un droit à l'information au profit des salariés sur le plan de l'emploi, et un droit de regard au profit des créanciers désignés comme contrôleurs sur les documents comptables de l'entreprise avec le concours du commissaire aux comptes, et sur les opérations de l'expert ou du syndic désigné par le tribunal[437].

En second lieu, aucune disposition n'est prévue pour le cas des groupes de sociétés qui, avec leur règlementation par l'Acte Uniforme sur les Sociétés Commerciales et les Groupements d'Intérêt Économiques (AUSCGIE)[438], pourront être fréquemment soumis à cette procédure. Certainement que pour résoudre pareils problèmes, les tribunaux seront conduits à conserver la conception économique des groupes pour l'application de la procédure de règlement préventif[439].

---

[436] Pour une étude complémentaire sur le rôle relativement effacé des créanciers dans la procédure de règlement préventif, lire TOH (A.), thèse précitée, p. 271 et s.

[437] Sur le renforcement de l'information au sein de l'entreprise, lire encore TOH (A.), thèse précitée, p. 323 et s.

[438] Cf. les articles 173 à 180 de ce texte.

[439] Cf. HAEHL J. Ph., *op. cit.*, n° 267.

229-Évidemment, la solution à ces principales lacunes et imperfections concernant la procédure de règlement préventif ne lui conférera pas automatiquement un véritable rôle préventif et curatif. Aussi, ne pourrait-elle être possible que si on évite le détournement de cette procédure au profit d'entreprises qui sont en fait en état de cessation des paiements. Il conviendrait sans doute de préciser la notion de situation financière difficile, de telle manière que l'on connaisse, grâce à des critères aussi objectifs pour pouvoir prétendre à l'application des dispositions prévues par l'Acte Uniforme.

230-La précocité de l'intervention judiciaire est l'objectif fondamental du législateur africain des procédures collectives d'apurement du passif. Et elle ne peut être assurée qu'en admettant un véritable droit d'intervention des salariés et autres créanciers, permettant de saisir la juridiction compétente dès la manifestation de certains indices sérieux de difficultés[440]. Il semble bien, de *lege ferenda*, que ce soit la seule solution, la fixation objective des éléments de l'état difficile s'avère extrêmement difficile[441].

231-Le rôle préventif de cette procédure pourrait ainsi être assuré, et sa fonction curative incontestée. Sans doute devrait-on admettre uniquement des mesures et conditions reposant sur les éléments certains et non sur de simples promesses éventuelles d'aides financières ou économiques.

L'exigence fondamentale tient au caractère sérieux des différentes mesures envisagées, qui ne doivent être admises que si elles contiennent les éléments économiques, financiers ou sociaux de nature

---

[440] Une procédure d'alerte interne en faveur des associés et de commissaires aux comptes des sociétés commerciales, est organisée dans l'Acte Uniforme sur les sociétés commerciales et le Groupement d'Intérêt Économique (articles 150 à 160 de l'AUSC)., la procédure de règlement préventif est destinée à toutes les entreprises se trouvant encore dans une situation de non - cessation des paiements, et pouvant être déclenchée uniquement par le débiteur (article 5, alinéa 1, de l'AUPCAP).

[441] Un droit d'intervention accordé aux diverses catégories de personnes intéressées à la bonne marche de l'entreprise bouleverserait les principes classiques, en particulier celui de l'autorité des dirigeants. L'atteinte portée au crédit de l'entreprise, qui est souvent invoquée pour refuser un tel droit d'intervention, n'est pas aussi importante qu'on le croit. La juridiction compétente une fois saisie, n'est en rien obligé de décider d'office un règlement préventif, un redressement judiciaire ou une liquidation des biens, ou de procéder à la désignation d'un expert. À vrai dire, le crédit n'est-il pas plus gravement compromis lorsque l'on attend le constat d'une situation désespérée pour intervenir ?

à permettre un redressement véritable dans un délai assez court[442]. Le changement véritable d'esprit des procédures collectives explique le fait qu'on ne doit réserver le règlement préventif qu'aux seules entreprises qui remplissent les conditions strictes imposées par l'article 6, alinéa 1, de l'AUPCAP et inciter les juridictions compétentes à préférer le redressement judiciaire à une procédure utilisée à seule fin d'entraîner la liquidation des biens.

232-Incontestablement, la procédure de règlement préventif constitue la première tentative d'introduction d'une technique de sauvetage mêlant intimement les fonctions préventive et curative. Elle sera sans doute victime, dans les faits de la nouveauté de ses concepts et d'un environnement attaché à une conception étroite du secret des affaires. Dès lors, c'est aux tribunaux que revient la charge de la rendre véritablement effective et efficace.

Ainsi pourra-t-on éviter de lui faire application de cette remarque faite ailleurs par certains auteurs à propos d'une procédure identique : « *de même que la mauvaise monnaie chasse la bonne, les procédures sans espoir submergent les prétoires et, faussant les mécanismes, chassent les autres* »[443]. Les procédures collectives traditionnelles rénovées dans le cadre de l'OHADA constituent aussi des mécanismes judiciaires destinés à favoriser le sauvetage de l'entreprise en difficulté. Celles-ci seront le plus souvent ouvertes en cas de rejet ou de l'annulation de l'accord préventif négocié.

B- L'annulation ou la résolution de l'accord négocié

233-Lorsque l'accord préventif négocié, c'est-à-dire l'accord de conciliation ou le concordat préventif, est bien exécuté, l'entreprise retrouve nécessairement une situation financière stable. Mais, il peut aussi arriver que l'accord préventif connaisse un sort malheureux. Si l'échec du concordat préventif se traduit par son annulation ou par sa résolution, l'échec de l'accord de conciliation ne peut résulter que de son inexécution, entraînant sa résolution[444]. Si la cause de l'annulation est liée à la formation du concordat, les causes de la résolution tiennent à l'inexécution des accords préventifs.

---

[442] Cf. article 15, alinéa 2, précité de l'AUPCAP.

[443] Cf. Aspects économiques de la faillite et du règlement judiciaire (étude des mécanismes), Rapport de l'Inspection générale des Finances, Bibl. de dr. Com. Tome 20, Sirey, 1970, n° 152, cité par HAEHL (J. Ph.), *op. cit.*, p. 209.

[444] Cf. article 5-13 de l'AUPCAP.

234-Aux termes de l'article 140 de l'AUPCAP, le concordat est annulé uniquement en cas de dol découvert après l'homologation du concordat. L'attitude dolosive du débiteur se traduit par le fait pour ce dernier de dissimuler des actifs ou d'exagérer le passif de son entreprise, et ce dans le but intentionnel de tromper la conviction des créanciers[445]. Il s'agit en fait d'actes par lesquels le dirigeant tente d'organiser son insolvabilité. L'action en nullité, qui ne peut être exercée que dans le délai d'un an suivant la découverte du dol, n'appartient qu'au ministère public et aux contrôleurs qui apprécient l'opportunité de l'exercer ou non[446].

235-De même, la nullité du concordat instituée par l'AUPCAP est une nullité facultative[447]. En effet, la juridiction compétente apprécie souverainement l'opportunité de prononcer ou non l'annulation du concordat en fonction de l'intérêt collectif des créanciers et des travailleurs[448]. Assurément, cette règle manifeste la volonté du législateur de limiter les hypothèses dans lesquelles l'annulation du concordat sera effectivement prononcée. Cela traduit l'importance du concordat, ainsi que les grands espoirs que le législateur fonde sur cet élément incontournable des procédures collectives de sauvetage des entreprises en difficulté[449]. L'annulation libère de plein droit du concordat les personnes de bonne foi ayant consenti un cautionnement ou affecté ou cédé un bien en garantie[450].

236-La résolution de l'accord préventif peut résulter de trois causes : le concordat préventif peut être résolu en cas d'inexécution des engagements concordataires, ou lorsque le débiteur est frappé d'une interdiction d'exercer une activité commerciale, ou encore lorsque les dirigeants de la personne morale débitrice font l'objet d'une faillite personnelle ou de l'interdiction de diriger une entreprise

---

[445] À cet égard, le juge des référés du Tribunal de Libreville, saisi par un créancier qui a démontré l'inexistence totale de documents comptables du débiteur, a rendu une ordonnance en rétractation de suspension des poursuites individuelles, Cf. Arrêt du 13 décembre 2004, Cour d'appel judiciaire de Libreville, répertoire n° 04 /04-05.
[446] Cf. article 140, alinéa 3, de l'AUPCAP.
[447] MOHO FOPA (E. A.), thèse précitée, p. 257.
[448] Article 140, alinéa 4 de l'AUPCAP.
[449] MOHO FOPA (E. A.), thèse précitée, p. 257.
[450] Cf. article 140, alinéa 2, de l'AUPCAP.

commerciale[451]. L'accord de conciliation ne peut, par contre, être résolu qu'en cas d'inexécution[452].

Contrairement au législateur français qui reconnaît que le désaccord de l'un des créanciers peut constituer un obstacle à l'exécution de l'accord, le législateur OHADA n'a pas admis la faute du créancier comme cause de résolution des accords préventifs. Pour la doctrine, cette solution française semble beaucoup plus logique, dans la mesure où, le concordat préventif, par exemple, revêt les caractères d'un contrat synallagmatique[453].

237-Aussi, contrairement à l'ouverture de la procédure où seuls les débiteurs peuvent solliciter l'admission en règlement préventif, la requête en résolution du concordat préventif peut émaner d'un créancier ou des contrôleurs du concordat. La juridiction compétente peut également se saisir d'office[454], le débiteur entendu ou dûment appelé.

La résolution de l'accord de conciliation homologué entraîne la déchéance de tout délai de paiement accordé. Les créanciers recouvrent l'intégralité de leurs créances[455], déduction faite des sommes perçues[456]. Par ailleurs, contrairement à l'annulation, la résolution du concordat ne libère pas les cautions intervenues en garantie de l'exécution totale ou partielle[457].

238-Les procédures préventives de conciliation et de règlement préventif, grâce à l'accord de conciliation ou au concordat préventif qu'elles offrent, marquent pour l'entreprise une pause providentielle sur le chemin qui menait à la cessation des paiements. Mais en cas de manquement du débiteur à ses obligations, le redressement judiciaire, voir la liquidation des biens peut être ouverte si la juridiction compétente constate la cessation des paiements. Ce qui est de nature à entraver le redressement recherché à travers les procédures préventives.

---

[451] Cf. article 139 de l'AUPCAP. Pour une étude sur la disparition quasi-inéluctable du concordat préventif, lire KOKOU EVELAMENOU (S.), thèse précitée, p. 325 et s.

[452] Cf. article 5-13 de l'AUPCAP.

[453] KOTO-TCHEKA (A. B.), Le règlement préventif dans l'espace OHADA, thèse en cotutelle entre les Universités de Montpellier I en France et Omar-Bongo au Gabon, 6 Avril 2012, p. 360.

[454] Cf. article 139, alinéa 2, de l'AUPCAP.

[455] Cf. MACORIG-VENIER (F.), « Inexécution de l'accord de conciliation : incidence sur les remises consenties », *RTD Com.* 2015, p. 364.

[456] Cf. article 5-13, alinéa 2, de l'AUPCAP.

[457] Cf. article 139, alinéa 3, de l'AUPCAP.

CHAPITRE II :

LA RÉORGANISATION DES PROCÉDURES COLLECTIVES DE TRAITEMENT

239-La conception répressive des procédures collectives[458] a laissé place à nos jours à une conception économique, qui a trouvé son expression la plus nette à l'occasion de l'entrée en vigueur de l'AUPCAP, après que l'expérience ait été faite des inconvénients attachés à la législation nationale ancienne[459].

Devant l'accroissement du nombre des faillites et l'insuffisance des solutions traditionnelles de sauvetage de l'entreprise, il importait de chercher des techniques nouvelles aptes à donner à l'entreprise un nouveau souffle. Cette recherche du sauvetage des entreprises en difficulté est surtout facilitée par un essai de revalorisation du concordat de redressement[460] (**section II**).

En plus, quand la cause des difficultés de l'entreprise tient essentiellement à la mauvaise gestion ou à l'incompétence du débiteur ou des dirigeants sociaux, ne convient-il pas de les écarter de la tête de cette entreprise ? En fait, afin de pérenniser l'exploitation de l'entreprise en difficulté et de maintenir les emplois qui y sont attachés, mais aussi de désintéresser dans la mesure du possible les créanciers, le recours à la technique de reprise d'entreprises semble être la plus grande opportunité (**section I**).

---

[458] Cf. NYAMA (J. –M.), thèse précitée, p. 121 et s.

[459] Cf. POUGOUE (P. G.), « Compte-rendu de colloque … », précité, p. 180.

[460] Le concordat de redressement issu de la procédure de redressement judiciaire n'a pas uniquement pour objectif d'obtenir des délais et des remises comme c'était le cas hier, mais également de prendre toutes mesures juridiques, techniques et financières (article 127 de l'AUPCAP), y compris la cession partielle de l'entreprise (articles 131 et s.), susceptibles de réaliser le rétablissement des conditions de fonctionnement normal de l'entreprise.

Section I- la valorisation des techniques de reprise de l'entreprise en difficulté

240-Le rôle curatif des procédures est atteint dans le redressement judiciaire qui permet, après un accord des créanciers et une homologation de la juridiction compétente, de consentir au débiteur des délais et des remises, mais également de prendre toutes mesures juridiques, techniques et financières susceptibles d'opérer le redressement de l'entreprise[461]. La liquidation des biens est généralement considérée comme une procédure visant à la dispersion des éléments de l'actif et à la répartition du produit de ces cessions entre les créanciers[462]. Elle constitue la phase d'exécution qui achève la saisie collective ; et le syndic, seul ou avec des autorisations, poursuit des opérations de liquidation et distribue les deniers.

241-Pourtant, il est inexact de la cantonner dans cette mission de liquidation pure et simple. La sauvegarde de l'entreprise, et plus spécialement des emplois de ses salariés et de ses unités économiques, peut être assurée plus durablement grâce à une cession forfaitaire globale d'actif. On a même pu penser[463] qu'une entreprise a plus de chances de survivre avec une cession globale d'actif consécutive à une liquidation des biens, que sous un régime de redressement judiciaire dans le cadre duquel le débiteur se trouve financièrement très affaibli.

242-L'option du tribunal entre le redressement judiciaire et la liquidation des biens procède d'une analyse purement économique, au moins lorsqu'il ne s'agit pas d'un débiteur personne physique commerçante, propriétaire de son entreprise, qui se trouve dans l'impossibilité de poursuivre son activité en raison d'une déchéance venue le frapper[464].

Le critère objectif du choix est fixé par l'article 33 de l'Acte uniforme OHADA sur les procédures collectives d'apurement du passif : le débiteur peut-il ou non proposer un concordat sérieux ? Il en est de même lorsque la conversion du redressement judiciaire en

---

461 Cf. article 127 de l'Acte Uniforme OHADA sur les Procédures Collectives.

462 Dans le droit antérieur, la procédure de la faillite, synonyme de la liquidation des biens, se soldait fréquemment par des clôtures pour insuffisance d'actif.

463 Cf. HAEHL (J. Ph.)., *op. cit.* n° 273.

464 Cf. les articles 196, 197 et 203 de l'AUPCAP.

liquidation des biens intervient[465]. La juridiction compétente doit considérer l'entreprise comme une unité économique dont il convient de déterminer l'aptitude à la survie grâce à un concordat dont les mesures et conditions envisagées seront effectivement susceptibles de redresser l'entreprise[466].

243-Les nouvelles dispositions des procédures collectives OHADA tendent ainsi, pour une bonne part, à favoriser le sauvetage des entreprises. À titre transitoire généralement, la poursuite de l'exploitation de l'entreprise et de ses activités est facilitée, notamment par le transfert de la gestion à un tiers grâce à un contrat de location-gérance (**paragraphe 1**) ; à titre définitif, c'est une cession globale d'actif et forfaitaire qui permettra de sauvegarder l'entreprise en difficulté (**paragraphe 2**).

Paragraphe 1- Le recours provisoire à la location-gérance

244-Depuis la réorganisation des procédures préventives et des procédures curatives, les procédures collectives en droit de l'OHADA n'ont plus seulement, pour finalité la réalisation de l'actif du débiteur pour l'apurement du passif. Elles visent, désormais, et principalement, lorsque cela est possible, le sauvetage de l'entreprise et partant de l'emploi.

Ce sauvetage des unités économiques et sociales s'opère nécessairement par la continuation de l'exploitation[467]. Considérée comme normale dans le cadre du redressement judiciaire[468] et exceptionnelle en cas de liquidation des biens, la continuation de l'activité de l'entreprise en difficulté peut se faire par le débiteur lui-même ou les dirigeants avec l'assistance du syndic, ou tout simplement par le biais de la location- gérance. Définie comme « *une convention par laquelle le propriétaire du fonds de commerce, personne physique ou morale, en concède la location, en qualité de bailleur, à une personne physique ou morale, locataire-gérant, qui*

---

[465] Cf. RIVES (G.), « Le choix entre les nouvelles procédures, faillites », Ouvr. Coll. Sous la dir. De RODIERE (R.), DALLOZ, 1970, p. 89 et s. ; cf. plus spécialement les articles 141 et 145 de l'Acte Uniforme sur les Procédures Collectives.

[466] Cf. article 127 de ce même texte. Or, la viabilité de l'unité économique et sociale peut être assurée par d'autres moyens que le concordat.

[467] Sur la continuation de l'activité de l'entreprise, cf. KALIEU ELONGO (Y. R.), *op. cit.*, p. 132 et s.

[468] Cf. article 112 de l'AUPCAP.

l'exploite à ses risques et périls »[469], la location-gérance est une véritable technique de redressement des entreprises en difficulté.

245-La location-gérance peut constituer une solution avantageuse qui préserve l'actif du débiteur en redressement judiciaire puisque seul le locataire gérant sera tenu des dettes. De ce fait, elle se présente non pas seulement comme une technique d'administration de l'entreprise en difficulté, mais surtout comme un moyen d'apurement de son passif[470]. Bref, elle est analysée comme un mode de financement des entreprises en difficulté[471]. Seulement, le domaine de cette modalité de reprise de l'entreprise en difficulté ne peut qu'être étroit (**A**), et son régime juridique exceptionnel (**B**).

A- La restriction du domaine de la location-gérance

246-Lorsqu'une entreprise est mise sous le régime du redressement judiciaire, il existe des chances raisonnables de propositions concordataires acceptables, alors que le droit positif, assimilant la liquidation des biens à la réalisation dispersée des actifs, exige que l'activité ne soit poursuivie qu'exceptionnellement[472]. Aussi, certaines dispositions de l'AUPCAP[473] enferment la continuation exceptionnelle de l'activité dans des limites très strictes du point de vue des conditions de forme et de fond.

C'est ainsi que la juridiction compétente ne peut prononcer la conclusion d'un contrat de location-gérance qu'à la demande du Ministère public, du syndic ou d'un contrôleur s'il en a été nommé[474]. Par ailleurs, le législateur africain ne l'autorise que « *lorsque la disparition ou la cessation d'activité, même provisoire, de l'entreprise est de nature à compromettre son redressement ou à causer un trouble grave à l'économie nationale, régionale ou locale dans la production et la distribution des biens et des services* »[475]. Bien qu'elle ait pour souci de préserver la stabilité économique et sociale, cette condition présente des difficultés d'appréciation. Quand est ce que la disparition d'une entreprise serait-elle de nature à causer un trouble grave à

---

[469] Cf. l'alinéa 3 de l'article 138 de l'Acte uniforme portant sur le droit commercial général.
[470] Cf. TSAGMO TAMEKO (E.), mémoire précité.
[471] Cf. MAGUEU KAMDEM (J. D.), thèse précitée, p. 66 et s.
[472] Cf. article 113 de l'AUPCAP.
[473] Cf. les articles 112 et s.
[474] Cf. article 115, alinéa 1, de l'AUPCAP.
[475] Cf. article 115, alinéa 1, de l'AUPCAP.

l'économie nationale, régionale ou locale ? Aucun critère objectif précis ne permet de le déterminer.

Il convient de relever que les notions de « trouble grave », comme celles d'« économie nationale, régionale ou locale » sont relativement imprécises[476]. Cependant, l'utilisation de cet instrument essentiel de gestion de l'entreprise après l'ouverture d'une procédure collective favorise la conciliation de nombreux intérêts.

247-Concrètement, la location-gérance permet de soustraire la masse aux conséquences néfastes d'une activité poursuivie avec le concours du débiteur, qui n'a pas su éviter l'état de cessation des paiements[477], ou par un syndic qui ne peut lui consacrer le temps nécessaire[478], et favorise la poursuite de l'activité lorsque les dirigeants font l'objet d'une faillite personnelle[479].

En plus des avantages connus de ce type d'opération[480], une nouvelle gestion, assurée par une personne physique, une personne morale existante ou une société créée à cet effet par des tiers ou des créanciers[481], est de nature à conserver le potentiel de l'entreprise. Une promesse de cession pourrait pratiquement s'ajouter au contrat[482] ; et dans ce cas, la location-gérance ne sera alors qu'une mesure transitoire avec une cessation globale d'actif à forfait. Dans tous les cas, c'est en principe le droit commun de la location-gérance qui s'applique, sous réserve de certaines particularités.

---

476 Pour plus d'analyses critiques sur les imprécisions de l'article 115 de l'AUPCAP, lire ALILI (S. M.), article précité, p. 2.

477 Cf. les conditions très restrictives apportées par l'article 114 de l'Acte Uniforme à la continuation de l'activité avec le débiteur ou les dirigeants de la personne morale.

478 Il aurait été souhaitable que fut institué un corps d'administrateurs judiciaires distinct de celui des syndics, dont les fonctions sont orientées vers le redressement de l'entreprise plus que vers sa liquidation.

479 Cf. les articles 196 et s. de l'Acte Uniforme OHADA sur les Procédures Collectives. Sous cette expression, sont désormais désignées et rassemblées toutes les déchéances et interdictions dont les dirigeants sont susceptibles d'être frappés lorsqu'ils ont eu un comportement anormal ou immoral.

480 Cf. Supra, n° 120 et s.

481 Il pourrait cependant se poser la question des délais nécessaires à la constitution d'une société.

482 Cf. SOINNE – BARRAT (M.F.) et DANSET (M;), « La location-gérance des entreprises en état de règlement judiciaire ou de liquidation des biens », *D.*, 1973, chr. 71.

B- Le particularisme du régime juridique de location-gérance

248-La conclusion du contrat de location-gérance a été facilitée par l'Acte uniforme OHADA sur les procédures collectives. L'alinéa 4 de son article 115 exclut l'application de certaines dispositions de l'AUDCG concernant la mise en location-gérance d'un fonds de commerce[483]. La masse n'est ainsi pas solidairement responsable avec le locataire-gérant des dettes contractées par celui-ci au cours de sa gérance[484].

La juridiction compétente n'autorise la conclusion de ce contrat qu'après avoir exercé un contrôle strict sur les garanties offertes par le gérant, fixé ses modalités et sa durée, et constaté une indépendance réelle entre le débiteur et le locataire-gérant[485]. Par ces exigences, le législateur OHADA a certainement voulu protéger l'entreprise ou le fonds de commerce des éventuels abus des locataires-gérants. Aussi, on a voulu éviter que le dirigeant ne puisse, par personne interposée, poursuivre l'exploitation de l'entreprise.

249-On peut cependant poser la question de savoir si le locataire-gérant peut embaucher le débiteur personne physique ou le représentant de la personne morale débitrice en qualité de salarié. L'Acte uniforme est silencieux sur ce point. Mais à notre sens, pareille éventualité devrait être admise. À vrai dire, dès lors que le locataire-gérant est indépendant au regard du débiteur, si du moins le lien de subordination nécessaire existe bien. D'ailleurs, la juridiction compétente peut en être alertée par le syndic, en application de l'article 116, alinéa 1, de l'AUPCAP. Et lors de la demande de renouvellement du contrat, elle vérifiera effectivement si l'indépendance du locataire-gérant n'est pas fictive[486].

250-L'article 116, alinéa 2, de l'AUPCAP permet à tout moment au tribunal de résilier le contrat de location-gérance d'office ou à la demande du syndic, du Ministère public, ou d'un contrôleur, si le gérant diminue par son fait les garanties données, et introduit ainsi un facteur d'insécurité assez important.

---

483 Cf. Supra, n° 120 et s.

484 Cf. article 117, *in fine*, de l'AUPCAP.

485 Cf. article 115, alinéas 3 et 4, de l'AUPCAP.

486 La conséquence de l'admission de ce contrat de travail entre le débiteur et le gérant est qu'à la fin du contrat de location-gérance, le débiteur se retrouve être son propre employeur.

251-Il se pose aussi la question de la durée du contrat de location-gérance. Elle est fixée par le tribunal à deux ans maximum, renouvelables une seule fois pour la même durée[487]. Cette possibilité de renouvellement, quoique limitée, peut intéresser un candidat à la gérance dès lors qu'il ne souhaite pas faire l'acquisition du fonds loué. Il y a là une nette complémentarité avec les dispositions de l'article 113 de l'AUPCAP qui prévoit une continuation de l'exploitation très exceptionnelle en cas de liquidation des biens, puisque l'on admet que les règles de l'article 115, du même texte, ont un caractère très spécifique.

D'ailleurs, les rapports constants du syndic sur l'exécution de ce contrat permettent au tribunal de mettre fin à tout moment à la location-gérance si le preneur diminue les garanties données[488]. Si le gérant met en péril le fonds loué par sa gestion, l'application de l'article 116, alinéa 2, de l'AUPCAP est de nature à obvier aux inconvénients d'un contrat d'une durée initiale en apparence longue par rapport à la durée raisonnable d'une procédure collective.

252-En admettant cette possibilité d'un contrat de deux ans renouvelables, le locataire-gérant sera incité à faire les investissements nécessaires, en sachant qu'il en retirera personnellement des profits.

On peut constater ainsi que la location-gérance pendant la période de continuation de l'activité, indépendamment des cessions pures et simples qu'elle peut favoriser, constitue un procédé qui permettra la relance des activités de l'entreprise en difficulté. Le recours à la location-gérance des entreprises serait en réalité un moyen pour le futur acquéreur de prendre connaissance de la situation exacte de l'entreprise en difficulté avant une éventuelle acquisition[489].

253-La location-gérance au cours des procédures collectives joue nécessairement un rôle préventif en préservant la capacité de production de l'entreprise, et en évitant une dispersion des actifs ou une gestion inefficace. Elle a aussi une fonction curative si elle favorise une cession d'actif à forfait postérieure ou facilite la présentation de propositions concordataires en démontrant les capacités intrinsèques de l'unité économique. Pour ces différentes

---

[487] Cf. article 115, alinéa 5, de l'AUPCAP.

[488] Cf. article 116, alinéa 1, de l'AUPCAP.

[489] Niveau de son chiffre d'affaires réel, montant du passif, stabilité de la clientèle, etc. ALILI (S. M.), préc., p. 3.

raisons, cette formule de location-gérance a des chances de connaître d'énormes succès malgré ses inconvénients[490].

254-L'utilisation de la location-gérance dans le cadre des procédures collectives, le plus souvent dans la perspective d'une cession à forfait, montre bien l'inadaptation de la conception qui tend à n'en faire qu'une simple technique transitoire devant durer en principe quatre années maximum. La location-gérance ne peut être une fin en soi. Rénovée et améliorée dans ses éléments, elle peut devenir une technique de sauvetage utile pour assurer la survie de l'entreprise, le maintien de l'emploi des salariés pour prouver la viabilité de l'unité économique, et préparer une opération de redressement définitif.

255-Si la location-gérance est le mode indirect d'acquisition de l'entreprise en difficulté, elle s'oppose à la cession d'actif à forfait qui constitue aussi une technique de sauvetage des entreprises soumises à une procédure collective d'apurement du passif, un mode direct de leur acquisition.

Paragraphe 2- Le recours définitif aux cessions d'actifs

256-Outre la location-gérance comme technique de reprise de l'entreprise en difficulté, on a la cession à un tiers. Le législateur OHADA accorde une très grande importance à la continuation de l'entreprise en difficulté par le truchement d'un tiers.

On entend par cession, « *la transmission entre vifs, du cédant au cessionnaire, d'un droit réel ou personnel, à titre onéreux ou gratuit* »[491]. Contrairement à la location-gérance, la cession est un mode direct d'acquisition de l'entreprise en difficulté[492]. Le transfert de l'entreprise à l'acquéreur se réalise à travers la cession des actifs de l'entreprise. La cession d'actif est nécessaire à la survie d'une entreprise financièrement défaillante ou d'une entreprise en mal de compétition[493]. En effet, le recours à la cession d'actif permet d'assurer le sauvetage de tout ou partie de l'entreprise en difficultés,

---

490 En ce domaine, on retrouve les mêmes problèmes que dans le règlement préventif ou le concordat et une rénovation plus sérieuse de l'ensemble des procédures collectives de sauvetage s'avère encore indispensable.

491 CORNU (G.) (sous la direction de), Vocabulaire juridique, *op. cit.*, v. Cession.

492 ALILI (S. M.), préc., p. 2 et s.

493 Pour une étude générale, cf. VASQUEZ (A.), La cession des entreprises en difficulté, thèse, Montpellier, 2012.

d'en pérenniser l'exploitation et de maintenir les emplois qui y sont attachés, mais aussi de désintéresser dans la mesure du possible les créanciers[494].

257-En droit OHADA des procédures collectives, la cession d'actif est prévue tant dans la phase préventive que dans la phase curative des difficultés de l'entreprise. Dans cette dernière, elle est possible dans la procédure de redressement judiciaire ou dans la procédure de liquidation des biens. Elle peut être totale ou partielle. En effet, en fonction des difficultés de l'entreprise, les mesures liées à la continuation de l'entreprise peuvent consister soit en la cession partielle d'actif (**A**), soit en la cession de la totalité de l'entreprise (**B**).

A- La cession partielle d'actif

258-Une cession d'actif est partielle lorsque le débiteur, ayant plusieurs actifs ou branches d'activités, cède seulement une ou plusieurs d'entre eux. La cession partielle d'actif ne porte que sur certains éléments de l'exploitation. Il s'agit de la cession d'un ensemble d'actifs d'exploitation pouvant constituer une branche d'activité autonome. La cession partielle d'actif est une opération permettant à la fois de débarrasser l'entreprise de certains biens inutiles et de lui procurer des liquidités[495].

259-En tant qu'une mesure de redressement de l'entreprise en difficulté[496], la cession partielle ne peut constituer qu'une offre inclue dans le concordat de redressement judiciaire. Elle peut concerner une partie des biens corporels ou incorporels, meubles ou immeubles. Lorsque la cession partielle d'actif ou d'entreprise ou d'établissement est envisagée dans le concordat de redressement judiciaire, le syndic doit établir un état descriptif des biens meubles et immeubles dont la cession est envisagée, la liste des emplois qui y sont attachés, les sûretés réelles dont ils sont affectés et la quote-part de chaque bien dans le prix de cession[497].

Le syndic est chargé de faire connaître ces offres de cession par tous moyens, notamment par la voie d'annonces légales, dès le moment où elles sont définitivement arrêtées par lui et le débiteur et

---

[494] Pour s'en convaincre, lire DEMEYERE (D.), « Les enjeux de la cession de l'entreprise en difficulté », *LPA*, n° 108, 30 mai 2012, p. 39.
[495] GUYON (Y.), *op. cit.*, n° 1270.
[496] En ce sens, cf. MAGUEU KAMDEM (J. D.), thèse précitée, p. 31 et s.
[497] Cf. article 134, alinéa 4, de l'AUPCAP.

approuvées par une décision du juge-commissaire[498]. Les offres d'acquisition résultantes de ces offres de cession sont reçues par le débiteur, assisté du syndic, et portées à la connaissance de l'assemblée concordataire qui décide de quelle offre retenir[499]. À la majorité en nombre des créanciers admis définitivement ou provisoirement représentant la moitié, au moins, du montant total des créances, l'assemblée concordataire doit retenir l'offre la plus avantageuse.

260-Quoi qu'il en soit, la juridiction compétente ne peut homologuer la cession partielle d'actif que sous deux conditions :

D'une part, si le prix est suffisant pour désintéresser les créanciers munis de sûretés réelles spéciales sur les biens cédés, sauf renonciation par eux à cette condition et acceptation des dispositions de l'article 168 de l'AUPCAP[500]. En effet, lorsque l'ensemble cédé comporte des biens grevés d'une sûreté réelle spéciale, la cession n'emporte purge de cette sûreté que si le prix est intégralement payé et le créancier garanti par cette sûreté désintéressée[501]. En tout état de cause, l'acquéreur ne peut céder, à peine de nullité, les éléments d'actif qu'il a acquis, sauf en ce qui concerne les marchandises, tant que le prix n'est pas intégralement payé.

D'autre part, si le prix est payable au comptant ou si, dans le cas où des délais de paiement sont accordés à l'acquéreur, ceux-ci n'excèdent pas deux (2) ans et sont garantis par le cautionnement solidaire d'un établissement bancaire[502]. Ainsi, en cas de non-paiement intégral du prix, le débiteur peut demander au juge-commissaire de prononcer la résolution de la cession ou la mise en œuvre de cette garantie.

261-À cet égard, la cession partielle d'actif se présente comme la solution la plus originale de sauvetage des entreprises en difficultés[503] en ce qu'« *elle a pour objet, le maintien de l'activité, soit de l'entreprise dans sa globalité, soit simplement de certaines unités*

---

[498] Cf. article 134, alinéa 5, de l'AUPCAP.

[499] Cf. article 132, alinéa 1, de l'AUPCAP.

[500] Selon lequel, « *si le prix de vente d'un bien spécialement affecté à une sûreté est insuffisant à payer la créance en principal et intérêts, le créancier titulaire de cette sûreté est traité, pour le reliquat non payé de sa créance, comme un créancier chirographaire* ».

[501] Cf. article 133, alinéa 2, de l'AUPCAP.

[502] Cf. article 132, alinéa 2, de l'AUPCAP.

[503] Cf. JEANTIN (M.), Droit Commercial, Instruments de paiement et de crédit, Entreprises en difficulté, 4e éd., Dalloz, 1995, p. 449.

d'exploitation formant une ou plusieurs branches complètes et autonomes d'activités, tels qu'usines, magasins, réseaux de distribution »[504]. Elle présente l'avantage de concourir, à travers son prix qui est versé dans l'actif du débiteur, à l'apurement du passif, de permettre de procéder à une restructuration de l'entreprise[505]. De ce fait, elle se rapproche à coup sûr de la cession globale d'actifs.

B- La cession globale d'actif

262-Avant la révision de l'AUPCAP, la cession globale d'actif n'était possible qu'en cas de liquidation des biens[506], laquelle pouvait être prononcée dès l'ouverture de la procédure ou bien sur conversion du redressement judiciaire, et revêtait un caractère exclusivement judiciaire[507]. Il n'était admis en cas de redressement judiciaire qu'une cession partielle d'actif[508], dont il est peu probable qu'elle permette d'apurer substantiellement le passif[509].

De ce fait, la doctrine constatait que la cession d'actif en bloc pouvait constituer une véritable solution du redressement de l'entreprise en difficulté, notamment si le débiteur est inapte ou incompétent, ou est frappé d'une interdiction d'exercer le commerce ou de diriger une entreprise[510]. En tout état de cause, comme le déclarent les Professeurs Paul-Gérard POUGOUE et Yvette Rachel

---

[504] MAGUEU KAMDEM (J. D.), thèse précitée, p. 32.
[505] *Ibid.*, p. 43 et s.
[506] Pour une étude critique de la cession d'actif en cas de liquidation des biens, lire BOURDAIS (M.), thèse précitée.
[507] Dans le même sens, lire KARFO (S. Th. S.), Paiement des créanciers, sauvetage de l'entreprise : Étude comparative des législations OHADA et française de sauvegarde judiciaire des entreprises en difficulté, thèse, Toulouse, 20 décembre 2014, p. 327 et s.
[508] Sur l'étude de la cession partielle d'actif comme mesure de redressement de l'entreprise en difficulté, lire MAGUEU KAMDEM (J. D.), thèse précitée, p. 31 et s.
[509] Selon un auteur, « *l'aptitude de la cession globale d'actif à dégager un prix satisfaisant constitue un avantage de la mesure au regard de l'insuffisance de la cession partielle d'actif à dégager un tel prix. Avec la cession partielle d'actif, l'entreprise sera dans la plupart des cas dans l'impossibilité de retrouver son équilibre, car il sera rare qu'une telle cession dégage un prix suffisant pour éponger le passif de façon significative* ». Aussi, son principal intérêt résiderait dans la possibilité qu'elle offre de trouver plus facilement un repreneur qu'en cas de cession partielle. MAGUEU KAMDEM (J. D.), thèse précitée, p. 57 et s.
[510] Cf. SAWADOGO (F. M.), « Commentaire et note sous l'Acte Uniforme portant organisation des procédures collectives d'apurement du passif », in *Traité et actes uniformes commentés et annotés*, France, Juriscope, 3e éd., 2008, p. 873.

KALIEU ELONGO, « *même dans des situations désespérées, on peut encore trouver des solutions réconfortantes tout en recherchant autant que possible à protéger l'économie et à sauvegarder les emplois, à travers la cession globale d'actif qui permet, même en cas de liquidation des biens d'une entreprise conduisant normalement à sa disparition, de sauver des entités économiques formant des unités d'exploitation lorsqu'elles sont encore viables* »[511].

263-En réalité, si hier la réalisation immédiate de l'actif ne pouvait être évitée que si la poursuite de l'activité a été autorisée, de nos jours, il est admis qu'un concordat de redressement judiciaire puisse comporter une cession totale de l'entreprise ou de l'établissement[512]. Dans ce cas, le syndic est tenu, comme en cas de cession partielle, de suivre la procédure et de respecter les formalités prescrites par les articles 131 à 133 de l'AUPCAP.

264-En cas de liquidation de biens, l'article 160 de l'Acte uniforme OHADA portant organisation des procédures collectives prévoit la possibilité pour le syndic de céder tout ou partie de l'actif, l'opération étant qualifiée de cession globale ou de traité à forfait. Sa réalisation se trouve nettement facilitée dans l'Acte uniforme par la suppression non seulement de l'exigence antérieure d'une décision des créanciers prise dans certaines majorités, mais surtout des difficultés d'autrefois découlant du défaut d'indication ou de précision sur la valeur des différents éléments cédés, fort utile pourtant pour l'exercice des droits des créanciers munis de sûretés réelles.

265-Que ce soit lors du redressement judiciaire ou de la liquidation des biens, la cession vise tous les biens susceptibles d'exploitation autonome permettant d'assurer le maintien d'une activité économique et des emplois qui lui sont attachés et d'apurer le passif. La permanence de l'entreprise est ainsi assurée grâce à une reprise d'un fonds de commerce ou d'une unité économique par un tiers. Il s'agit alors d'une mesure de redressement de l'entreprise entre les mains de ce dernier, fondée sur l'idée d'une continuation de l'exploitation[513].

---

511 POUGOUE (P. G.) et KALIEU ELONGO (Y. R.), Introduction critique à l'OHADA, PUA, 2008, p. 208.

512 Articles 33 et 131 et s. de l'AUPCAP.

513 SAINT-ALARY HOUIN (C.), « Le projet de loi sur la sauvegarde des entreprises : continuité, rupture ou retour en arrière ? », in *Droit et Patrimoine*, n° 133, 1er janvier 2005, p. 29.

Car, il pourra ensuite obtenir plus aisément des crédits pour assurer la pérennisation de l'entreprise.

266-En fait, afin d'éviter que la cession ne devienne un moyen détourné pour le débiteur de reprendre ses biens et son activité en se débarrassant du passif, parce qu'il a été dans l'impossibilité d'en assurer lui-même le redressement, le législateur a exclu de cette acquisition de la globalité d'actif, non seulement les dirigeants de la personne morale en liquidation, ses parents ou alliés, mais également le débiteur personne physique jusqu'au quatrième degré inclusivement[514].

267-En outre, la cession globale d'actif mobilier ou immobilier, considérée comme un procédé exceptionnel de réalisation des biens du débiteur, ne peut être utilisée qu'en respectant d'autres conditions prévues par les articles 160 à 162 de l'AUPCAP.

À la demande d'un créancier, du débiteur ou du syndic, la juridiction compétente autorise ce dernier à commencer les opérations de cession et il en apprécie souverainement l'opportunité en procédant à l'analyse des éléments qu'il doit lui fournir. Puis, le tribunal compétent intervient une seconde fois pour ordonner la cession. Ce surcroît de précautions entraîne comme conséquence la suppression des voies de recours. La détermination de la nature juridique de cette cession particulière s'avère alors importante et on admet qu'elle est caractérisée par l'absence de garantie du vendeur vis-à-vis de l'acheteur, qui acquiert ainsi à ses risques et périls, plus encore que par l'aspect amiable de la vente moyennant un prix.

268-La cession d'actif permet alors, en cas de redressement judiciaire ou de liquidation des biens, d'assurer la sauvegarde - totale ou partielle - de l'entreprise et par voie de conséquence de nombreux emplois. Elle permet d'en pérenniser l'exploitation et de maintenir les emplois qui y sont attachés, mais aussi et surtout dans la mesure du possible, de désintéresser les créanciers[515].

Du point de vue de l'entreprise et de ses créanciers, elle présente l'avantage d'éviter la dispersion de ses éléments constitutifs, les aléas d'enchères publiques trop souvent contrôlées, et de préserver, dans la

---

[514] Cf. l'alinéa 2 de l'article 160 de l'AUPCAP.

[515] En ce sens, cf. DEMEYERE (D.), « Les enjeux de la cession de l'entreprise en difficulté », *LPA*, n° 108, 30 mai 2012, p. 39.

mesure du possible, l'emploi des salariés. Elle constitue l'une des techniques curatives, si du moins le patrimoine de l'entreprise en difficulté comprend encore quelques éléments qui puissent être redressés. C'est pourquoi la doctrine voit en elle « *un instrument de restructuration ou de redressement de l'entreprise défaillante* »[516].

269-Elle est sans doute l'exemple extrême de la permanence de l'entreprise au travers des procédures collectives d'apurement du passif. On rencontre, en ce domaine aussi, les problèmes posés par le transfert automatique des contrats de travail à l'acquéreur du fonds, en application de l'article 42, alinéa 1, du Code du travail camerounais. La cession d'actif est utile dans le cas de l'entreprise individuelle dont le dirigeant a subi des sanctions personnelles qui interdisent la présentation d'offres concordataires. Ce mécanisme constituerait ainsi un élément non négligeable de sauvetage de quelques éléments du patrimoine de l'entreprise, au même titre que le concordat de redressement.

Section II- La valorisation du concordat de redressement judiciaire

270-Le concordat de redressement[517] valorisé par l'AUPCAP, constitue la solution normale du redressement judiciaire[518]. Il est défini comme un accord collectif passé entre le débiteur et ses créanciers et homologué par la juridiction compétente[519]. Le débiteur bénéficie à cet effet des délais et des remises, mais également de

---

[516] COUTURIER G., « le plan de cession, instrument de restructuration des entreprises défaillantes », *BJS*, 2008, n° 35 et s.

[517] Cf. DECKON (F.) et AGBENOTO (L.), « Redressement judiciaire, concordat de redressement », in Paul-Gérard POUGOUE (sous la direction de), *Encyclopédie du droit OHADA*, *op. cit.*, p. 1452 et s.

[518] Cf. ISSA - SAYEGH (J.), article précité, p. 23 et surtout l'article 2, alinéa 2, dudit Acte uniforme.

[519] Cette définition découle de la définition générale du concordat entendu comme « la convention conclue entre un débiteur et ses créanciers chirographaires ou privilégiés, avec homologation de justice destinée à en garantir le sérieux et la viabilité, par laquelle le débiteur présente un plan de règlement du passif et de redressement de l'entreprise ». FOKO (A.), « note sous CCJA, arrêt n° 023/2006, 16 nov. 2006, Société Africaine de Crédit Automobile dite SAFCA et Société Africaine de Crédit-Bail dite SAFBAIL c/Société Air Continental », in POUGOUE (P.-G.), KUATE TAMEGHE (S. S.), *Les grandes décisions de la CCJA de l'OHADA*, Paris, L'Harmattan, coll. Études africaines, 2010, p. 293.

toutes mesures juridiques, techniques et financières susceptibles de réaliser le rétablissement des conditions de fonctionnement normal de l'entreprise[520]. Par voie de conséquence, il fait survivre l'entreprise, en ce sens qu'il permet le maintien du débiteur à la tête de ses affaires et la poursuite durable de l'activité de l'entreprise qu'il administre sous la surveillance du syndic qui est le représentant des créanciers[521].

271-Réservé aux seules entreprises susceptibles d'être redressées, le concordat de redressement est indispensable, et il importe aux tribunaux de faire preuve, à notre sens, d'une extrême rigueur dans le choix des entreprises en état de cessation des paiements qui paraissent mériter d'être sauvegardées.

C'est pourquoi le législateur africain s'est employé à exiger que l'accord entre les créanciers et le débiteur soit exécuté dans les meilleures conditions, que la procédure soit assez rapide, que les créanciers privilégiés fassent connaître leurs intentions avant l'assemblée concordataire, et surtout que le concordat offre des possibilités sérieuses de redressement de l'entreprise et de règlement du passif[522]. Il n'entrait pas dans ses intentions de favoriser l'octroi des concordats afin d'en augmenter le nombre[523], mais de faciliter la conclusion de ceux qui auront toutes les chances de pouvoir être exécutés et d'assurer par ce moyen le sauvetage de ces entreprises.

272-Cette conception économique du rôle du concordat de redressement fait déjà douter de l'efficacité du succès de la procédure. En effet, il ne sera pas toujours aisé de sauver une entreprise par ce moyen lorsqu'elle se trouve dans une situation financière désespérée. La notion de cessation des paiements retenue dans sa définition

---

[520] Sur les origines historiques du concordat, Cf. PERCEROU (J.) et DESSERTEAUX (M.), Des faillites, banqueroutes et liquidations judiciaires, Éd. Montchrestien, tome 2, n° 1276 et s. ; pour la comparaison entre le concordat judiciaire et le concordat préventif, cf. DERRIDA (F.), « Concordat préventif et droit français », in Mélanges offerts à J. HAEHL, 1961, p 489 et s. ; pour les exemples de concordat préventif en droit comparé, cf. HAEHL (J. Ph.), *op. cit.*, p. 328 et s.

[521] Cf. article 52 de l'Acte Uniforme sur les Procédures Collectives.

[522] Cf. les articles 119 et s. de l'AUPCAP.

[523] Cf. ISSA – SAYEGH (J.), *op. cit.*, p. 24.

actuelle[524] empêche de conférer au redressement judiciaire un rôle véritablement préventif.

Le législateur africain depuis le 1er janvier 1999 a certes introduit des innovations importantes dans ce domaine, en particulier en dissociant le sort des hommes de celui de l'entreprise, mais sans tirer toutes les conséquences logiques de ces nouveaux principes. Même l'intervention judiciaire plus précoce en cas de règlement préventif n'augure pas tout le succès escompté[525].

273-L'objectif de sauvetage de l'entreprise à travers le concordat de redressement demeure prioritaire et correspond à sa fonction curative. Les exigences de « *possibilités sérieuses de redressement de l'entreprise* », de sa « *conformité à l'intérêt collectif ou à l'ordre public* »[526], font prévaloir la recherche du sauvetage de l'entreprise sur l'intérêt des créanciers et supposent que le concordat de redressement ne soit pas limité à un simple échéancier des remboursements à faire, mais revête un caractère plus large de véritable plan de redressement économique et financier.

274-Il est possible de constater une nouvelle fois que le rôle préventif des techniques de sauvetage se trouve lié à leur fonction curative et que cette dernière, prise isolément, n'est réalisée qu'à la condition d'embrasser tous les aspects, tous les éléments de l'entreprise et non pas seulement les seules conséquences financières des difficultés.

En ce sens, le concordat pourra offrir des possibilités sérieuses de redressement de l'entreprise conformes à l'intérêt collectif ou à l'ordre public, et par là même en accord avec l'intérêt bien compris de l'ensemble des créanciers antérieurs et postérieurs au jugement déclaratif. L'innovation la plus remarquable concerne ainsi la consécration de la fonction curative du concordat de redressement (**Paragraphe 1**). Cette fonction curative souffre cependant de plusieurs imperfections techniques qui seraient à même de gêner son efficacité (**Paragraphe 2**).

---

524 Cf. ANOUKAHA (F.), ouvrage précité, n° 179 ; et particulièrement l'article. 25 de l'AUPCAP.

525 Cf. supra, ce même chapitre, section I.

526 Cf. article 127 de l'Acte Uniforme OHADA sur les Procédures Collectives.

Paragraphe 1- Une fonction curative consacrée

275-Depuis la réforme des procédures collectives par le législateur OHADA, le concordat de redressement est directement orienté vers le redressement durable de l'entreprise, et l'intérêt des créanciers ne figure plus en tant que condition prioritaire de son homologation par le tribunal compétent[527]. La conception économique qui a prévalu intègre cet intérêt catégoriel dans un faisceau d'intérêts plus vastes, et le contrôle d'opportunité que la juridiction compétente doit réaliser porte principalement sur l'avenir de l'entreprise. Cette approche traduit clairement l'idée d'après laquelle l'entreprise est une structure importante de la cellule économique et sociale locale, nationale, régionale dont la pérennité est d'intérêt général, et dont la protection, et partant le sauvetage, relève de l'ordre public économique et social[528].

276-L'ensemble des dispositions nouvelles relatives à la solution du redressement judiciaire[529] prend en compte, à titre principal, des intérêts économiques et sociaux que l'on pourrait réduire au seul paiement échelonné du passif. En ce sens, la pérennité d'une entreprise viable peut s'obtenir grâce à un concordat de redressement, qui devient le « cœur » et le point de départ du redressement définitif et n'est pas une fin en soi. On peut le constater en examinant les différentes conditions prévues par le législateur africain en ce domaine (**A**), ainsi que les pouvoirs des tribunaux qui ont été considérablement accrus (**B**).

A- La spécificité des conditions d'homologation du concordat de redressement

277-L'AUPCAP insiste constamment sur les possibilités sérieuses de redressement de l'entreprise grâce au concordat[530], de sa

---

[527] On retrouve ce même objectif du sauvetage de l'entreprise à propos du régime applicable aux opérations accomplies pendant la période préparatoire du redressement judiciaire.

[528] MOHO FOPA (E. A.), thèse précitée, p. 147 ; PEROCHON (F.) et BONHOMME (R.), Entreprises en difficultés, instrument de crédit et de paiement, 10e éd., Paris, L.G.D.J., 2014, n° 1.

[529] Cf. les articles 119 à 145.

[530] Ainsi, dans une affaire ayant donné lieu au jugement n° 100 du 13 mai 2014, le Tribunal de Commerce de Ouagadougou relevait que les propositions du concordat offertes par la société Inova SA, à savoir le développement du marché ciblé grâce au recours à des partenaires stratégiques, à la reconstitution des fonds propres, à la

conformité à l'intérêt collectif ou à l'ordre public, aussi bien lorsque l'option est exercée entre le redressement judiciaire et la liquidation des biens[531] que lors de l'homologation du concordat par la juridiction compétente[532].

278-Le dépôt par le débiteur de ses propositions concordataires ne se limite pas à un simple échéancier de remboursement, même précis et détaillé. L'article 27 de l'Acte uniforme, en plus des différents éléments de l'opération et des garanties proposées pour son exécution, impose au débiteur de préciser « *les mesures et conditions envisagées pour le redressement de l'entreprise* ». Il s'agit des moyens généraux dans les domaines économique, commercial et social, qui permettront de résoudre les difficultés rencontrées. On peut se demander si cette condition ne confère pas aux propositions concordataires un caractère plus global, proche en cela de la procédure de règlement préventif, qui a prévu également le dépôt d'un plan de redressement économique et d'apurement du passif identique[533].

279-L'article 27 de l'AUPCAP comprend ces aspects du sauvetage de l'entreprise. Et s'ils n'ont qu'une valeur indicative pour les créanciers appelés à voter le concordat, ils demeurent utiles pour justifier le sérieux de l'échéancier proposé et les remises sollicitées, en permettant à la juridiction compétente, lors de l'homologation, de mieux apprécier les chances de redressement durable de l'entreprise. Le rôle curatif du concordat de redressement n'est obtenu que si les propositions concordataires contiennent toutes les mesures et conditions envisagées pour porter remède efficacement à l'ensemble des difficultés. Le paiement des créanciers à terme n'est qu'une facette d'un ensemble de mesures, et la réorganisation profonde de l'entreprise constitue la condition même de son exécution.

Une constatation identique peut être faite à propos des pouvoirs dévolus aux tribunaux lors de l'homologation du concordat de redressement judiciaire.

---

levée de fonds sur le marché financier régional et la mise à contribution de personnes ressources compétentes, offraient des possibilités sérieuses de redressement de ladite société.

[531] Cf. article 33 de l'AUPCAP.

[532] Cf. article 127 de l'AUPCAP.

[533] Cf. article 7 de l'AUPCAP.

B- L'accroissement des pouvoirs des tribunaux

280-En droit des procédures collectives de l'OHADA, l'intervention du juge dans le sauvetage de l'entreprise en état de cessation des paiements est incontournable, quelle que soit l'importance du rôle accordé aux créanciers[534]. En effet, la convention votée par les créanciers aux conditions de majorité requises[535] ne peut produire des effets que s'il est homologué par le juge. Avant de pouvoir l'homologuer, la juridiction compétente doit procéder à un contrôle de légalité et surtout d'opportunité[536], portant sur les possibilités sérieuses de redressement grâce au concordat, et sur sa conformité à l'intérêt collectif ou à l'ordre public[537].

281-Disposant d'un pouvoir souverain d'appréciation, les juges doivent ainsi déterminer si le concordat de redressement est exécutable[538]. Ils doivent s'assurer qu'il prend en compte les intérêts en présence et qu'il est viable, c'est-à-dire qu'il pourra s'exécuter aisément. En examinant les motifs de refus d'homologation sur le fondement de ces différents critères, on constate qu'en réalité, il est seulement procédé à l'examen d'une question unique : le sauvetage de l'entreprise peut-il être obtenu grâce à ce concordat de redressement judiciaire ? En cas de réponse négative, l'homologation du concordat est systématiquement refusée[539].

282-Au titre de l'intérêt collectif ou de l'ordre public, on a retenu l'utilité de l'activité pour la collectivité nationale ou régionale, l'intérêt des salariés[540], et aussi, malgré la distinction entre le sort des hommes et celui de l'entreprise, le comportement du débiteur[541]. Ce

---

[534] Sur le rôle des créanciers en droit des procédures collectives, lire TAKAFO KENFACK (D.), « L'implication des créanciers dans le nouveau dispositif de sauvetage de entreprises », *Penant*, n° 900, juillet-septembre 2017, p. 309 et s.

[535] Cf. article 125 de l'AUPCAP.

[536] Cf. article 127 de l'AUPCAP.

[537] Ibidem.

[538] Si au cours de l'exercice de leur pouvoir souverain d'appréciation, les juges considèrent que le débiteur ne peut présenter un concordat offrant des possibilités sérieuses de redressement de l'entreprise, ils doivent nécessairement convertir le redressement judiciaire en liquidation des biens.

[539] CCJA, 3e Chambre, arrêt n° 22 du 6 décembre 2011, affaire La Compagnie Cotonnière Ivoirienne (CCI) c/ TIÉMOKO KOFFI et Alain GUILLEMAIN, *Juridis Périodique* n° 111, 2017, p. 113, observations E. A. MOHO FOPA.

[540] Cf. les articles 127 et 115, alinéa 1, *in fine*, de l'AUPCAP.

[541] Cf. article 127, alinéa 1 (1°), de l'AUPCAP.

dernier doit inspirer un minimum de confiance, et des fautes graves, sanctionnées par la faillite personnelle ou l'interdiction d'administrer une entreprise, peuvent faire douter de son aptitude à exécuter correctement le concordat de redressement.

L'intérêt collectif ou l'ordre public commande sans doute ces solutions, tout autant que le respect des possibilités sérieuses de redressement de l'entreprise grâce au concordat. En effet, dans toutes ces situations, la question se pose de savoir si le concordat est ou non exécutable ; il ne l'est pas si l'on peut soupçonner le débiteur de récidiver dans la réalisation de certaines fautes ou fraudes. Cette situation ne permet pas de porter remède efficacement aux causes des difficultés.

283-La possibilité du sauvetage de l'entreprise par ces moyens est donc examinée de manière globale. Pour refuser l'homologation du concordat de redressement, les tribunaux relèveront si des éléments négatifs estimés assez graves sont susceptibles d'empêcher la réussite du sauvetage. L'intérêt des créanciers[542], celui des salariés, tout comme la valeur d'exemple du concordat de redressement pour l'ensemble des entreprises, figure au nombre des éléments sur lesquels les juridictions compétentes feront généralement porter leur appréciation.

Mais le critère essentiel reste la possibilité d'un redressement durable de l'entreprise : il est apprécié en fonction de son aptitude intrinsèque à suivre et favorisé par les sacrifices qui sont consentis par ses créanciers.

284-Le rôle curatif du concordat correspond à la présentation, au vote, puis à l'homologation d'un véritable plan de redressement de l'entreprise et ne peut être réduit au seul paiement des créanciers. Le législateur africain a d'ailleurs pris de faciliter l'exécution du concordat de redressement par de nombreuses dispositions parmi lesquelles figure la possibilité de désigner des contrôleurs afin de veiller à sa bonne fin[543].

Cependant, cette fonction curative se trouve limitée par un certain nombre d'obstacles. Si l'on admet que le concordat de redressement a pour rôle d'assurer la survie de l'entreprise, le pouvoir reconnu aux

---

[542] Cf. article 125 de l'AUPCAP.
[543] Cf. les articles 128 et 138 de l'AUPCAP.

créanciers munis d'une sûreté réelle de refuser les propositions du débiteur[544] interdit au tribunal de vérifier sa conformité à l'intérêt collectif ou à l'ordre public. Ce veto parfois insurmontable[545], qui peut être provoqué par leur aveuglement, le souci d'éliminer un concurrent, le souhait d'un paiement immédiat au moyen de la réalisation des actifs de l'entreprise, ou bien d'autres motifs encore, contredit la finalité de l'institution.

285-Le concordat de redressement ne permet ainsi le sauvetage de l'entreprise en état de cessation des paiements que si le débiteur est encore en mesure d'obtenir l'accord de la majorité en nombre représentant la moitié au moins, au total des créanciers, en proposant un plan de redressement économique et financier jugé conforme par le tribunal à la capacité de survie de l'entreprise[546]. La somme des conditions nécessaires pour bénéficier de cette procédure rend l'ensemble peu adapté à l'objet essentiel du sauvetage de l'entreprise. Il semble que le législateur africain ait perdu de vue les prémisses de son raisonnement économique en n'accordant pas les moyens techniques à l'objectif poursuivi.

Paragraphe 2 –Une fonction curative limitée

286-Certaines imperfections techniques constatées au cours de la formation du concordat de redressement sont susceptibles de porter atteinte à l'efficacité de ce mécanisme de sauvetage utilisé en cas de cessation des paiements. Il s'agit de l'exigence préalable de la majorité des créanciers pour le vote du concordat (**A**) et la contradiction notable entre l'objectif sauvetage du concordat de redressement et la protection des créanciers (**B**).

---

[544] Cf. article 119 alinéa 3 de l'AUPCAP. Pareil pouvoir existe en principe à l'endroit des créanciers chirographiques.

[545] Cf. DERRIDA (F.), « Pour une conception nouvelle du concordat dans le règlement judiciaire », in *Dix ans de droit de l'entreprise*, p. 1013 et s, n° 9. En réalité, l'impact de ce veto est négligeable tant que le concordat de redressement voté par les autres créanciers s'exécute encore. Aux termes de l'art. 134 al 4 de l'AUPCAP, « *les créanciers munis de sûretés réelles... ne peuvent réaliser leurs garanties qu'en cas d'annulation ou de résolution du concordat de redressement auquel ils ont consenti ou qui leur a été imposé* ».

[546] Et à la condition que le débiteur n'ait pas été condamné personnellement dans le cas d'une entreprise exploitée sous forme individuelle.

A- L'exigence préalable de la majorité des créanciers pour le vote du concordat

287-Les créanciers sont associés à la prise de la décision définitive de sauvetage de l'entreprise en cessation des paiements à travers le vote. Clairement, le concordat, pour être homologué par les tribunaux, devra au préalable être voté par une majorité des créanciers[547]. Selon l'article 125, alinéa 4, de l'AUPCAP, le concordat est voté par la majorité en nombre des créanciers représentant la moitié, au moins, du total des créances. S'il y a là un allègement de la majorité destinée sans doute à favoriser le vote du concordat[548], il faut, cependant, noter que l'exigence d'une telle majorité, si elle n'est pas atteinte, pourrait constituer un obstacle réel au redressement de l'entreprise.

288-À notre sens, pour ne pas contredire la finalité de l'institution, on devrait supprimer le droit de vote des créanciers en conservant à ces derniers un pouvoir seulement consultatif lors de l'examen des propositions concordataires[549]. Le tribunal aurait ainsi seul le pouvoir d'admettre ou de refuser le concordat de redressement, éclairé par les avis des créanciers. Le concordat de redressement prendrait alors une nature judiciaire et cette mesure correspondrait à la finalité du redressement judiciaire : assurer le redressement durable de l'entreprise qui est encore viable économiquement.

B- La contradiction flagrante entre l'essai de sauvetage et la protection aveugle des créanciers

289-La contradiction entre l'essai de sauvetage de l'entreprise grâce au concordat de redressement et le maintien d'une protection aveugle des créanciers est par moment flagrante dans l'AUPCAP. L'analyse des mesures et conditions envisagées à figurer dans le contenu du projet de concordat de redressement permet de confirmer

[547] Contrairement au concordat préventif dont l'adoption n'exige nullement un vote des créanciers réunis en assemblée.

[548] « *Tant il est vrai que, sous l'empire du Code de commerce applicable pendant longtemps dans la plupart des pays de l'espace OHADA, il était exigé une majorité en nombre des créanciers représentant au moins les deux tiers en sommes* ». BALEMAKEN (E. L. R.), thèse précitée, p. 124.

[549] Comme cela fut le cas, en France, avec la réforme du 25 janvier 1985, où le vote majoritaire du concordat par les créanciers réunis en assemblée avait été supprimé, le pouvoir décisionnel pour le redressement du débiteur transféré au tribunal qui, après une consultation purement formelle des créanciers, devra arrêter un plan de redressement. Pour s'en convaincre, lire KARFO (S. Th. S.), thèse précitée, p. 237.

la tendance du législateur uniforme à entrevoir dans les procédures collectives une solution collective contradictoire.

Clairement, à la lecture de l'article 27 AUPCAP, on note une confusion du législateur entre les perspectives de redressement de l'entreprise et les mesures de règlement de son passif[550]. En effet, aux modalités de continuation de l'entreprise telle que la demande ou l'octroi de délais et de remises, le débiteur est tenu d'adjoindre les modalités du maintien et du financement de l'entreprise, du règlement du passif, ainsi que les garanties pour en assurer.

290-L'hésitation entre la nécessité de la sauvegarde d'unités économiques viables assurant des emplois, et l'intérêt égoïste des créanciers, montrent que le redressement judiciaire reste encore marqué par ses origines de procédure de concours tendant d'abord à assurer le paiement égalitaire des créanciers en rejetant le principe antérieur du droit du créancier premier saisissant.

Il semble que le rôle curatif du concordat de redressement pourrait être effectivement assuré si l'on conférait à la juridiction compétente des pouvoirs identiques à ceux qui sont les siens dans le cadre du règlement préventif, elle seule étant en mesure d'apprécier la conformité du concordat aux différents intérêts en cause[551].

291-Aussi, la prééminence de l'intérêt de l'unité économique et sociale sur celui des créanciers ne peut que conduire à amplifier le dirigisme judiciaire de renforcer la mission de magistrature économique des tribunaux[552]. Dans ce cadre, le concordat de redressement peut avoir un rôle préventif et curatif.

292-Au demeurant, les procédures collectives OHADA mettent en œuvre, à titre provisoire ou définitif, divers moyens permettant le sauvetage de l'entreprise. Mais les dispositions de ce nouveau texte sont en réalité insuffisantes pour parvenir rapidement au sauvetage escompté. Dans un cas, leur rôle est essentiellement préventif, alors que dans l'autre, elles ont une fonction curative prédominante. À notre sens, on devrait faire en sorte que là-bas, elles aient véritablement un rôle préventif et curatif, alors qu'ici, soit accrue la fonction préventive.

---

550 Dans le même sens, cf. lire KARFO (Th. S.), thèse précitée, p. 242.

551 Pour une défense de la nature contractuelle du concordat, cf. SERF (A. M.), article précité, n° 48 ; BALEMAKEN (E. L. R.), thèse précitée, p. 57 et s.

552 Cf. DERRIDA (F.), GODE (P.) et SORTAIS (J. P.) : Redressement et Liquidation judiciaire des entreprises, 3ed, Dalloz, n° 7 et S.

Incontestablement, ces objectifs ne pourraient être réellement atteints qu'en évitant le détournement des différentes procédures au profit d'entreprises qui ne devraient pas en bénéficier. Il conviendrait sans doute de préciser les notions de situation financière difficile et de cessation des paiements, de telle manière que l'on connaisse, grâce à des critères aussi objectifs que possible, la phase de difficultés qui nécessite l'application de l'une ou l'autre de ces différentes procédures. C'est plutôt des difficultés de tout un autre ordre que l'on trouve dans le cas particulier des opérations de sauvetage des entreprises publiques et parapubliques[553].

[553] Cf. NGUIHE KANTE (P.), « Réflexions sur le régime juridique de dissolution et de liquidation des entreprises publiques et parapubliques au Cameroun depuis la réforme des procédures collectives OHADA », in *Annales de la Faculté des Sciences Juridiques et Politiques de l'Université de Dschang*, 2001, p. 87-103. Cf. Tribunal régional de Niamey, jugement n° 16 du 15 janvier 2003, *Revue nigérienne de droit*, p. 75, note anonyme, Ohadata J-03-158.

CONCLUSION DU TITRE II

293-Les techniques de sauvetage des entreprises en difficulté ayant une fonction curative diffèrent selon qu'il faut agir précocement ou tardivement face à la situation de crise que connaît l'entreprise.

En fait, à la diversité des degrés de crises économiques ou financières que rencontre l'entreprise correspond un ensemble de moyens dont la mise en œuvre peut être successive. Comme en ce qui concerne les techniques préventives, les différentes phases du processus de dégradation de la situation économique ou financière de l'entreprise justifient l'existence de différentes procédures de sauvetage. Ainsi, si les difficultés de l'entreprise sont seulement prévisibles, la procédure recommandée est la conciliation. Toutefois, si de prévisibles ces difficultés deviennent sérieuses, la procédure de règlement préventif est requise. Si en dépit de toutes ces procédures la cessation des paiements n'est pas évitée, et que la situation de l'entreprise n'est pas irrémédiablement compromise, le législateur uniforme recommande de recourir au redressement judiciaire afin d'espérer son sauvetage.

294-Or, en raison de l'absence de précision réelle de ces critères d'ouverture, le redressement recherché risque d'être très souvent entravé. En attendant que le législateur se prononce sur leur véritable portée, la notion de cessation des paiements reste la seule vraie ligne de démarcation entre les procédures de règlement précoce des difficultés de l'entreprise et la procédure de redressement de l'entreprise déjà défaillante.

295-Quoi qu'il en soit, les techniques de sauvetage ayant une fonction principalement curative sont destinées non seulement à éliminer les difficultés de l'entreprise, mais surtout à apurer son passif. Des techniques de reprise comme la location-gérance ou la cession d'actif sont des mécanismes offerts pour la réalisation de cet objectif. Outre ces solutions d'espoir, il y a la solution normale de redressement qu'est l'accord négocié à défaut par l'ensemble des créanciers, du moins par la majorité. Il permet au débiteur de bénéficier de toutes mesures juridiques, techniques et financières susceptibles de réaliser le rétablissement des conditions de fonctionnement normal de l'entreprise.

CONCLUSION DE LA PREMIÈRE PARTIE

296-L'étude de la dualité de fonctions de techniques de sauvetage des entreprises en difficultés permet de constater qu'à l'extrême diversité des situations de fait, correspond une gamme variée de moyens mis en œuvre dans le cadre des procédures collectives ou en dehors d'elles. Sous la pression des nécessités économiques et sociales, et non sans de nombreuses ambiguïtés et contractions, un certain nombre de règles du droit des sociétés, du droit du crédit et du droit des contrats subsistent aux infléchissements notables. L'octroi de délais et moratoires traduit la même préoccupation : il convient de préserver les entreprises qui sont encore viables ou d'éviter la dégradation de leur situation.

De même, l'importance prise par les techniques qui écartent les dirigeants de la gestion, qu'il s'agisse de l'administration provisoire ou du contrat de location-gérance, résulte du besoin de permanence de l'entreprise. Ce même objectif demeure constamment présent dans le cadre des procédures collectives, qui peuvent, au moins en théorie, faciliter le sauvetage, voire le redressement de l'entreprise après une évaluation de ses chances de survie. Mais l'approche qui est ainsi opérée du sauvetage des entreprises en difficulté reste encore bien souvent empirique, dépendante de normes qui ne s'avèrent pas toujours adaptées à l'objectif poursuivi, et révélatrice de profondes contradictions dans le choix des priorités et des moyens techniques.

297-Quoi qu'il en soit, toutes les techniques utilisées pour parvenir au sauvetage d'une entreprise en difficulté essaient d'avoir une fonction préventive et curative. Les nombreux cas d'échec enregistrés en pratique proviennent d'une dissociation de ces deux rôles. Lorsque les moyens curatifs interviennent alors que la situation de l'entreprise peut difficilement être redressée en raison de leur caractère tardif ou lorsqu'ils se bornent à régler le passif sans préparer l'avenir, le sauvetage sera impossible ou provisoire.

298-De même, il n'est possible de prévenir efficacement l'aggravation d'une situation donnée qu'à la double condition d'avoir une parfaite connaissance de la réalité des difficultés, et d'agir immédiatement. Le titulaire du droit de prendre les mesures qui s'imposent reste le chef d'entreprise, et pratiquement lui seul. Lorsque l'état de cessation des paiements se trouve réalisé, la saisine du juge intervient déjà trop tardivement – même avec l'évolution de cette notion[554] – et les reproches d'inefficacité que l'on adresse aux procédures de concours tiennent à ce seul aspect. Quelles que soient les qualités intrinsèques des dispositions curatives de ces procédures, l'insuffisance de leur fonction préventive constitue un obstacle pratiquement insurmontable.

299-L'impérieuse nécessité du sauvetage des entreprises qui demeurent encore viables économiquement – en totalité ou en partie – a ainsi transformé la plupart de ces techniques. Elles ne se limitent plus seulement aux aspects financiers des problèmes. On a pu voir que l'assainissement financier est devenu indissociable d'une réorganisation générale de l'entreprise dans les domaines économique et commercial, et qu'il postule de nombreux licenciements. Ces mesures âprement négociées permettent de préparer efficacement l'avenir, en procédant au traitement des principales causes des difficultés.

Ainsi, le maintien de l'entreprise se trouve-t-il réalisé en même temps que l'exigibilité du passif est différée ou son paiement assuré. Le réalisme économique a provoqué cette situation profonde, tout comme il explique le processus d'adaptation de nombreuses techniques juridiques. Les objectifs de ces mesures de sauvetage doivent alors être précisés.

300-Pendant longtemps, les objectifs de ces techniques ont été réduits à la seule satisfaction des intérêts des créanciers de l'entreprise. De nos jours, ils se sont diversifiés, et ne peuvent désormais exclure ni les intérêts des salariés ni ceux des pays africains, directement intéressés à la survie de l'entreprise.

Suite à la réforme du droit des procédures collectives OHADA, à la révision des mécanismes de prévention des difficultés, à l'amélioration des autres techniques de sauvetage, il convient de repréciser leurs objectifs. On peut constater qu'ils se caractérisent par leur dualité : à celui consistant à assurer le sauvetage durable de l'entreprise en difficulté, s'ajoute la prise en compte des intérêts plus généraux de ces créanciers ou de la collectivité tout entière. La dissociation de ces deux objectifs conduit ou bien à la disparition de l'entreprise, ou bien au sacrifice pur et simple de ses créanciers.

---

[554] Cf. supra, n° 8 et 9, 164 et s.

Mais, la considération de cette dualité d'objectifs ne manquerait pas de soulever de graves questions fondamentales relatives à l'organisation des rapports économiques et sociaux dans notre société.

DEUXIÈME PARTIE :

LA DUALITÉ D'OBJECTIFS DES TECHNIQUES DE SAUVETAGE

“On sent toujours resurgir, sous les oscillations législatives, la vieille lutte des classes (déjà connue de l’antiquité grecque) entre créanciers et débiteurs. L’inflation, rendant l’argent facile et l’insolvabilité plus rare, estompe de nos jours le conflit sans l’extirper. Il est vrai que si le législateur moderne penche plutôt en faveur des débiteurs, c’est par préoccupation d’économie nationale autant que par humanité ; il lui paraît moins urgent de les faire payer que de les renflouer, pour peu qu’ils soient entrepreneurs, donc créateurs d’emplois. La même politique conduit à protéger parfois des créanciers, mais seulement par catégories sociales : tels les salariés... Une autre évolution se dessine, la socialisation de l’insolvabilité : le risque de tomber sur un débiteur insolvable est reporté sur la collectivité...”

CARBONNIER (J.), *Droit Civil : les Obligations*, Thémis, 12e éd., 1985, Tome 4, p. 623.

301-Le premier objectif des diverses techniques de sauvetage des entreprises en difficulté est de permettre d'assurer la poursuite durable de leurs activités, en faisant appel aux dispositions des procédures collectives ou bien grâce aux nombreuses autres techniques existantes.

La double fonction préventive et curative de toutes ces techniques de sauvetage se réalise au moyen d'un assainissement financier ou d'une réorganisation économique et sociale de l'entreprise. Les procédures collectives elles-mêmes, attachées auparavant à la sauvegarde des intérêts des créanciers, tendent actuellement vers une conception économique de leur rôle. Grâce à cette évolution, il est possible d'assurer la pérennité de l'entreprise.

302-La survie d'une entreprise qui demeure viable économiquement, quels que soient les moyens mis en œuvre pour y parvenir, ne peut cependant être isolée de son contexte général. Ses aptitudes au redressement sont insuffisantes et nécessitent la prise en considération d'autres intérêts. Il s'agit de ceux des salariés espérant conserver leurs emplois, des créanciers dans l'attente du paiement, des fournisseurs ne voulant pas rompre certaines relations, et aussi ceux plus généraux de l'intérêt public[555]. Il n'est en effet pas indifférent à l'ensemble de l'activité économique d'un pays qu'un secteur ou une entreprise importante disparaisse. Aux troubles en matière économique, s'ajouteront incontestablement des difficultés dans le domaine de l'emploi.

Ces divers impératifs économiques, sociaux et parfois politiques rendent impossible toute dissociation entre l'ensemble de ces intérêts généraux et le sort de l'entreprise en difficulté.

303-Le second objectif des diverses techniques de sauvetage consiste à satisfaire les intérêts des créanciers de l'entreprise et ceux de la collectivité locale, nationale ou régionale. Il demeure illusoire de soutenir artificiellement une entreprise qui n'est pas viable économiquement, ainsi qu'on l'a fait parfois à l'aide de subventions afin d'éviter une crise sociale, à moins de procéder à une transformation totale et une réorganisation profonde[556]. Il est de même contraire à l'intérêt général de voir disparaître certaines entreprises qui

---

[555] Dans le même sens, cf. ALILI (S. M.), article précité, p. 1.

[556] Cf. MBENDANG EBONGUE (J.), thèse précitée, p. 179 et s. ; TEDGA (P. J. M.) : Entreprises publiques, État et crise au Cameroun. Faillite d'un système, éd. L'HARMATAN, 1990, p. 187 et s.

représentent un potentiel industriel, commercial et humain, faute d'avoir pris à temps les mesures financières et économiques qui s'imposaient.

304-L'interdépendance entre l'entreprise et son milieu, si souvent relevée par les économistes, se traduit de nos jours dans le domaine juridique. Les techniques de sauvetage poursuivent ce double objectif d'assurer la survie de l'entreprise, avec le maintien des emplois, et de rendre compatible ce redressement avec l'environnement proche et lointain de l'entreprise[557].

L'hétérogénéité des intérêts en cause, leurs oppositions, tout comme les insuffisances du droit positif dans le domaine des prérogatives des salariés en matière de contrôle ou de participation à la gestion et dans l'attribution des subventions, dont le principe même suscite des réserves, ne facilitent pas l'étude de ces objectifs.

305-Il est cependant indispensable de montrer que les nombreuses techniques de sauvetage des entreprises en difficulté, en droit OHADA, tentent de concilier ces deux séries d'objectifs. La permanence de l'entreprise, dans ses éléments économiques et sociaux, ne peut être séparée de la sauvegarde d'intérêts dits « publics » tels que ceux de ses créanciers et de la collectivité nationale. Les sacrifices financiers demandés aux créanciers et les différentes faveurs accordées doivent non seulement se mesurer à leurs intérêts collectifs, mais aussi trouver leurs limites dans la possibilité de survie de l'entreprise. Dès lors que l'on dissocie ces deux intérêts, la permanence de l'entreprise s'opère au détriment des seconds, ou bien une vision à trop court terme la condamne à disparaître.

306-À l'analyse, l'Acte uniforme OHADA portant organisation des procédures collectives d'apurement du passif semble s'orienter essentiellement dans cette direction en privilégiant la permanence de l'entreprise (**Titre I**) au détriment des intérêts plus généraux (**Titre II**).

---

[557] Cf. HAEHL (J. Ph.), *op. cit.*, p. 253 ; BRILMAN (J.), *op. cit.*, p. 192 et s.

TITRE I :

L'EXALTATION DE LA PERMANENCE DE L'ENTREPRISE

307-L'objectif premier des diverses techniques de sauvetage des entreprises en difficulté consiste à assurer la permanence de l'entreprise par la protection de son unité économique et sociale[558], tout en restant indissociable de l'objectif de la satisfaction d'intérêts plus généraux.

Envisagée au point de vue économique comme une unité de production ou de distribution et au point de vue social comme une réunion de travailleurs[559], l'entreprise est un outil fondamental du développement. Elle est « *une unité économique qui implique la mise en œuvre de moyens humains et matériels de production ou de distribution des richesses reposant sur une organisation préétablie* »[560]. Ainsi, il est évident que sa disparition éventuelle est susceptible d'avoir des conséquences économiques et sociales désastreuses pour les pays africains membres de l'OHADA. C'est dire que sa sauvegarde vise non seulement la préservation des activités économiques, mais aussi des niveaux d'emplois.

308-Or, à l'analyse des dispositions de l'AUPCAP, le constat est celui de la protection à deux vitesses de l'unité économique et sociale. En effet, si la protection de l'unité économique y semble être renforcée (**Chapitre I**), celle de l'unité sociale paraît plutôt timide (**Chapitre II**).

---

[558] Elle est spécialement entendue, en droit du travail, comme le *« regroupement en un seul organisme socio-économique, dépourvu de la personnalité morale, d'entreprises juridiquement distinctes, pour l'application de certaines dispositions du droit du travail, tout spécialement celles qui ont trait à la mise en place des institutions représentatives du personnel ou des syndicats* ». Cette qualification est subordonnée à la triple condition que soient constatées une unicité de direction, l'existence d'activités communes, complémentaires ou connexes et celle d'une communauté de travailleurs liés par des intérêts communs. Cf. GUINCHARD (S.) et DEBARD (Th.) (sous la direction de), Lexique des termes juridiques, 25e éd., 2017-2018, v. Unité économique et sociale. Sur l'étude de la notion, cf. CLOITRE (M.), L'unité économique et sociale, thèse, Rennes 1, 2013 ; CEA (A.), L'unité économique et sociale en droit du travail, thèse, Bordeaux, 2016.

[559] DE LESTANG (R.), « La notion d'unité économique et sociale d'entreprises juridiquement distincte », *Dr. soc.* 1979, p. 5.

[560] GUINCHARD (S.) et DEBARD (Th.) (sous la direction de), *op. cit.*, v. Entreprise.

CHAPITRE I :

LE RENFORCEMENT DE LA PROTECTION DE L'UNITÉ ÉCONOMIQUE

309-Les techniques juridiques permettant le sauvetage d'une entreprise en difficulté, en mettant en œuvre leur fonction préventive ou curative, ou les deux à la fois, correspondent aux hypothèses dans lesquelles l'unité économique peut encore être renflouée. De toute évidence, le choix qu'il convient de faire entre les divers moyens permettant de réaliser cet objectif dépend de la gravité de la situation de l'entreprise, ainsi que des possibilités de sauvetage de l'outil de production. À cet égard, qu'il s'agisse d'une petite ou d'une grande entreprise, que l'entreprise connaisse des difficultés moins importantes ou les plus importantes, des moyens de préservation des intérêts de l'entreprise ont été renforcés (s**ection I**).

Une telle appréciation des chances de sauvetage devrait pouvoir être faite objectivement, en fonction de ses capacités intrinsèques et des appuis qu'elle peut obtenir de la part de ses créanciers : allègement de la charge du passif, délais de paiement… ou même des fournisseurs de crédits à long terme. Dans le cadre des procédures collectives réformées tout comme dans l'application des techniques particulières, le nouveau principe tendant à opérer une distinction entre le sort de l'entreprise et celui de ses dirigeants[561] pourrait favoriser la réussite de ce type d'analyse et développer une appréciation intelligible (**section II**).

Section I- La consolidation des moyens de préservation de l'entreprise

310-Afin de favoriser la sauvegarde de l'activité au détriment de la liquidation des biens, le législateur uniforme africain du 10 septembre 2015 a doté l'entreprise en difficulté d'une « boîte à

[561] La loi du 4 mars 1889 sur la liquidation judiciaire s'attelait uniquement sur une appréciation subjective des intérêts de l'entreprise sans toutefois tenir compte de l'intérêt réel de l'entreprise.

outils mieux fournie ». Avant ou après la cessation des paiements, elle est désormais appelée à faire des choix. Ainsi, avant la cessation des paiements, en dehors de la procédure préventive classique de règlement préventif, elle peut recourir à une procédure préventive amiable choisie, la médiation ou la conciliation (**Paragraphe 1**). Et s'il s'agit d'une « petite entreprise », qu'elle soit ou non en cessation des paiements, il lui a été aménagé des procédures collectives particulières dites « procédures simplifiées » (**Paragraphe 2**).

Paragraphe 1- La consécration des procédures amiables de prévention

311-L'une des caractéristiques essentielles actuelles du droit OHADA des procédures collectives est la promotion des solutions préventives aux difficultés des entreprises. En effet, à côté de la procédure préventive judiciaire qu'est le règlement préventif, le législateur africain a consacré deux procédures amiables de prévention des difficultés de l'entreprise : la médiation et la conciliation. Si pour celle-là il s'agit d'un rappel de la possibilité de recours à une procédure qui, bien que déjà applicable dans les États parties, a été consacrée par un nouvel Acte uniforme[562] (**A**), pour celle-ci, il s'agit d'une innovation totale (**B**).

A- Le rappel du recours à la procédure de médiation

312-Dans un souci de pédagogie, comme le déclare la doctrine, le législateur de l'OHADA a pris soin de préciser, que toute entreprise, c'est-à-dire, toute personne physique exerçant une activité professionnelle indépendante, civile, commerciale, artisanale ou agricole, ou toute personne morale de droit privé, ainsi que toute entreprise publique ayant la forme d'une personne morale de droit privé, peut recourir à la médiation.

En effet, le nouvel Acte uniforme relatif aux procédures collectives a expressément prévu la possibilité pour le débiteur et les créanciers de faire recours, avant la cessation des paiements, à la médiation. C'est ce qui ressort des dispositions de l'article 1-2 de l'AUPCAP, en son alinéa premier, selon lequel, sans préjudice de l'application des procédures préventives de conciliation et de règlement préventif, ainsi que les procédures curatives de redressement judiciaire et de

[562] Le 23 novembre 2017, le Conseil des Ministres de l'OHADA a adopté un Acte uniforme relatif à la médiation.

liquidation des biens, toute entreprise a la faculté de demander, avant la cessation de ses paiements, l'ouverture d'une procédure de médiation.

313-Au jour de l'adoption du nouvel AUPCAP, cette médiation devrait se faire, en l'absence d'un régime juridique commun, selon les dispositions légales de l'État partie concerné. Ce qui ne devrait pas être chose facile, car chaque État membre y offrait ses propres règles[563]. En dehors de la Côte d'Ivoire qui s'était déjà dotée d'une loi régissant la médiation en matière professionnelle, la plupart des États membres de l'OHADA développent plutôt la médiation dans les affaires publiques[564].

314-Conscient de cette incomplétude juridique, le législateur africain a adopté le 23 novembre 2017 l'Acte uniforme relatif à la médiation (AUM). Cet Acte uniforme tient lieu de loi relative à la médiation dans les États Parties de l'OHADA.

Du latin *médiatio*, le terme « médiation » désigne, d'après l'article 1(a) dudit Acte uniforme, « *tout processus, quelle que soit son appellation, dans lequel les parties demandent à un tiers de les aider à parvenir à un règlement amiable d'un litige, d'un rapport conflictuel ou d'un désaccord découlant d'un rapport juridique, contractuel ou autre ou lié à un tel rapport, impliquant des personnes physiques ou morales, y compris des entités publiques ou des États* ». La médiation peut être mise en œuvre par les parties (médiation conventionnelle)[565], sur demande ou invitation d'une juridiction étatique (médiation judiciaire), d'un tribunal arbitral ou d'une entité publique compétente. Elle peut être Ad hoc ou institutionnelle[566].

---

[563] Dans le même ordre d'idées, cf. BIBOUM BIKAY (F.), L'entreprenant et les procédures collectives, *Penant*, n° 900, juillet-septembre 2017, p. 366 et s.

[564] BOUMAKANI (B.), « Les médiateurs de la République en Afrique noire francophone : Sénégal, Gabon et Burkina Faso », *RIDC*, Vol. 51, n° 2, 1999, p. 307-329.

[565] Pour une étude, lire HUCHET (G.), La clause de médiation, thèse, Jean Moulin Lyon 3, 2007.

[566] Comme centre de médiation institutionnelle on peut citer, entre autres, le centre d'arbitrage, de médiation et de conciliation du Bénin, le centre national d'arbitrage de conciliation et de médiation de la RDC, le centre de conciliation et d'arbitrage du Mali, le centre d'arbitrage de Cote d'Ivoire, le centre d'arbitrage, de médiation et de conciliation de Ouagadougou, le Centre d'Arbitrage, de Médiation et de Conciliation de Centrafrique (CAMC-CA) et le Centre Permanent d'Arbitrage et de Médiation du Cameroun.

315-En droit OHADA des procédures collectives, la médiation dont il s'agit est une médiation judiciaire. C'est le constat qui se dégage à l'analyse de l'article 1-2 de l'AUPCAP, aux termes duquel l'ouverture de la procédure de médiation se fait à la demande de l'entreprise en difficulté.

En dépit du silence du législateur, il est évident que cette ouverture relève de la juridiction compétente en matière de procédures collectives. La médiation judiciaire est, en réalité, le type de médiation qui est essentiellement du ressort des tribunaux[567]. Elle se définirait comme « *un mode conventionnel ou amiable de règlement des litiges intervenant dans le cadre d'une instance judiciaire et sous l'égide du juge, par lequel ce dernier, saisi d'un litige et après avoir recueilli le consentement des parties, désigne un tiers chargé, sous son contrôle et contre rémunération, de confronter les points de vue respectifs des parties et de les aider à trouver une solution pacifique au litige qui les oppose* »[568].

Ici, le tiers négociateur, médiateur, est le juge qui conduit les parties vers une solution négociée et acceptée de tous en tenant compte de leurs aspirations respectives, et en leur laissant le choix de la solution appropriée. C'est certainement ce qui a fait dire un auteur que « *dans une salle de médiation, le juge favorise le consensus, à titre de négociateur neutre en permettant l'expression des normativités, des valeurs et des intérêts des parties* »[569].

316-Bien que la médiation soit judiciaire, de par sa qualification, il faut noter qu'après avoir saisi le juge en vue de la recherche de la solution aux difficultés de leur entreprise, le débiteur et les créanciers dans l'exercice de leur libre arbitre, et à la mesure de leurs intérêts décident de la solution finale.

En fait, le particularisme de la médiation judiciaire réside dans ce qu'elle est faite « *au sein même de l'enceinte judiciaire et avec le concours du juge qui se dépossède de son pouvoir de dire le droit afin de laisser aux parties un espace normatif pour qu'elles déterminent*

---

[567] OTTO (I.), « Médiation et OHADA », *Revue de l'ERSUMA*, n° 4, septembre 2014, p. 243.

[568] JOLY-HURARD (J.), Conciliation et médiation judiciaires, préface de Serges GUINCHARD, PUAM, 2003, p. 76, n° 98.

[569] OTIS (L.), La transformation de notre rapport au droit par la médiation judiciaire, 8e conférence Albert Mayrand, Montréal, Éditions Thémis, 2005, p. 21.

leur propre décision »[570]. L'intervention du juge se concentre ici sur la justice négociée et sur l'équité plutôt que sur l'égalité selon la loi[571]. Autrement dit, il n'est pas question pour le juge médiateur de mettre les parties en situation d'équilibre légal, mais plutôt de les laisser arriver à une solution, par elles-mêmes[572].

317-Il y a un gain, pour les entreprises, avant la cessation des paiements, de recourir à la médiation, non pas seulement parce que la procédure collective judiciaire serait coûteuse, mais surtout parce qu'avec les créanciers, elles resteront maîtresses du sort à réserver à leur unité économique. La médiation a l'avantage d'être un mode privé de prévention de la cessation des paiements moins coûteux, rapides et confidentiels. Se caractérisant ainsi, elle concourt non seulement à l'essor de l'investissement et au développement des entreprises dans l'espace OHADA, mais aussi à la sauvegarde de celles présentant des difficultés naissantes au même titre que la conciliation.

B- L'introduction de la procédure de conciliation

318-Outre la mise en exergue de l'existence de la procédure de médiation dans le corpus juridique de l'AUPCAP, le législateur y a introduit toute une nouvelle procédure, la conciliation.

Elle est définie comme une « *procédure préventive, consensuelle et confidentielle, destinée à éviter la cessation des paiements de l'entreprise débitrice afin d'effectuer, en tout ou partie, sa restructuration financière ou opérationnelle pour la sauvegarder* »[573]. Elle a pour but de permettre au débiteur de résoudre les difficultés naissantes de son entreprise par le biais de la conclusion d'un accord avec ses créanciers et, éventuellement, ses cocontractants. En effet, la restructuration de l'entreprise débitrice s'effectue par le biais de négociations privées et de la conclusion d'un accord de conciliation négocié entre le débiteur et ses créanciers ou, au moins ses principaux créanciers, grâce à l'appui d'un tiers neutre, impartial et indépendant appelé conciliateur.

---

[570] *Ibid*, p. 20.

[571] LEGAULT (G. A.), « enjeux éthiques de la conférence de règlement l'amiable », *Revue de Prévention et de Règlement des Différends*, Faculté de Droit de l'Université de Sherbrooke, Éditions Yvon Blais, Numéro spécial- la médiation judiciaire, vol. 3, n° 1, 2005, p. 12.

[572] OTTO (I.), article précité, p. 243.

[573] Article 2, alinéa 1, de l'AUPCAP.

319-Comme la procédure de médiation, la procédure de conciliation se situe avant la cessation des paiements et a pour objectif de trouver des solutions aux difficultés avérées ou prévisibles de l'entreprise. En effet, la procédure de conciliation ne peut s'ouvrir que si le débiteur connaît des difficultés avérées ou prévisibles sans toutefois être en état de cessation des paiements[574]. Elle relève de la compétence du président de la juridiction compétente qui est saisie par requête du débiteur[575] à laquelle sont jointes des pièces moins nombreuses[576] que celles exigées pour le règlement préventif ou pour les procédures curatives.

320-Contrairement au médiateur, le conciliateur est au centre de la procédure. Désigné dans la décision d'ouverture de la procédure de conciliation[577], il a pour rôle d'amener le débiteur et ses principaux créanciers, qui ont un intérêt à la survie de l'entreprise, à la conclusion d'un accord amiable destiné à mettre fin aux difficultés de l'entreprise.

---

[574] En effet, d'après l'alinéa 1 de l'article 5-1 de l'AUPCAP, la conciliation est ouverte aux personnes visées par l'article 1-1, qui connaissent des difficultés avérées ou prévisibles, mais qui ne sont pas encore en état de cessation des paiements.

[575] En effet, d'après l'article 5-2, alinéa 1, de l'AUPCAP, « *le président de la juridiction compétente est saisi par une requête du débiteur ou par une requête conjointe de ce dernier avec un ou plusieurs de ses créanciers. Cette demande expose ses difficultés ainsi que les moyens d'y faire face* ».

[576] Il s'agit : 1°) d'une attestation d'immatriculation, d'inscription ou de déclaration d'activité à un registre ou à un ordre professionnel ou, à défaut, tout autre document de nature à prouver la réalité de l'activité exercée par le débiteur ;
2°) le cas échéant, les états financiers de synthèse comprenant le bilan, le compte de résultat, un tableau financier des ressources et des emplois, l'état annexé et, en tout état de cause, le montant du chiffre d'affaires et des bénéfices ou des pertes des trois derniers exercices ;
3°) d'un état de la trésorerie et un état chiffré des créances et des dettes avec indication des dates d'échéance ;
4°) d'un document indiquant le nombre de travailleurs déclarés et immatriculés, à la date de la demande ;
5°) d'une attestation émanant du débiteur par laquelle il déclare sur l'honneur ne pas être en état de cessation de paiements et précise, en outre, qu'il n'est pas soumis à une procédure de règlement préventif, de redressement judiciaire ou de liquidation des biens qui ne serait pas clôturée ;
6°) si le débiteur propose un conciliateur, un document indiquant les noms, prénoms, qualités et domicile de la personne proposée et une attestation de cette dernière indiquant ses compétences professionnelles ;
7°) le cas échéant, un document indiquant les noms, prénoms et domicile des créanciers qui se joignent à la demande du débiteur et le montant de leurs créances et des éventuelles sûretés dont elles sont assorties.

[577] Article 5-4 de l'AUPCAP.

La durée de la conciliation est de trois mois, durée pouvant être prorogée d'un mois[578]. Pendant ce temps, afin de favoriser la conclusion de l'accord amiable, il est appelé à créer un climat favorable à la négociation.

À cet égard, il peut faire aux parties des propositions[579] se rapportant à la sauvegarde de l'entreprise, à la poursuite de l'activité économique et au maintien de l'emploi. À cette fin, l'Acte uniforme portant organisation des procédures collectives lui donne la possibilité d'obtenir du débiteur tous renseignements utiles[580]. Il rend compte, régulièrement, de l'état d'avancement de sa mission et formule toutes observations utiles au Président du tribunal[581].

321-La conciliation apparaît comme l'une des pièces maîtresses de ces mécanismes préventifs consensuel, confidentiel[582] et rapide de restructuration. Son institution constitue une innovation véritable dans l'espace juridique africain puisqu'elle donne un moyen de prévention supplémentaire au dirigeant, ce qui accroit les chances de sauvetage des entreprises en difficulté[583]. Afin d'attirer les dirigeants à recourir à ce mécanisme de prévention-traitement, le législateur l'a accompagné de mesures incitatives. Outre la souplesse de ses conditions d'ouverture, il y a l'instauration d'un privilège de conciliation ou de l'argent frais au profit des créanciers qui, malgré la situation difficile du débiteur, acceptent de l'accompagner financièrement[584].

Il s'agit d'un important argument de négociation au profit du débiteur pour tenter de convaincre ses principaux créanciers de lui apporter leur soutien financier[585]. L'élargissement de son champ d'application à une pluralité de personnes constitue un élément supplémentaire d'attractivité et donc susceptible non seulement de

---

578 Sur la critique de la brièveté du délai de la conciliation, lire TOH (A.), thèse précitée, p. 229 et s.

579 Dans le même sens, cf. KALIEU ELONGO (Y. R.), Le droit des procédures collectives de l'OHADA, *op. cit.*, p. 70.

580 Cf. article 5-5 de l'AUPCAP.

581 Cf. article 5-6 de l'AUPCAP.

582 La confidentialité de la procédure de conciliation se traduit par l'absence de publicité à l'ouverture, le prononcé de la décision à huis clos et l'obligation de confidentialité imposées aux différents acteurs. Cf. articles 5-1, alinéa 2 et 5-3, de l'AUPCAP.

583 Cf. TOH (A.), thèse précitée, p. 33.

584 Cf. article 5-11 de l'AUPCAP.

585 En ce sens cf. TOH (A.), thèse précitée, p. 40.

rendre efficace la procédure de conciliation, mais surtout de favoriser la préservation de l'unité économique.

322-En somme, il est à noter que l'intervention d'un tiers dans la vie de l'entreprise qui a la confiance du débiteur et de ses principaux créanciers s'avère indispensable dans la recherche de solutions aux difficultés rencontrées par l'entreprise. C'est ainsi que selon l'intensité, mais surtout la nature et la configuration des difficultés de l'entreprise, le débiteur sera amené à opter pour la médiation ou la conciliation. Qu'il s'agisse de l'une ou de l'autre, on note une attractivité nouvelle pour l'entreprise en difficulté et ses créanciers[586]. Une attractivité qui s'intensifie à l'égard des petites entreprises à travers l'institution des procédures modérées ou simplifiées.

Paragraphe 2- L'institution des procédures simplifiées pour les petites entreprises

323-En droit OHADA des procédures collectives, l'on distingue désormais les grandes entreprises des petites entreprises. Si celles-là sont soumises aux procédures de droit commun, celles-ci bénéficient d'un régime modéré. En effet, afin de permettre le traitement rapide des difficultés des petites, voire moyennes entreprises, l'article 1-2, alinéa 2, de l'AUPCAP, leur offre la possibilité de bénéficier d'une procédure simplifiée de règlement préventif, de redressement judiciaire ou de liquidation des biens.

324-Par « petite entreprise », le législateur uniforme entend « *toute entreprise individuelle, société ou autre personne morale de droit privé dont le nombre de travailleurs est inférieur ou égal à vingt (20), et dont le chiffre d'affaires n'excède pas cinquante millions (50 000 000) de francs CFA, hors taxes, au cours des douze (12) mois précédant la saisine de la juridiction compétente* »[587]. Il en ressort une prise en compte de la dimension informelle de l'entrepreneuriat dans l'espace OHADA. D'ailleurs, la doctrine n'a pas hésité à dire que l'institution de procédures simplifiées destinées aux petites entreprises

[586] Dans le même sens, cf. JACQUEMONT (A.), « La future procédure de conciliation : une attractivité nouvelle pour l'entreprise en difficulté et ses créanciers », *Rev. proc. coll.*, décembre 2004, p. 290.
[587] Article 1-3 de l'AUPCAP.

fait directement écho à la création du statut de l'entreprenant par l'Acte uniforme portant sur le droit commercial général[588].

325-En tout état de cause, les principales solutions de renforcement de la protection de l'unité économique instituées par le nouvel AUPCAP concernent outre l'adoption de la procédure amiable, l'institution des procédures simplifiées au profit des entreprises remplissant les conditions suscitées. En fait, le souci d'adaptation du droit des procédures collectives aux réalités socioéconomiques a favorisé la mise en place de deux procédures simplifiées : le règlement préventif simplifié (**A**) et le redressement judiciaire simplifié (**B**).

A- Le règlement préventif simplifié

326-L'AUPC propose aux « petites entreprises », notamment celles à caractère commercial, agricole, artisanal et professionnel, sous certaines conditions, de bénéficier d'une procédure préventive simplifiée, à l'instar du règlement préventif simplifié. En effet, d'après l'article 24-1 de l'AUPCAP, tout débiteur répondant à la définition de la petite entreprise peut demander l'application de la procédure de règlement préventif simplifié.

Son ouverture ne requiert pas nécessairement la présentation d'un projet de concordat préventif[589]. Toutefois, il en sera établi ultérieurement avec le concours de l'expert au règlement préventif, et comporter les éléments permettant d'établir la viabilité financière et économique du débiteur[590]. La doctrine justifie l'association de l'expert au règlement préventif à l'élaboration de ce projet par le souci de la recherche de sa solidité et de son sérieux[591]. Aussi, les petites entreprises bénéficiaires de la procédure simplifiée de règlement préventif sont dispensées de la fourniture, dans leurs requêtes, de certains documents requis des débiteurs qui sollicitent l'ouverture d'une procédure de règlement préventif classique. Il s'agit

---

588 Cf. NANDJIP MONEYANG (S.), préc., p. 227 ; DIALLO (B.), « Des procédures adaptées aux « petites » entreprises : les procédures simplifiées », in *Droit et patrimoine*, n° 253, 8 décembre 2015, p. 10.

589 Cf. article 24-2, alinéa 2, de l'AUPCAP.

590 Cf. article 24-5, alinéa 3, de l'AUPCAP.

591 DIALLO (B.), « Des procédures adaptées aux « petites » entreprises : les procédures simplifiées », *Droit et Patrimoine*, n° 253, 8 décembre 2015, p. 12.

essentiellement des documents comptables, requis par l'article 6-1 de l'AUPCAP, parfois difficiles à obtenir ou inexistants[592].

327-Dans ce cas, elles ne fournissent, dans ces requêtes, que des documents de nature à prouver leur condition financière et économique. Quoi qu'il en soit, elles doivent produire une déclaration sur l'honneur attestant qu'elles ne sont pas déjà en cessation des paiements. Et ce projet doit préciser les mesures et conditions envisagées pour le redressement de l'entreprise, notamment les modalités d'apurement du passif et, en particulier, la demande de délais et de remises, les personnes tenues d'exécuter le concordat préventif, ainsi que, s'il y a lieu, les garanties fournies pour en assurer l'exécution[593].

La procédure simplifiée de règlement préventif apparaît très économique pour ces petites entreprises qui ne disposent pas toujours suffisamment de moyens pour supporter les frais des procédures.

328-Par ailleurs, il faut noter que le caractère simplifié de cette procédure évite qu'elle s'étale dans le temps. En effet, son apport principal réside dans la réduction des délais[594]. Clairement, les délais de trois (3) mois et d'un (01) mois de suspension des poursuites individuelles dans la procédure de droit commun sont respectivement réduits à deux (2) mois et à quinze (15) jours. Il en est de même du délai de remise de son rapport par l'expert qui passe également de trois (3) mois à deux (2) mois et ne peut être renouvelé que pour quinze jours[595].

Ce caractère court de la durée devrait se justifier par la rapidité de la procédure, l'une de ses vocations premières. Aussi, cette brièveté devrait suffire à réduire si possible l'instrumentalisation de la procédure[596]. Ainsi, on comprend pourquoi le législateur a voulu que

---

592 Cf. SAWADOGO (F. M.), « Commentaire et note sous l'Acte Uniforme portant organisation des procédures collectives d'apurement du passif », in *Traité et actes uniformes commentés et annotés*, Juriscope, 2016, p. 1152.
593 *Ibid.*
594 SAWADOGO (F. M.), « Commentaire et note sous l'Acte Uniforme portant organisation des procédures collectives d'apurement du passif », préc., p. 1188.
595 Cf. article 24-4 de l'AUPCAP.
596 Dans le même sens, lire TOH (A.), thèse précitée, p. 430.

la décision de la juridiction compétente, de faire application du règlement préventif simplifié, ne soit susceptible d'aucun recours[597].

329-Cette accélération du déroulement et du dénouement de la procédure, en faveur des petites entreprises, ne concerne pas seulement la procédure préventive de règlement préventif, mais également la procédure de traitement curatif de redressement judiciaire.

B- Le redressement judiciaire simplifié

330-Toujours en faveur des petites entreprises, outre le règlement préventif simplifié, les rédacteurs de l'AUPCAP ont consacré une procédure de redressement judiciaire simplifiée. En fait, si malgré la prévention, la petite entreprise tombe en cessation des paiements, afin de sauvegarder dans la mesure du possible l'unité économique, elle peut bénéficier d'un régime simplifié de procédure de traitement curatif. Concrètement, si l'unité économique est encore viable et susceptible d'être sauvée, elle peut bénéficier du régime simplifié de redressement judiciaire.

331-En effet, aux termes de l'article 145-1 de l'AUPCAP, « *Tout débiteur répondant à la définition de la petite entreprise (...) peut demander l'application de la procédure de redressement judiciaire simplifié (...)* ». Il peut soit saisir directement la juridiction compétente, soit la saisir, dans un délai de trente (30) jours, après l'ouverture d'une procédure de redressement de droit commun[598].

Cette procédure est modérée en ce sens que, bien que le débiteur, la petite entreprise, qui souhaite en bénéficier soit tenue de soumettre, à la juridiction compétente, une déclaration de cessation des paiements, elle est dispensée de fournir dans cette déclaration certains documents requis. Il lui suffit de faire la preuve qu'il remplit les conditions du redressement judiciaire simplifié en produisant une déclaration sur l'honneur[599].

332-Par exemple, elle n'est pas tenue de l'accompagner du bilan économique et social exigé dans la procédure de redressement normale. En fait, à défaut des états financiers de synthèse, il est permis à la petite entreprise de présenter tout document de nature à établir sa

---

[597] Cf. article 24-3 de l'AUPCAP.
[598] Cf. article 145-5 de l'AUPCAP.
[599] Cf. article 145-2, alinéa 2, de l'AUPCAP.

situation financière et économique. Aussi, elle n'est pas tenue d'y joindre un inventaire des biens avec indication des biens mobiliers soumis à revendication par leurs propriétaires et de ceux affectés d'une clause de réserve de propriété, mais un simple inventaire provisoire des biens.

De même, elle n'est pas tenue de l'accompagner de la liste des travailleurs avec l'indication du montant des salaires et des charges salariales impayés à la date de la demande, mais simplement de tout document de nature à permettre d'identifier et de dénombrer les travailleurs de son entreprise et d'estimer le montant des salaires et des charges salariales impayés[600].

333-En même temps que cette déclaration, ou au plus tard dans les quarante-cinq (45) jours qui suivent, le débiteur doit déposer un projet de concordat de redressement préparé avec le concours du syndic. Le délai de soixante (60) jours pour présenter ce même projet en redressement judiciaire normal est ainsi réduit à quarante-cinq (45) jours dans le cadre du redressement judiciaire simplifié. Lequel projet, contrairement à la procédure de droit commun, a vu son contenu limité au strict minimum. En effet, d'après l'article 145-4, alinéa 1, de l'AUPCAP, « *le projet de concordat de redressement judiciaire peut se limiter à des délais de paiement, des remises de dettes, ainsi qu'aux garanties éventuelles que le chef d'entreprise doit souscrire pour en assurer l'exécution* ».

Il faut noter que concernant les délais de paiement et les remises de dettes, l'accord de chaque créancier concerné est nécessaire[601]. C'est ce qui ressort des dispositions de l'alinéa 2 de l'article 145-9 de l'AUPCAP aux termes duquel, « *si le projet de concordat prévoit des remises de dettes, l'accord de chaque créancier concerné est nécessaire. Il en va de même s'il prévoit des délais de paiement d'une durée supérieure à deux (2) ans* ». Le défaut de réponse dans un délai de quinze jours vaut refus. Cette modération de la procédure se matérialise également par l'absence de recours contre la décision d'ouverture du redressement judiciaire simplifié.

334-Force est de constater que l'AUPCAP accorde, de nos jours, un intérêt tout particulier aux petites entreprises, acteurs essentiels de l'économie, en se montrant pragmatique à leur égard par

---

[600] Cf. article 26 de l'AUPCAP.
[601] DIALLO (B.), article précité, p. 12.

l'introduction de procédures souples et attractives propres à les réhabiliter, lorsqu'elles sont viables, à moindre coût et dans de brefs délais. Ces mesures de sauvegarde de l'unité économique ne peuvent concrètement concourir à une meilleure exaltation de la permanence de l'entreprise que si une appréciation intelligible de ses intérêts est faite.

Section II- L'exigence d'une appréciation intelligible des intérêts de l'entreprise

335-En réalité, malgré les limitations qui semblent avoir été apportées, dans certains domaines, au pouvoir discrétionnaire du chef d'entreprise et l'accroissement du rôle des tribunaux[602] ou des pouvoirs publics, l'entreprise ne peut être dissociée de son ou de ses dirigeants[603]. Par conséquent, le degré de confiance qu'ils inspirent, la gravité de leurs fautes et erreurs passées auront pratiquement des incidences directes sur la survie de l'entreprise en difficulté.

À une appréciation objective nouvelle de ses intérêts (**paragraphe 1**), s'ajoutera toujours ainsi une appréciation subjective des possibilités de son sauvetage qui est de nature à réduire considérablement l'efficacité des mesures envisagées ou décidées. La permanence de l'entreprise qui constitue l'un des objectifs des techniques et procédures de sauvetage demeurera trop souvent dépendante de la personnalité de ses dirigeants (**paragraphe 2**).

Paragraphe 1- L'appréciation objective des intérêts de l'entreprise

336-La liberté d'entreprendre comporte le risque d'échec, et la décision initiale tout comme celle consistant à prendre l'initiative de la recherche d'un sauvetage d'une situation périlleuse appartiennent au dirigeant de l'entreprise investi de cette mission par les apporteurs de capitaux. Les limites apportées à ce pouvoir discrétionnaire tiennent à l'obligation de déposer le bilan lorsque la situation financière révèle

[602] Cf. les articles 27 et s. de l'AUPCAP.

[603] Cette confusion est notoire en présence d'une entreprise individuelle ou d'une société unipersonnelle où l'associé unique est le dirigeant.

l'état de cessation des paiements tendant à l'ouverture d'une procédure collective[604].

Il appartient ainsi aux responsables de l'entreprise de choisir parmi les nombreuses techniques de sauvetage, celle qui leur paraît la mieux adaptée à la situation réelle[605]. Cependant, le Droit des Sociétés Commerciales OHADA soumet ces décisions à un certain nombre de contrôles de la part des actionnaires, ou des autres organes sociaux légaux suivant les cas. Il existe aussi dans le domaine du contrôle de la gestion une mission importante dévolue aux commissaires aux comptes[606], et la possibilité d'une expertise de gestion[607].

La préoccupation nouvelle de vouloir tenter de prévenir les difficultés des entreprises est certainement à la base de l'introduction dans l'Acte Uniforme portant sur le Droit des Sociétés Commerciales, d'un droit d'intervention au profit de certaines catégories de personnes et de conditions bien précises[608].

337-Les tribunaux, en particulier dans le cadre de l'application de nouvelles procédures collectives, voient se développer leurs pouvoirs traditionnels. Aussi l'article 29 de l'AUPCAP leur donne le droit de procéder à une analyse objective de la situation des entreprises lorsqu'ils se sont saisis eux-mêmes ou ont été saisis par le Ministère public.

---

[604] Cf. les articles 25 et 26 de l'AUPCAP qui prévoient que la déclaration doit être faite dans les 30 jours de la cessation des paiements. Quant aux articles 438 et s. du Code de Commerce de 1807, ils exigeaient que cette déclaration soit faite dans les 15 jours aux fins d'ouverture d'une procédure collective.

[605] Il peut s'agir d'une réorganisation de leurs services, de mesures financières, d'opération de concentrations ou encore de décisions de licenciement d'une partie du personnel.

[606] Pour une étude sur les fonctions de contrôle du commissaire aux comptes, lire GATSI (J.), « Commissaires aux apports et commissaires aux comptes, in Paul-Gérard POUGOUE (sous la direction de), *Encyclopédie du droit OHADA*, *op. cit.*, p. 537 et s.

[607] Cf. les articles 159 et 160 de l'AUSCGIE. Pour une étude, lire NGOM (M.), « Expertise de gestion », in Paul-Gérard POUGOUE (sous la direction de), *Encyclopédie du droit OHADA*, *op. cit.*, p. 786 et s.

[608] Il s'agit du droit d'alerte confié aux commissaires aux comptes et aux associés. Cf. les articles 150 à 158 de l'AUSGIE.

Le pouvoir de magistrature économique[609], qui est ainsi dévolu aux juridictions les conduira incontestablement à rechercher les moyens assurant la permanence de l'entreprise[610]. L'objectif de la survie de l'entreprise est primordial, aussi bien lors de la procédure de règlement préventif qu'à l'occasion de l'homologation d'un concordat de redressement[611]. Il en est de même lorsque le tribunal nomme un administrateur provisoire[612].

Le tribunal détient un pouvoir de tutelle judiciaire sur les entreprises, en précisant, en appréciant les données économiques et en ne se limitant pas à l'arbitrage de relations conventionnelles[613]. Il apparaît comme l'organe le mieux placé pour prendre des initiatives permettant une détection prévue des difficultés et préconiser des solutions sérieuses[614]. On peut estimer qu'il constitue sans doute l'un des organes les plus utiles et adéquats dans le cadre d'une politique réelle de prévention des difficultés de l'entreprise[615].

338-Cet accroissement des missions juridictionnelles et gracieuses des tribunaux ne manquerait pas cependant de soulever la question des conditions de saisine. Des critères objectifs sont nécessaires, et le législateur uniforme s'oriente vers l'admission du système des indices significatifs et des difficultés de l'entreprise[616]. Il suffit seulement de rappeler qu'une exacte connaissance de l'état réelle de la défaillance ne peut à elle seule assurer l'obligation pour le chef d'entreprise de prendre des décisions indispensables. Le législateur de l'OHADA a pris conscience très tôt en reconnaissant un droit d'intervention au profit de certaines catégories de personnes[617].

339-Le caractère absolu du pouvoir du chef d'entreprise confronté aux difficultés sérieuses se trouve ainsi limité. En effet, le droit OHADA des procédures collectives retient des critères objectifs d'une immixtion des tiers et des tribunaux dans le règlement des difficultés

---

609 Cf. PERROT (R.), « Le rôle du juge dans la société moderne », *Gaz. Pal.*, 1977, p. 91.

610 Cf. l'article 29, alinéa 2 de l'AUSCGIE.

611 Cf. les articles 8 et 9, 27, 127 et s. de l'AUPCAP.

612 Cf. Supra, n° 110 et s.

613 Cf. article 29, alinéa 2, précité.

614 Voir KAMNANG KOMGUEP (I. F.), thèse précitée, p 250 et s.

615 Cf. les articles 159 et 160 de l'AUSCGIE.

616 Cf. les articles 137 et s. de l'AUSCGIE.

617 Cf. TAKAFO KENFACK (D.), article précité, p. 309 et s.

de l'entreprise[618]. Le passage d'une conception à un autre se réalise enfin.

L'appréciation objective, ainsi faite des probabilités de redressement de l'entreprise, tout comme du choix des moyens les mieux adaptés à cet effet, semble tenir compte des intérêts des salariés et de l'environnement proche et lointain[619]. Cependant, elle demeure encore dans une étroite dépendance d'autres considérations, caractérisées par leur subjectivité.

Paragraphe 2- L'exceptionnelle appréciation subjective des intérêts de l'entreprise

340-À l'occasion de l'application des techniques de sauvetage d'origine contractuelle, la bonne foi du débiteur et le crédit dont il peut encore bénéficier ont un rôle déterminant. Il s'y ajoute fréquemment des sûretés qu'il est à mesure de consentir aux bailleurs de fonds éventuels.

341-L'octroi de paiement ou de crédits, la conclusion des accords amiables, ou toute autre mesure tiennent compte à la fois du potentiel économique de l'entreprise et de la confiance que l'on peut légitimement accorder à ses dirigeants. Il est certain que la personnalité des dirigeants de l'entreprise, leur passé commercial tout autant que la gravité de la défaillance, la probabilité de redressement et de la valeur de l'équipe dirigeante, figurent parmi les éléments essentiels de la décision du créancier sollicité, ou du banquier. La conclusion d'un contrat de location-gérance n'est même suggérée, dans certains cas, qu'afin d'évincer de la gestion de l'entreprise des dirigeants qui n'inspirent plus la confiance nécessaire[620]. Dans d'autres hypothèses, une opération de concentration peut avoir un objectif identique.

En réalité, il n'est pas exclu que dans l'esprit des créanciers, l'état de difficulté de l'entreprise soit imputable à ses dirigeants. Dès lors, la proposition concordataire de remplacement des dirigeants sociaux pourrait constituer un réel élément d'attractivité du plan d'apurement du passif et de redressement vis-à-vis des créanciers. En effet, si certains créanciers ont maille à partir avec les dirigeants qu'ils

---

618 Cf. les articles 26, 27 et 29 de l'AUPCAP.
619 Cf. l'article 26 de l'AUPCAP.
620 Cf. supra n° 120 et s.

soupçonnent à tort ou à raison d'être à l'origine des difficultés, ils ne pourront logiquement pas collaborer au sauvetage de l'entreprise[621].

Pour ces raisons, certaines techniques de sauvetage – en dehors du cas des procédures collectives – se sont transformées progressivement en opérations plus générales de redressement de tous les éléments de l'entreprise dans le cadre desquels on peut voir figurer l'éviction ou la mise à l'écart de certains dirigeants[622].

342-L'Acte uniforme, en prenant appui sur le principe fondamental de la distinction entre le sort des hommes et celui des entreprises[623], n'échappe non plus à une application subjective des intérêts de l'entreprise. En effet, il est admis que l'option exercée entre le redressement et la liquidation des biens dépend désormais de l'aptitude du débiteur à proposer un concordat sérieux[624]. Dans ces procédures de concours, on retrouve ainsi une influence très nette des considérations subjectives. Le tribunal peut, en effet, refuser d'homologuer un concordat en tirant argument de l'intérêt public, si le comportement du débiteur est révélateur de son inaptitude à l'exécuter ou si ses fautes antérieures peuvent faire douter de sa moralité commerciale[625]. Il doit surtout prononcer la liquidation des biens lorsque les dirigeants ont subi des sanctions de faillite ou d'interdiction de diriger, de gérer ou d'administrer une entreprise commerciale.

On peut cependant remarquer que, dans cette hypothèse, le besoin d'assurer la survie de l'entreprise pour des raisons économiques et sociales pourrait conduire à des recours à des contrats de location-gérance[626]. De même, en conséquence des fautes des dirigeants, leur

---

[621] La collaboration des créanciers est essentielle au sauvetage de l'entreprise. Ils jouent un rôle de prou dans les différents concordats prévus à travers notamment les délais et remises qu'ils accordent au débiteur. D'ailleurs, en dehors de l'hypothèse où celui-ci ne contient que des délais de paiement n'excédant pas deux (02) ans, il est pratiquement impossible pour le juge d'homologuer un concordat préventif sans accord préalable des débiteurs. Voir MOHO FOPA (E. A.), observation sous TGI du Wouri, jugement n° 580 du 20 juillet 2007, *Juridis périodique* n° 91, juillet-septembre 2012, p. 45.

[622] Cf. supra, n° 110 et s.

[623] Cf. les articles 189 et s, de l'AUPCAP.

[624] Cf. article 33, alinéa 2, de l'AUPCAP.

[625] Cf. article 127 (2°) de l'AUPCAP.

[626] Cf. supra, n° 120 et s.

obligation d'assurer tout ou partie du comblement du passif[627] tend non seulement à réprimer ces fautes, mais aussi à réparer le préjudice subi par l'entreprise.

343-En 1956, un auteur relevait que « *c'est par mille fibres que l'entreprise est encore retenue à la personnalité de l'entrepreneur* »[628]. L'Acte Uniforme a introduit ici une distinction fondamentale entre le sort des hommes et celui des entreprises. Aussi, les techniques de sauvetage judiciaires tiennent-elles largement compte de la conduite personnelle du chef d'entreprise. Un capital de confiance est indispensable, mais il risque d'être largement entamé par les résultats défectueux de la gestion passée.

Le redressement d'une entreprise en difficulté sera ainsi, comme hier, le plus souvent tributaire de cette appréciation subjective portée par les responsables de la direction de l'entreprise.

344-En somme, force est de constater que les techniques de sauvetage des entreprises en difficulté, dont l'objectif premier consiste à assurer la permanence de l'entreprise, devraient pouvoir permettre de favoriser la protection de l'unité économique. Une telle solution, qui sera admise à titre exceptionnel dans le cadre des procédures collectives rénovées, ne manquera pas de soulever de nombreux problèmes pour les autres techniques de sauvetage.

Moins radical dans ses effets, le recours aux moyens de nature à prévenir l'aggravation des difficultés serait sans doute efficace. Mais il nous semble certain que le déclenchement de mesures d'alarme n'est utile qu'à la condition d'être suivi des techniques curatives. Aussi, l'on pourrait aboutir à un véritable contrôle de pouvoir du chef d'entreprise grâce aux procédures d'alerte par les commissaires aux comptes, et par les associés prévus par l'Acte uniforme sur les sociétés commerciales[629]. Mais ce contrôle est en réalité insuffisant.

---

[627] Cf. article 183 de l'AUPCAP. Pour une analyse profonde de cette sanction, lire SAWADOGO (F. M.), « Sanctions civiles et commerciales des procédures collectives d'apurement du passif », in Paul-Gérard POUGOUE (sous la direction de*), Encyclopédie du droit OHADA, op. cit.*, p. 1805 et s.

[628] Cf. DESPAX (M.), L'entreprise et le droit, cité par HAEHL (J. Ph.), *op. cit.*, p. 265.

[629] Cf. les articles 150 à 160 de ce texte ; Cf. surtout POUGOUE (P.-G), ANOUKAHA (F.) et NGUEBOU (J.), *op. cit.*, n° 190 et s. Cf. aussi TOH (A.), thèse précitée, p. 50 et s. ; ALGADI (A. S.), « Procédure d'alerte », in Paul-Gérard POUGOUE (sous la direction de), *Encyclopédie du droit OHADA, op. cit.*, p. 1425.

345-Tous les partenaires de l'entreprise devraient à notre sens y être associés, et plus particulièrement les salariés, qui tirent le plus souvent leurs seuls revenus de l'emploi occupé. C'est peut-être par ce moyen que l'unité économique pourrait être plus protégée. Or, le second aspect de l'objectif de permanence de l'entreprise qui caractérise les techniques de sauvetage tend plutôt à une protection insuffisante de l'unité sociale.

Cf. également SAWADOGO (F. M.), Acte uniforme portant organisation des procédures collectives d'apurement du passif, disponible sur http://www.ohada.com/présentation.droit.ohada/catégorie/6/procédures.collectives.html.

CHAPITRE II :

LA PROTECTION TIMIDE DE L'UNITÉ SOCIALE

346-La réforme de l'AUPCAP de 2015 a clairement insisté sur la volonté du législateur de faire de la préservation des niveaux d'emplois des entreprises débitrices un objectif principal du droit des procédures collectives[630].

En dépit de cette volonté affirmée du législateur OHADA, l'unité sociale de l'entreprise apparaît toujours particulièrement menacée lorsque surviennent des difficultés sérieuses. La restructuration d'une entreprise provoque le plus souvent de nombreux licenciements, et par voie de conséquence une véritable « crise sociale ». La crainte de troubles graves est même parfois alléguée pour tenter de justifier le retard accusé par les dirigeants au dépôt du bilan. L'importance du passif constaté dans le cadre des procédures collectives de sauvetage[631] atteste de l'extrême gravité de la situation financière, et cet état de crise ne peut être surmonté sans imposer de lourds sacrifices en matière d'emploi[632].

347-Le droit positif considère seulement que les salariés sont les créanciers d'un type particulier, en raison du caractère alimentaire de leurs créances, le salaire constituant la seule source de revenus pour la plupart des ménages. Toutefois, malgré leur rang privilégié[633], la faiblesse chronique des actifs subsistant lors de l'ouverture des procédures collectives ne leur donne pas toujours entière satisfaction[634]. L'absence d'un droit d'alerte, ou d'un droit d'interpellation qui leur permettraient d'avoir un rôle de prévention de l'aggravation des difficultés, à l'instar de celui accordé aux

---

[630] Cf. article 1 de l'AUPCAP.

[631] Cf. supra, n° 195 et 196.

[632] Refuser systématiquement les licenciements nécessaires au moment où le sauvetage de l'entreprise est encore possible revient le plus souvent à condamner l'entreprise à une disparition totale.

[633] Cf. les articles 166 et 167 de l'AUPCAP.

[634] Pour le cas des entreprises publiques et parapubliques, cf. DEBENE (M.), *op. cit*, p. 241 et s.

commissaires aux comptes et aux associés, explique certainement en partie ce bilan mitigé[635].

348-L'inadaptation du droit devant certaines situations et en particulier la considération des travailleurs comme y étant titulaires d'un simple droit de créance, conduit à s'interroger sur les droits et pouvoirs réels des salariés dans les entreprises en difficulté.

Concrètement, l'état du droit OHADA des procédures collectives nous présente une physionomie caractérisée par une protection relative des droits des salariés (**Section I**), et une absence fréquente de ces derniers lors de la prise des décisions (**Section II**).

Section I– Une protection insatisfaisante des salariés

349-Une première approche des droits des salariés consiste à les analyser comme des charges pour l'entreprise qui, par leur importance, sont de nature à rendre son sauvetage difficile ou aléatoire. En réalité, si l'on admet que l'unité sociale constitue l'un des éléments de l'entreprise, les salariés ne sont pas seulement des créanciers bénéficiant de certaines priorités dans le règlement de ce qui leur est dû, mais doivent bénéficier d'une certaine stabilité de leur emploi.

Or, en droit OHADA, la protection des salariés est limitée essentiellement à leurs intérêts financiers (**paragraphe 1**), tandis que celle concernant l'emploi est pratiquement illusoire (**paragraphe 2**).

Paragraphe 1- Une protection limitée aux intérêts financiers

350-En raison du caractère alimentaire du salaire, les créances salariales bénéficient d'une double protection : une protection contre les effets de l'ouverture de la procédure de règlement préventif et une protection lors de la répartition des deniers issus de la réalisation des actifs.

---

[635] Dans le même sens, lire KOUAMO (D. R.), L'implication du salarié dans la prévention et le traitement des difficultés des entreprises dans l'espace OHADA. Le cas du Cameroun, thèse, Nantes, 2018, p. 158, n° 268. Pour lui, « *placer exclusivement les associés et dans une certaine mesure le commissaire aux comptes, comme étant les seuls garants de la pérennité de l'entreprise, risque de retarder la procédure, surtout que le commissaire aux comptes peut se montrer peu diligent. Les associés, eux aussi, brillent par une négligence de la vie de l'entreprise, ils sont de plus en plus attirés par la rentabilité de leur capital* ».

Contrairement à la décision d'ouverture du redressement judiciaire ou de liquidation des biens qui rompt ou interdit toute action en justice de la part de tous les créanciers de la masse, la décision d'ouverture du règlement préventif, ne suspend pas ou n'interdit pas les poursuites individuelles des créanciers salariales. Clairement, aux termes de l'alinéa 3 de l'article 9 de l'AUPCAP, la suspension des poursuites individuelles « *s'applique à toutes les créances chirographaires et à celles garanties par un privilège général, un privilège mobilier spécial, un gage, un nantissement ou une hypothèque, à l'exception des créances de salaires et d'aliments* ». Aussi, dans le cadre du concordat préventif, les créanciers de salaires ne peuvent consentir aucune remise ni se voir imposer un délai qu'ils n'ont pas consenti eux-mêmes[636]. Et s'ils y consentaient, leur durée ne devrait pas excéder un (01) an.

351-Outre cette protection des salariés contre les effets qui leur seraient préjudiciables alors que l'entreprise n'est pas encore en cessation des paiements, les créances salariales bénéficient, dans le cadre du paiement des créances, d'un double système de garantie : le privilège et le superprivilège[637].

En effet, l'article 180, alinéa 3, de l'Acte Uniforme portant Organisation des sûretés (AUS), a établi un privilège général au profit des créances salariales. Ce privilège confère un droit de préférence exercé par leurs titulaires. Les bénéficiaires sont tous les salariés et apprentis, aussi bien pour leurs créances de salaires que pour leurs accessoires, primes et diverses indemnités de congés payés et de licenciement. Ce privilège général grève tous les meubles et subsidiairement les immeubles de l'employeur, les frais de dernière maladie, et les fournitures de subsistances faites au débiteur pendant la dernière année ayant précédé son décès[638]. Cette protection est

---

[636] Dès lors, les dispositions de l'article 15, al. 4, de l'AUPCAP qui donnent la possibilité à la juridiction compétente d'imposer un concordat préventif ne comportant que des délais de paiement n'excédant pas deux (02) ans à tous les créanciers (même ceux qui n'y ont pas consenti) ne sauraient s'appliquer aux salariés.

[637] Pour une étude générale sur les privilèges du droit du travail, cf. MINKOA SHE (A.), « Les privilèges », in POUGOUE (P. G.) (sous la direction de), *Encyclopédie du droit OHADA*, *op. cit.*, p. 1416 et s.

[638] Cf. ANOUKAHA (F.) ouvrage précité, n° 164 et s. et spécialement l'article 180 de l'Acte Uniforme sur les Sûretés. L'article 2101, alinéa 4, du Code civil prévoyait que ce privilège général portant sur les meubles, venait au 5e rang après le privilège

insuffisante,[639] car l'efficacité de ce privilège général de salaire est très relative. Parce que primé par les privilèges fiscaux et les privilèges mobiliers et immobiliers spéciaux, il y a peu de chance qu'il assure un désintéressement normal des salariés[640].

352-Heureusement que le Code du travail camerounais[641], comme celui de 1974[642] a institué un « superprivilège », qui permet de régler, même en cas de procédure collective, les salaires dus, nonobstant l'existence de toute autre créance, y compris celle du trésor public. Ce privilège a été consacré en droit OHADA des procédures collectives. En effet, aux termes de l'article 95 de l'AUPCAP, « *Les créances résultant du contrat de travail ou du contrat d'apprentissage sont garanties, en cas de redressement judiciaire ou de liquidation des biens, par le superprivilège des salaires* ». Il s'agit, *stricto sensu*, d'un privilège renforcé qui, ayant priorité sur les autres privilèges, garantit au salarié le droit d'être payé en premier, au moins pour une partie de sa créance.

353-Ce « superprivilège » étant ainsi destiné à garantir la fraction incessible et insaisissable des salaires, les articles 166 et 167 de l'AUPCAP affirment clairement le rang du superprivilège des créances salariales, et effacent ainsi l'incertitude résultant des textes anciens. C'est pourquoi une place de choix lui a été accordée dans l'ordre de préférence de la distribution des deniers.

Concrètement, relativement à la distribution des deniers provenant de la réalisation des immeubles, les créanciers de salaires superprivilégiés viennent en troisième rang, après les créanciers de new money et les créanciers des frais de justice engagés pour parvenir à la réalisation du bien vendu et à la distribution du prix. En ce qui concerne la distribution des deniers provenant de la réalisation des meubles, ils viennent en quatrième, après les créanciers de *new money* ou du nouvel apport, les créanciers des frais de justice engagés pour

---

du trésor, les frais de justice, les frais funéraires et de dernière maladie, mais passait après les privilèges spéciaux.

639 Cf. POUGOUE (P. G.) (sous la direction de) : Le Code de Travail Camerounais Annoté, Édition PUA, Yaoundé, avril 1977, p. 112 ; ANOUKAHA (F.), Ouvrage précité, n° 108 et s.

640 Dans le même sens, cf. YANPELDA (V.), « Les salariés dans les procédures collectives OHADA. Acteurs ou spectateurs », *Revue de droit comparé du travail et de la sécurité sociale*, n° 1, 2011, p. 45.

641 Cf. article 70 al 1 et 2 du Code de Travail de 1992.

642 Cf. article 77, *Ibidem*.

parvenir à la réalisation du bien vendu et à la distribution du prix, et les créanciers de frais engagés pour la conservation du bien du débiteur dans l'intérêt du créancier dont les titres sont antérieurs en date.

354-Mais on peut regretter deux choses ici. D'une part, l'article 70 du Code de travail camerounais qui limite cet avantage à la seule « fraction insaisissable » du salaire[643], à savoir la portion qui peut être mise sous-main de justice en vue du paiement des créances du salarié[644]. En limitant le superprivilège à la fraction insaisissable du salaire, le droit OHADA s'éloigne de la notion de superprivilège des créances salariales retenues par le droit français qui recouvre toutes les créances résultant d'un contrat de travail[645].

D'autre part, la fraction « superprivilège » des salaires ne prime toutes les autres sûretés que lors de la distribution des deniers provenant de la réalisation des immeubles. En effet, aux termes de l'article 225 de l'AUS, les créanciers de salaires superprivilégiés viennent en deuxième rang juste après les créanciers des frais de justice engagés pour parvenir à la réalisation du bien vendu et à la distribution elle-même du prix. En ce qui concerne les deniers provenant des immeubles, l'article 226 de l'AUS prévoit que les créanciers de salaires superprivilégiés viennent en troisième position,

---

[643] L'alinéa 1 de cet article dispose en réalité que « *La créance de salaire bénéficie d'un privilège préférable à tous les autres privilèges généraux ou spéciaux, en ce qui concerne la fraction insaisissable dudit salaire* ». Ce superprivilège ne s'applique pas seulement au salaire proprement dit. L'alinéa 2 du même article l'étend expressément aux indemnités de préavis, de licenciement et de dommages-intérêts pour une rupture abusive.

L'article L119 du Code du travail sénégalais dispose, quant à lui, que : « *A due concurrence de la fraction insaisissable du salaire, (...), les créances de salaire du travailleur bénéficient d'un privilège préférable à tous autres privilèges, généraux et spéciaux* ».

La disposition la plus indicative concernant le superprivilège des salaires demeure l'article 203 du Code du travail burkinabé qui prévoit expressément que : « *La créance de salaire et autres créances du travailleur résultant du contrat de travail bénéficient d'un superprivilège à tous les autres privilèges généraux ou spéciaux y compris ceux du Trésor public et de la sécurité sociale en ce qui concerne la fraction insaisissable dudit salaire (...)* ».

[644] Cf. Code du travail camerounais annoté, *op. cit.*, p. 112 ; POUGOUE (P.-G.), « Codicille du travail, de l'emploi et de la solidarité nationale », préc., p. 250.

[645] En ce sens, lire SALEY SIDIBE (H.), Le sort des créances postérieures en droit français et en droit de l'organisation pour l'harmonisation en Afrique du droit des affaires (OHADA), thèse, Nice Sophia Antipolis, 2013, p. 370.

après les créances des frais de justice engagés pour parvenir à la réalisation du bien vendu à la distribution elle-même du prix et les créanciers de frais engagés pour la conservation du bien du débiteur dans l'intérêt des créanciers dont le titre est antérieur en date.

Qu'il s'agisse de l'AUS ou de l'AUPCAP, le superprivilège des salaires n'est pas bien classé. Par ailleurs, la place de ce superprivilège dans le classement général des créanciers de la procédure collective n'occulte pas le fait que le créancier postérieur méritant dispose de la règle du paiement à l'échéance qu'il peut faire jouer au détriment du créancier salarié superprivilégié[646].

355-Les garanties importantes qui assortissent les créances salariales ne peuvent cependant être efficaces que si l'employeur est encore en mesure de les régler. Il n'en est pas toujours ainsi, on admet même que peu d'entreprises pourraient faire face aux sommes énormes que représentent les indemnités afférentes aux congédiements malgré leur cantonnement par les textes[647].

Aussi, malgré l'importance de ce dispositif, rien n'est encore fait par le législateur pour pallier ces insuffisances. En effet, la socialisation de l'insolvabilité de l'employeur contre l'absence de paiement des sommes qui sont dues aux salariés en exécution du contrat de travail n'est pas organisée en droit positif camerounais[648].

356-Les exemples tirés des droits étrangers sont assez révélateurs de la nécessité de les protéger contre les défaillances de leur employeur. Ainsi que le pense justement un auteur[649], il faut, à l'instar de la plupart des législations modernes, instituer un fonds de garantie de salaire. Il s'agit d'une véritable assurance, garantissant les

---

[646] Dans le même sens, cf. MACORIG-VENIER (F.), « Le superprivilège : précisions sur son domaine et sa – fragile – primauté », *Bull. Joly*, 1er mars 2011, n° 1.

[647] L'Arrêté n° 016/MTPS/CJ du 26 mai 1993 fixant les modalités d'attribution et de calcul de l'indemnité de licenciement prévoit en son article 2 que sauf dispositions plus favorables des conventions collectives, des contrats individuels de travail ou des textes particuliers, l'indemnité de licenciement est égale pour chaque année de présence dans l'entreprise à un pourcentage de salaire moyen de 12 derniers mois précédant le licenciement.

[648] Cf. POUGOUE (P.-G.), « Les entreprises en difficulté et le droit du travail : les interrogations africaines », in *Droit des entreprises en difficulté*, publication de l'I.D.E.F, p. 201.

[649] Cf. ce même auteur in « Codicille du travail, de l'emploi et de la solidarité nationale », *op.cit.*, p. 259.

obligations de l'employeur à l'égard de son personnel par l'intermédiaire d'une tierce institution. Le fonds nettement séparé du patrimoine de l'employeur peut être greffé à une structure existante telle la Caisse Nationale de Prévoyance Sociale (C.N.P.S) ou le Fonds National de l'Emploi (F.N.E), ou avoir une autonomie complète. Son financement peut être assuré à la fois par les employeurs, les salariés et l'État[650].

Mais pareil procédé peut être bloqué par les difficultés financières généralisées. Une telle garantie est révélatrice, d'une part, de l'inefficacité générale des procédures collectives de sauvetage, et d'autre part, de l'importance accordée aux droits des salariés en qualité de créanciers. Mais il faut bien constater qu'il est difficile de permettre à l'unité sociale de subsister dans sa totalité. Incontestablement, les dispositions légales favorisent faiblement la permanence des emplois dans notre droit positif.

Paragraphe 2- Une protection insuffisante de l'emploi

357-Si l'entreprise se trouve soumise à une procédure collective, ou fait l'objet d'une modification de la situation juridique de l'employeur, l'article 42 1(a) du Code du travail camerounais[651] garantit le transfert légal et automatique du contrat de travail au nouvel employeur, qu'il s'agisse de la masse, du locataire-gérant, de la société absorbante, etc. Mais, le premier employeur, tout comme son successeur, conserve un droit de résiliation unilatérale des contrats de travail pour motif personnel et économique[652]. Le législateur n'interdit pas non plus des modifications d'emplois. Elles peuvent

---

[650] Sur une étude comparative de quelques expériences européennes, voir « Entreprises en difficultés, gestion de l'emploi et droit du salaire », Recherche financée par le Ministère français de la Coopération et effectuée conjointement par les COMPTRASEC de l'Université de Bordeaux et une équipe de l'Université de Yaoundé dirigée par le Professeur Paul-Gérard POUGOUE ; Cf. également DERRIDA (F.), « Vers la sécurité sociale des salaires », *D.*, 1974, chr., p. 119 ; THILLHET-PRETNAR (J.) : « Un aspect nouveau du droit du salaire, l'assurance des salaires », Études offertes à G.H. COMERLYNCK, Dalloz, 1978, p. 167.

[651] Cf. POUGOUE (P.-G.), *op. cit.*, p. 103 et s. ; cf. également ce même auteur, in « Commentaire du Code de Travail du 14 avril 1992 », *op.cit*, p. 39 ; KENFACK (P. E.) : La mobilité du capital de l'entreprise et le droit social au Cameroun, thèse 3e cycle en droit, Université de Yaoundé, 1994, p. 16 et S ; FOKO (A.), thèse précitée, p. 73 et s., Code de travail camerounais annoté, *op. cit.*, p. 82 et s.

[652] Cf. Code du travail camerounais annoté, op. cit. P. 86 ; C. S, Arrêt N° 25/S du 21 mai 1974, inédit ; Cf. également l'article 40 du Code de Travail.

avoir lieu avant ou après le transfert de l'entreprise, pourvu que ce transfert ne soit pas à l'origine de la modification ou de la résiliation[653].

358-Le législateur admet ainsi dans certains cas qu'il peut y avoir modification dans la situation juridique de l'employeur, sans que tous les contrats de travail ne puissent être préservés. Des circonstances particulières liées aux nécessités de restructurations, ou aux motifs personnels légitimeront l'atteinte à porter à la continuité de l'emploi, que la jurisprudence avait tirée de l'application de l'article 42, alinéa 1(a), du Code de travail[654]. Le droit à la stabilité de l'emploi, issu de l'« *automatisme de la substitution du nouvel exploitant à l'ancien* »[655], cède de ce fait la place à l'intérêt supérieur du sauvetage de l'unité économique et de quelques emplois.

Une fois de plus, le droit positif limite les droits des salariés à la seule question du paiement de leurs créances salariales, en manifestant la volonté d'assouplir les contraintes résultant pour les employeurs du droit du travail. L'article 42 alinéa 1(a) du Code du travail risque par conséquent de ne plus avoir comme seule utilité que de maintenir les avantages individuels acquis par les salariés, principalement du fait de leur ancienneté, pour ceux d'entre eux qui seront encore jugés utiles dans l'exploitation de l'entreprise restructurée.

359-Heureusement qu'animé du profond désir de la préservation de la sécurité de l'emploi, le législateur social accorde aux salariés licenciés pour motifs économiques, et mis provisoirement en chômage technique une indemnisation[656]. L'objectif fondamental est d'assurer une meilleure protection des salariés contre le risque de licenciement, et d'améliorer leur situation matérielle s'ils ne conservent pas leur emploi. Ce souci de préservation de la sécurité de l'emploi ne laisse pas d'être inquiétant, et de réduire progressivement les droits des salariés, en particulier dans le cas d'une entreprise en difficulté.

---

[653] Mais lorsque le licenciement est une condition de la réalisation du transfert dans certains cas (notamment si l'entreprise à restructurer est véritablement défaillante), la solution pourrait résolument varier.

[654] Cf. C. S, Arrêt n° 102/S du 3 mai 1993, inédit ; C.A de Yaoundé, Arrêt n° 2 du 11 avril 1984, inédit.

[655] Cf. SAVATIER (J.), Droit social, 1974, p. 476.

[656] Cf. article 2 de l'arrêté n° 001/CAB/MTPS du 14 février 1995 fixant les taux d'indemnisation pendant la période de suspension du contrat de travail pour cause de chômage technique.

En effet, le contexte économique, financier et social actuel devrait faire comprendre que l'une des difficultés majeures à trouver les solutions efficaces au sauvetage de l'entreprise, c'est non seulement l'absence de fonds disponibles pour faire fonctionner l'entreprise, mais surtout les difficultés liées au désintéressement des salariés qui doivent partir. Aussi, les employeurs souhaitant échapper aux règles contraignantes de la procédure de licenciement pour motifs économiques[657] et à la crise sociale qu'elle peut entraîner, seront tentés de recourir à des formes atypiques de rupture du contrat de travail.

360-À notre sens, la conciliation des intérêts en présence passe tout d'abord par la mise en place, de manière anticipée, de ce que le Professeur Paul-Gérard POUGOUE qualifie de « *plan de reconversion et du développement de la mobilité professionnelle au sein même de l'entreprise* »[658]. On parviendrait là, non seulement à favoriser la gestion prévisionnelle de l'emploi, mais surtout, le sauvetage de l'entreprise serait davantage facilité, et les fonds qui auraient dû servir à l'indemnisation des salariés licenciés pourraient permettre l'accroissement du fonds de roulement.

361-Cependant, en l'état actuel du droit positif, on constate que les droits des salariés d'une entreprise en difficulté ne sont véritablement assurés que du point de vue financier, grâce aux systèmes de privilège général et de « superprivilège » que leur confèrent certaines dispositions de l'AUPCAP, de l'AUS et du Code du travail. L'indispensable réorganisation de l'unité économique en état de défaillance provoque des licenciements importants, et, faute de reconnaître aux salariés des pouvoirs d'information à propos des modalités de la poursuite de l'exploitation, les techniques de sauvetage utilisées, tout comme les procédures collectives, n'assurent pas de protection à l'unité sociale en tant que telle[659].

362-Ce triste constat est flagrant en matière de cession globale d'actif prévue comme une possible solution du redressement judiciaire qui permettrait, ne serait-ce qu'en partie, de maintenir l'activité et des

---

[657] Quant à la procédure de licenciement pour motifs économiques, cf. article 40 du Code du travail.

[658] In « Codicille du travail… », préc., p. 257.

[659] Cf. POUGOUE (P.-G.), « Les entreprises en difficultés et le droit du travail : les interrogations africaines », article précité.

emplois. À l'analyse des dispositions la régissant[660], il ne ressort nulle part une véritable garantie de la poursuite ou la reprise de l'activité par le repreneur. Les seules exigences sont relatives au prix dont le paiement est garanti par le cautionnement solidaire d'un établissement bancaire[661]. La sauvegarde des emplois n'est que facultative, car les offres d'acquisition peuvent contenir ou ne pas contenir un engagement de maintenir tout ou partie des emplois. C'est vrai, cette faculté en est tenue compte dans le choix de l'offre qui paraît être la plus sérieuse, mais tout dépendra de l'angle sous lequel ce sérieux est apprécié.

363-Du côté des créanciers, il va de soi que le sérieux de l'offre d'acquisition renvoie au prix élevé accompagné de solides garanties de paiement. À l'égard des salariés, le sérieux de l'offre devrait coïncider avec la reprise d'activité et le maintien du maximum d'emplois. Malheureusement, contrairement en France où le choix de l'offre est prioritairement fonction du maintien durable de l'emploi attaché à l'ensemble cédé, le législateur de l'OHADA n'en a pas fait une exigence. À cette protection insatisfaisante de l'emploi, s'ajoute une intervention limitée des salariés dans la conduite de ces procédures.

Section II- Une participation limitée injustifiée des salariés au sauvetage de l'entreprise

364-Dans la majorité des droits positifs des États membres de l'OHADA, la représentation des travailleurs au sein de l'entreprise est assurée par la seule institution des délégués du personnel. Le comité d'entreprise connu ailleurs n'y existe pas[662]. Les pouvoirs reconnus au chef d'entreprise délimitent de manière précise les droits des salariés,

---

[660] Articles 160 à 162 de l'AUPCAP.

[661] Ainsi, lorsque la cession totale ou partielle d'actif ou d'entreprise ou d'établissement est envisagée dans le concordat de redressement judiciaire, il est exigé à la juridiction compétente de n'homologuer la cession que : si le prix est suffisant pour désintéresser les créanciers munis de sûretés réelles spéciales sur les biens cédés, (…) ; et si le prix est payable au comptant ou si, dans le cas où des délais de paiement sont accordés à l'acquéreur, ceux-ci n'excèdent pas deux (02) ans et sont garantis par le cautionnement solidaire d'un établissement bancaire. Cf. article 132 de l'AUPCAP.

[662] Pour une étude sur le rôle que pourrait jouer les comités d'entreprise en droit camerounais, Cf. TJOUEN (A.-D.), « Les Institutions Professionnelles », *Revue Juridique Africaine*, 1994, p. 239 et s.

et très logiquement conduisent à n'accorder à leurs représentants que des pouvoirs d'information et de consultation dans certains domaines.

365-Dans une entreprise *in bonis*, par exemple, la mission traditionnelle des délégués du personnel porte essentiellement sur le taux du salaire, la garantie des ressources, la sécurité de l'emploi et les conditions de travail[663]. Aussi, pour certaines décisions de l'employeur, ils doivent obligatoirement être consultés et associés[664]. En effet, généralement avant la mise en vigueur du règlement intérieur, il doit leur être communiqué un exemplaire pour avis[665]. Cette communication s'étend même aux modifications ultérieures dudit règlement[666]. Il s'agit d'une formalité substantielle dont le défaut entraîne l'inefficacité du règlement intérieur.

Par ailleurs, à ces dispositions du Code du travail sur la consultation obligatoire des délégués du personnel, il faut ajouter celles des conventions collectives qui prévoient de pareilles mesures lorsque l'employeur décide de recourir au chômage technique[667].

366-Or, lorsqu'il s'agit d'une entreprise en difficulté, on note une participation très timide des salariés. Cette frilosité d'association de ces derniers à la prise de décisions de sauvetage de l'entreprise malade se manifeste par une quasi-absence de leur consultation dans certaines procédures (**Paragraphe 1**) et une consultation trompeuse dans d'autres (**Paragraphe 2**).

Paragraphe 1- Une consultation quasi absente des salariés

367-En droit OHADA, les finalités des procédures collectives sont clairement affirmées : les procédures préventives de conciliation et de règlement préventif, ainsi que les procédures curatives de redressement judiciaire et de liquidation des biens sont destinées à la préservation des activités économiques et des niveaux d'emplois des entreprises débitrices, au redressement rapide des entreprises viables et à la liquidation des entreprises non viables. Le maintien de l'emploi est donc une finalité primordiale.

---

[663] Cf. article 128 du Code du travail camerounais.

[664] Cf. article 29, alinéa 3, et 40 du Code du travail camerounais.

[665] Cf. article 29 du Code du travail camerounais.

[666] Dans ce sens, cf., Paul-Gérard POUGOUE, Ouvrage précité, p. 106.

[667] Cf. Convention collective de l'industrie automobile et activités annexes du 28 juin 1977, article 22 et convention collective des entreprises forestières et activités annexes du 23 octobre 1976, article 23.

368-Or, contrairement au droit français dans lequel il y'a un lien fort entre le droit des entreprises en difficulté et le droit du travail[668], il semble qu'en droit uniforme africain, tel n'est pas le cas. En effet, l'on y note très peu de dispositions relatives à l'information et à la consultation des salariés dans le cadre des difficultés d'entreprise.

À cet égard, il est regrettable de noter l'exclusion totale des salariés de la procédure d'alerte[669], alors que nul n'ignore qu'elle peut déboucher sur l'ouverture d'une procédure collective[670]. Or, à titre de droit comparé, le droit français a prévu une véritable consultation des salariés dans les procédures préventives. Outre la consultation, la procédure d'alerte peut être déclenchée par le comité d'entreprise[671]. En l'absence de cette dernière, les délégués du personnel peuvent exercer le droit d'alerte économique dans les mêmes conditions que le comité d'entreprise s'ils ont connaissance de faits de nature à affecter de manière préoccupante la situation économique de l'entreprise[672].

---

[668] BAMBA (M.), De l'efficacité des procédures collectives : une étude comparée des législations anglaise et française, thèse, Toulouse, décembre 2015, p. 331.

[669] Laquelle n'est réservée qu'aux commissaires aux comptes et aux associés. Cf. article 150 et s. de l'AUSCGIE. Pour que les salariés puissent bénéficier de cette prérogative, ils doivent être également associés ou actionnaires de la société. Pour une critique de cette mise à l'écart des salariés du droit d'alerte, voir également MOHO FOPA (E. A.), mémoire précité, p. 37 ; TAKAFO KENFACK (D.), « Faut-il supprimer l'alerte dans l'espace OHADA ? », *Juridis périodique* n° 81, janvier-mars 2010, p. 108.

[670] Or, les représentants du personnel doivent se contenter de la seule information éventuelle du juge de l'état de cessation de paiement. Aussi, c'est uniquement à ce dernier qu'il revient d'apprécier l'opportunité de convoquer le dirigeant et son refus n'ouvre droit à aucune action de la part des représentants du personnel. Cf. YANPELDA (V.), préc., p. 41.

[671] Il est défini comme « *l'organe de l'entreprise, disposant de la personnalité juridique, qui réunit le chef d'entreprise et les représentants élus du personnel, en vue d'associer ceux-ci à la marche de l'entreprise* ». cf. GUINCHARD (S.) et DEBARD (Th.) (sous la direction de), *op. cit.*, V. Comité d'entreprise. Il s'agit, en fait, d'une institution représentative du personnel qui, dans les entreprises de plus de 50 salariés ne comportant qu'un seul établissement, réunit sous la présidence du chef d'entreprise des représentants élus du personnel et un représentant de chaque organisation syndicale représentative dans l'entreprise. Il a pour mission de gérer les œuvres sociales, pouvoirs consultatifs dans les domaines technique, économique et financier et diverses attributions (information, procédure d'alerte, etc.). dans les entreprises à établissement multiples, il est substitué par le comité d'établissement. Cf. CORNU (G.), Vocabulaire juridique, *op. cit.*, v. Comité.

[672] *Ibid.*, p. 333.

369-Aussi, dans le cadre de la conciliation, en raison de la confidentialité imposée en la matière, l'information ou la consultation des salariés est, sinon absente, du moins limitée. En effet, ayant pour mission de favoriser la conclusion, entre le débiteur et ses principaux créanciers, et le cas échéant, ses cocontractants habituels, d'un accord amiable, le conciliateur n'a pour seul moyen d'information que l'obtention de renseignements auprès du débiteur. De même, si la cession d'entreprise ou d'établissement est toute cession de biens susceptibles d'exploitation autonome permettant d'assurer le maintien d'une activité économique, des emplois qui y sont attachés et d'apurer le passif, elle n'est soumise à aucune consultation des délégués du personnel. Il en résulte qu'ils ne doivent même pas être informés du contenu des offres de reprises.

370-Or, à titre de droit comparé, en France, le tribunal ne peut, lorsqu'il est saisi, ordonner la cessation partielle de l'activité, ou prononcer la liquidation judiciaire si le redressement est impossible, qu'après avoir consulté plusieurs intervenants parmi lesquels les représentants du comité d'entreprise ou les délégués du personnel[673].

Toutefois, si la demande d'ouverture de la procédure de conciliation et du règlement préventif est la chasse gardée du débiteur, la procédure de redressement judiciaire ou de liquidation judiciaire peut être ouverte à la demande d'un créancier, quelle que soit la nature de sa créance, à condition qu'elle soit certaine, liquide et exigible. C'est dire qu'un salarié, créancier de salaire peut légitimement et légalement saisir le tribunal aux fins d'ouverture d'une telle procédure du moment où il justifie d'une créance salariale certaine, liquide et exigible. Cette créance peut naître soit du non-paiement, soit du retard dans le paiement des salaires[674].

371-Quoi qu'il en soit, afin d'éviter l'ouverture d'une procédure collective par pure stratégie du débiteur et/ou des créanciers[675], la juridiction compétente peut se saisir d'office, notamment sur la base des informations fournies par le représentant du ministère public, les commissaires aux comptes des personnes morales de droit privé, les

---

[673] BAMBA (M.), thèse précitée, p. 336.

[674] Dans le même sens, lire YANPELDA (V.), article précité, p. 38.

[675] Selon l'article 28, alinéa 1, de l'AUPCAP, « *La procédure de redressement judiciaire ou de liquidation des biens peut être ouverte à la demande d'un créancier, quelle que soit la nature de sa créance, à condition qu'elle soit certaine, liquide et exigible* ».

membres de ces personnes morales ou les institutions représentatives du personnel qui lui indiquent les faits de nature à motiver cette saisine[676]. C'est dire que les délégués du personnel peuvent, dès lors qu'ils disposent des informations sur une possible cessation des paiements, prêter leur concours au tribunal compétent. À défaut, il peut même arriver que les travailleurs réunis en collectif puissent inciter, à travers l'indication des informations précises sur l'état de cessation des paiements de l'entreprise, le tribunal à se saisir d'office[677].

S'il est ainsi vrai que malgré le constat d'une absence de consultation des salariés sur des questions aussi importantes de la procédure collective, on note leur possible intervention à l'ouverture des procédures de redressement judiciaire et de liquidation, il n'en demeure pas moins que sur d'autres questions, leur consultation obligatoire n'est qu'une vue de l'esprit.

Paragraphe 2- Une consultation trompeuse des représentants du personnel

372-En matière de procédure de redressement judiciaire ou de liquidation des biens, lorsque le nombre de salariés est supérieur à dix (10) au cours des six (6) mois précédant la saisine de la juridiction compétente, le syndic invite le comité d'entreprise ou, à défaut, les délégués du personnel, à désigner un salarié en qualité de contrôleur, dans un délai de vingt (20) jours à compter de la décision d'ouverture. Dans le même délai, en l'absence du comité d'entreprise et de délégués du personnel, le syndic invite les salariés à élire parmi eux un contrôleur. La personne ainsi désignée ou élue est nommée par le juge-commissaire en qualité de contrôleur représentant du personnel. Pour les entreprises qui n'atteignent pas le seuil précité, le juge-commissaire désigne un salarié en qualité de contrôleur représentant du personnel[678].

373-Sans préjudice des pouvoirs accordés aux délégués du personnel, le contrôleur salarié, qui pourrait ainsi être désigné, est assimilé à une sorte de représentant des salariés. À l'instar des autres

---

676 Cf. l'alinéa 1 de l'article 29 de l'AUPCAP.

677 Voir CCJA, 3e Chambre, arrêt n° 32 du 8 décembre 2011, *Juridis périodique* n° 105, janvier-mars 2016, pp. 113-121, note E. A. MOHO FOPA.

678 Article 40, alinéa 2, de l'AUPCAP. Cf. YANPELDA (V.), préc., p. 39 et s.

contrôleurs[679], le contrôleur représentant du personnel assiste le syndic dans ses fonctions et le juge-commissaire dans sa mission de surveillance du déroulement de la procédure de redressement judiciaire et de liquidation des biens et veille aux intérêts des créanciers. Ainsi, il a le droit de vérifier la comptabilité et l'état de situation présentés par le débiteur, de demander compte de l'état de la procédure, des actes accomplis par le syndic ainsi que des recettes faites et des versements effectués.

374-Aussi, il est obligatoirement consulté pour la continuation de l'activité de l'entreprise au cours de la procédure de vérification des créances et à l'occasion de la réalisation des biens du débiteur. Malgré la consistance de ces fonctions des contrôleurs, l'on ne peut s'empêcher de s'interroger sur la portée des avis à émettre par les contrôleurs représentant du personnel. Quoi qu'il en soit, la doctrine qualifie leur mission de contrôle d'assez vague[680]. Car, ils n'ont aucun pouvoir réel dans le traitement des difficultés de l'entreprise, leurs observations et propositions n'ayant aucune force juridique contraignante[681].

Par ailleurs, traditionnellement, en matière de licenciement pour motif économique, résultant d'une suppression ou transformation d'emploi ou d'une modification du contrat de travail, consécutive à des difficultés économiques, à des mutations technologiques ou à des restructurations internes[682], il est fait obligation à l'employeur de recueillir les avis et suggestions des délégués du personnel. Dans ce cas, l'employeur est tenu de leur communiquer, par écrit, la liste des travailleurs qu'il entend licencier, en précisant les critères de choix retenus[683].

---

[679] Au nombre d'un (01) à cinq (05) susceptibles d'être désignés par le juge-commissaire, à toute époque de la procédure de redressement judiciaire ou de liquidation des biens, parmi les créanciers non-salariés. Cf. article 48, alinéa 1, de l'AUPCAP.

[680] SAWADOGO (F. M.), « Commentaire et note sous l'Acte Uniforme portant organisation des procédures collectives d'apurement du passif », préc., p. 1223.

[681] Cf. YANPELDA (V.), préc., p. 35.

[682] Pour une étude sur les causes justificatives du licenciement pour motif économique, lire TRUSKOLASKI (M.), La légitimité du motif économique de licenciement, contribution à l'étude sur la cause justificative, thèse, Cergy-Pontoise, 2008.

[683] Cf. article 40 du Code du travail.

375-En matière de procédures collectives, l'exigence est la même. En effet, lorsque des licenciements pour motif économique présentent un caractère urgent et indispensable, et que le syndic a été autorisé à y procéder par le juge-commissaire, il est également tenu de recueillir les avis et suggestions des délégués du personnel. Pour cela, il est appelé à informer, par écrit, les délégués du personnel et le contrôleur représentant du personnel des mesures qu'il a l'intention de prendre en leur fournissant la liste des travailleurs dont il envisage le licenciement tout en précisant les critères qu'il a retenus. Si les étapes préalables sont ici semblables à celles du droit commun de licenciement, la procédure est essentiellement l'affaire du syndic et du juge-commissaire.

376-Que l'on soit dans le cadre d'une procédure collective ou non, les représentants du personnel saisis doivent faire parvenir leur réponse écrite dans un délai de huit jours francs maximum. Ces suggestions portent sur la réalité du motif du licenciement, les motifs qu'ils jugent appropriés, ainsi que sur l'ordre des licenciements établis par l'employeur[684]. Malheureusement, ces représentants du personnel n'ont aucun pouvoir de décision. Aussi, s'il est vrai que l'absence de cette consultation entraîne l'irrégularité du licenciement[685], il n'en demeure pas moins que l'avis des délégués n'est que facultatif et que leur silence vaut approbation.

377-Qu'il s'agisse du licenciement pour motif économique opéré par le chef d'entreprise ou le syndic, il semble que la consultation et l'information des délégués du personnel portent exclusivement, en réalité, sur le contrôle des agissements du chef d'entreprise[686]. Si leur rôle n'est que simplement participatif, le simple salarié n'a même pas droit de cité[687]. Les préoccupations actuelles et l'avenir commandent, de ce fait, l'institutionnalisation d'une dynamique nouvelle orientée principalement vers une réelle coopération des délégués du personnel avec les dirigeants d'entreprise. Cela suppose une renonciation aux domaines classiques de l'information et de la consultation, pour s'intéresser davantage à la marche de l'entreprise. Cette exigence

---

684 Cf. Code du travail camerounais Annoté, *op. cit.*, p. 191.

685 Cf. C.S, 16 avril 1998 ; T.G.I de Yaoundé, 7 avril 1992, Inédits.

686 Cf. POUGOUE (P.-G.), « Commentaire de la loi n° 92/007 du 14 août 1992 portant Code du travail », préc., p. 41. Avec les textes en vigueur, les Délégués du personnel sont plus enclins à vouloir en général contrôler qu'à coopérer.

687 Dans le même sens, cf. YANPELDA (V.), préc., p. 44.

nouvelle a poussé un auteur[688] à suggérer une information complète des représentants des salariés.

Dès lors, il serait souhaitable qu'un accent particulier soit mis sur l'amélioration du système d'information et de consultation, en perfectionnant l'information tournée vers le passé, et en instaurant une information prévisionnelle[689].

378-À dire vrai, le réaménagement des pouvoirs dans l'entreprise s'impose, quelle que soit l'ampleur de celui-ci. Le but est la participation des salariés aux résultats de l'entreprise, ainsi qu'aux décisions ou à la gestion[690]. Concrètement, il est question de transformer radicalement l'institution du délégué du personnel qui, de contrôleur des agissements du chef d'entreprise ou du syndic, devrait accéder au rang de décideurs avec ces derniers. Il s'agit là d'une préoccupation partagée depuis longtemps dans certains droits étrangers[691].

379-En l'état actuel du droit positif interne camerounais, par exemple, lorsque l'entreprise connaît des difficultés, les salariés ne sont bien souvent informés qu'au moment du dépôt de bilan, ou de la réalisation d'une opération de changement dans la situation juridique de l'employeur. Pourtant, on peut considérer que ces questions intéressent la marche de l'entreprise, et qu'une consultation ou information préalable des délégués du personnel devrait être opérée, ne serait-ce qu'en raison de l'incidence probable de ces décisions sur les conditions d'emploi et de travail du personnel.

Les pouvoirs des représentants du personnel d'une entreprise, et notamment lorsqu'elle connaît de sérieuses difficultés, sont ainsi très limités. Il n'est dès lors pas surprenant que l'on assiste à certaines tentatives ayant pour objet, en fait, d'accorder un rôle actif aux salariés. Mais leur effectivité est douteuse en pratique.

380-En fin de compte, l'on note que la défaillance d'une entreprise affecte plusieurs intérêts : ceux des débiteurs, propriétaires, et ceux

---

[688] Cf. POUGOUE (P.-G.), « Le petit séisme du 14 août 1992 », préc., p. 31.

[689] *Ibidem.*, p. 31.

[690] CATALA (N.), « L'entreprise : lutte pour le pouvoir ou participation ? » In *l'Entreprise, Connaissance Politique*, Dalloz, février 1983, p. 63, cité par POUGOUE (P.-G.), « Le petit séisme du 14 août 1992 », p. 31.

[691] Le professeur Paul-Gérard POUGOUE dans son article ci-dessus précité, donne d'assez riches renseignements de droit comparé, notamment aux pages 31 et 32.

des créanciers de l'entreprise. Parmi ces derniers, il y a les intérêts essentiels des salariés qui s'expriment non seulement en terme de salaire, mais surtout d'emploi.

Les procédures collectives affectent très directement les droits et intérêts des travailleurs de l'entreprise en difficulté. Or, nul doute du rôle qui est le leur dans le sauvetage de celle-ci, les salariés constituant une de ses composantes indissociables. Ils forment à côté de l'élément économique, l'élément humain, c'est-à-dire l'activité[692]. Et pourtant, le constat n'est pas satisfaisant lorsqu'on analyse les mesures mises en place par les procédures collectives OHADA en vue de la protection de l'unité sociale de l'entreprise en difficulté.

En effet, en raison du caractère alimentaire du salaire, les créances salariales bénéficient d'une double protection : une protection contre les effets de l'ouverture de la procédure collective et une protection lors de la répartition des deniers issus de la réalisation des actifs. Par contre, l'absence d'un droit d'alerte, ou d'un droit d'interpellation qui permettrait aux salariés d'avoir un rôle de prévention de l'aggravation des difficultés, à l'instar de celui accordé aux commissaires aux comptes et aux associés, fragilise leur participation à la recherche des moyens de sauvetage de l'entreprise en difficulté. Cette implication marginale des salariés au redressement de l'entreprise défaillante a fait dire à un auteur qu'ils semblent condamnés à demeurer « spectateurs » des procédures collectives[693].

---

[692] En ce sens, cf. YANPELDA (V.), article précité, p. 37.
[693] *Ibid.*, p. 47.

CONCLUSION DU TITRE I

381-Au terme de ce titre premier consacré à la permanence de l'entreprise en difficulté, on peut constater que le droit OHADA des procédures collectives s'attache essentiellement à la protection de l'unité économique. Cependant, les droits collectifs des salariés sont quasi inexistants, et demeurent limités à la garantie de paiement de leurs salaires.

382- Faute d'assurer un certain équilibre entre les droits du capital et les droits du travail au sein de l'entreprise en difficulté, l'antagonisme latent provoque, en période de crise, des conflits graves et souvent insolubles. Aujourd'hui, le sort de l'entreprise en difficulté ne peut être décidé en ignorant cette unité sociale qui en fait partie, au même titre que l'unité économique. Le législateur semble se préoccuper essentiellement du passé[694] en assurant le paiement des salaires et en négligeant l'avenir, c'est-à-dire le sort des contrats de travail, et plus généralement de cette entité sociale. Or les hommes aspirent à plus de considération, plus d'équité et d'autonomie qu'autrefois[695], et leur refuser ces droits fondamentaux risque de favoriser le développement des situations génératrices de graves difficultés[696].

383-L'objectif premier des techniques de sauvetage des entreprises en difficultés, qui tend à assurer leur permanence au travers de la crise qu'elles rencontrent, se trouve ainsi réalisé par la seule recherche de la pérennité de l'unité économique, en lui sacrifiant au besoin l'emploi des salariés qui ne sont plus utiles.

Il convient cependant de dépasser cette approche et de prendre conscience de l'impossibilité de dissocier cet objectif de celui de la protection d'intérêts plus larges que sont ceux des créanciers et de la nation tout entière.

---

694 Cf. supra, n° 282 et s.

695 Cf. BLOCH-LAINE (F.), « L'entreprise dans les mutations de l'économie. Position du problème », In Études P. AZARD, cité par HAEHL (J. Ph.), *op. cit.*, p. 289.

696 Cf. LYON-CAEN (G.), « La recherché des responsabilités dans les conflits du travail », *D.*, 1979, chr., p. 255.

TITRE II :

LA PROTECTION RELATIVE DES INTÉRÊTS DES CRÉANCIERS

384-Le sauvetage d'une entreprise en difficulté n'a de chance d'être réalisé qu'avec le concours de ses créanciers. Ces derniers représentent en réalité des intérêts individuels, même si certains d'entre eux comme le fisc ou la prévoyance sociale font valoir des droits de la collectivité.

Il convient cependant de faire porter cette étude sur les droits des créanciers entendus collectivement. Leur attitude, leur pouvoir et la mise en œuvre des prérogatives qu'ils détiennent du fait de leur qualité même influent directement sur le sort qui sera réservé à l'entreprise défaillante. Ces rapports entre l'entreprise et ses créanciers ne sont pas tout à fait identiques dès lors qu'une procédure collective est engagée[697]. Les techniques de sauvetage extrajudiciaires, qui essaient elles aussi de concilier les droits des créanciers avec l'objectif de la permanence de l'entreprise, ne peuvent être mises en œuvre efficacement que grâce à l'acceptation d'un véritable plan de sauvetage par la plupart des créanciers.

385-En ce qui concerne les entreprises publiques, par exemple, les conséquences économiques, sociales et politiques des difficultés de certaines d'entre elles favorisaient la multiplication des aides financières publiques sous forme de subvention[698]. On a assisté à un développement considérable des voies par lesquelles les fonds de la collectivité nationale furent dispersés afin d'opérer le sauvetage de certaines entreprises. L'intérêt général commande bien souvent, et notamment en période de crise économique et d'accroissement du chômage, une intervention directe des pouvoirs publics, qui agit en complément des sacrifices imposés aux créanciers et aux salariés.

Pour le cas des entreprises privées, leur mise immédiate en faillite ou en liquidation judiciaire, dès que l'état de cessation des paiements était constaté, traduisait jadis la volonté du législateur de privilégier les intérêts collectifs des créanciers[699].

386-De nos jours, les dispositions nouvelles de l'AUPCAP ne s'orientent plus dans cette direction. La priorité est, désormais, entre

---

697 On se souvient que les procédures collectives tentent en réalité de faire prévaloir le principe d'égalité des droits des créanciers sur celui du privilège du créancier premier saisissant.

698 Cf. MBENDANG EBONGUE (J.), thèse précitée, p. 219 et s. ; TEDGA (P. J. M.), *op. cit.*, p. 189 et s.

699 Cf. Supra, n° 161 et s.

autres, d'assurer la préservation des activités économiques et des niveaux d'emplois des entreprises en difficulté, le redressement des entreprises viables et le paiement substantiel des créanciers. Ce qui a fait dire à un auteur que le nouveau texte des procédures collectives de l'OHADA est comme porteur de l'espérance d'un jour nouveau qui se lève sur la prévention et le traitement des difficultés économiques des entreprises en Afrique[700].

387-Ce sauvetage de l'entreprise en difficulté nécessite d'énormes sacrifices de la part des créanciers, quel que soit leur titre. Pour les créanciers antérieurs, c'est-à-dire ceux dont les créances sont nées avant l'ouverture de la procédure, il s'agit de sacrifices négatifs qui concourent à la préservation du gage commun par l'uniformisation de leur condition juridique[701]. Par contre, pour les créanciers postérieurs, c'est-à-dire ceux dont les créances naissent après cette ouverture, il s'agit de sacrifices positifs qui concourent à la continuité de l'exploitation de l'entreprise en difficulté. Si les premiers, du fait de leurs sacrifices, voient leurs droits s'amenuiser (**chapitre I**), les seconds, en contrepartie de leur audace, bénéficient d'un renforcement de la protection de leurs intérêts (**chapitre II**).

---

[700] COSSI SOSSA (D.), « Avant-propos », in *Droit et Patrimoine*, n° 253, 8 décembre 2015, p. 1 et s.

[701] Dans le même sens, SAWADOGO (F. M.), « Effets de l'ouverture d'une procédure collective à l'égard des créanciers », préc., p. 729 et s ; KARFO (S. Th. S.), thèse précitée, p. 91 et s.

CHAPITRE I :

L'AMENUISEMENT DES INTÉRÊTS DES CRÉANCIERS ANTÉRIEURS

388-Dans le cadre d'une conception plus économique des techniques de sauvetage, le législateur OHADA a assigné aux procédures collectives des finalités plus complexes et diversifiées, mais complémentaires, tenant à la fois à la recherche de la survie de l'entreprise défaillante et à la satisfaction des créanciers dans la masse.

Or, le sauvetage de cette entreprise nécessite d'énormes efforts de la part de ces créanciers au risque pour eux de tout perdre en définitive. Pourtant, la protection des intérêts des créanciers constitue l'un des pôles de l'ensemble des techniques de sauvetage de l'entreprise en difficulté. Si elle connaît son efficacité la plus grande en dehors des procédures collectives, elle n'en demeure pas moins décisive dans la mise en œuvre de ces dernières[702].

389-Clairement, la recherche des moyens propres pour assurer la permanence de l'entreprise au travers de la grave crise qu'elle rencontre justifie l'affaiblissement considérable du rôle et des pouvoirs des créanciers des entreprises en difficulté, dû aux nécessités du sauvetage (**section I**). Pour autant, les créanciers ne sont pas totalement sacrifiés[703]. En effet, le droit des garanties laisse la possibilité à certains créanciers de se prémunir contre le risque d'une défaillance de leurs débiteurs (**section II**).

---

[702] Cf. CROCQ (P.), « Des créanciers et des contractants mieux protégés », in *Droit et Patrimoine*, n° 253, 8 décembre 2015, p. 20 et s.

[703] Bien qu'il soit fragilisé, le créancier ne perd pas toutes ses prérogatives avec l'ouverture des procédures collectives. Cf. GATSI (J.), « Le créancier privilégié dans les procédures collectives OHADA : un géant au pied d'argile ? », in *Lenemro, RTDE*, 2017-1, janvier/mars 2017, p. 52.

Section I- La limitation des pouvoirs des créanciers dans la masse

390-Comparable à l'état d'urgence, qui suspend l'application des lois habituelles[704], le droit des procédures collectives déroge au droit commun en altérant les droits des créanciers, les contrats et les sûretés.

En effet, contrairement aux créanciers des entreprises *in bonis* qui ont profité du renforcement de leurs garanties[705], ceux des entreprises en difficulté subissent plutôt un amenuisement considérable de leur situation. Ils sont de surcroît les acteurs sacrifiés de l'AUPCAP. À cet effet, ils subissent passivement la procédure : en perdant leur individualité, leurs poursuites sont arrêtées, de même que le cours des intérêts. Ils se voient imposer des reports d'échéance. C'est le tribunal qui décide en définitive. L'Acte uniforme ne laisse plus assez de prérogatives aux créanciers lors du vote du concordat, c'est-à-dire d'un plan de redressement de l'entreprise[706].

Le droit des procédures collectives de l'OHADA augmente ainsi sensiblement les pouvoirs des tribunaux (**paragraphe 2**), en restreignant dans les mêmes proportions ceux des créanciers (**paragraphe 1**).

Paragraphe 1- Le recul des droits des créanciers

391-La protection de l'intérêt des créanciers lorsque l'entreprise se trouve déjà en état de défaillance, mais dont la situation n'est pas totalement compromise, demeure extrêmement importante. Leur attitude est même décisive pour le sauvetage ou l'aggravation de la situation, et elle dépend du crédit dont dispose l'entreprise, ainsi que du degré de confiance qu'ils accordent à ses dirigeants.

C'est pourquoi le législateur uniforme africain des procédures collectives, conscient de la menace qu'ils représentent au sein des entreprises en difficulté, a décidé de porter atteinte à l'efficacité de leurs créances en restreignant quelque peu leurs prérogatives.

---

704 GUYON (Y.), « Le droit des contrats à l'épreuve du droit des procédures collectives », Mélange Jacques GHESTIN, LGDJ, 2001, p. 405.

705 Cf. Acte Uniforme portant Organisation des Sûretés, et ANOUKAHA (F.), *op. cit.*, n° 172.

706 Cf. Supra, n° 186 et s.

Cependant, cette atteinte est variable selon que l'entreprise en difficulté est déjà ou non en état de cessation des paiements. Là-bas, l'atteinte est réelle (**B**), alors qu'ici, elle est nuancée (**A**).

A- Un recul nuancé

392-Avant de contracter, les créanciers peuvent se faire consentir des sûretés, en particulier celles qui grèvent le patrimoine personnel du principal responsable de l'entreprise en difficulté[707]. La fréquence de leur nombre est attestée en pratique, notamment à l'occasion de l'obtention des crédits bancaires[708]. Ils ont surtout la possibilité d'accorder ou de refuser un report d'échéance, des délais de paiement ou un nouveau crédit[709]. Ils bénéficient aussi des mesures de protection, notamment en matière de location-gérance[710]. Enfin, à l'occasion d'une opération de fusion, ils ont un droit d'opposition[711].

Ces quelques exemples attestent du rôle important des créanciers lorsque l'entreprise se trouve en état de défaillance sérieuse, antérieurement au constat de cessation des paiements. Mais en réalité, leur liberté d'action connaît quelques limites.

393-En premier lieu, à l'occasion des négociations entre le débiteur et ses créanciers tendant à lui accorder des délais de paiement ou de nouveaux crédits, des parties en présence peuvent menacer d'avoir recours aux procédures collectives, soit grâce au dépôt du bilan opéré par le débiteur, soit par une assignation en redressement judiciaire ou en liquidation des biens de la part des créanciers. L'adhésion de ces derniers à un moratoire, tout comme les nouveaux sacrifices accordés par le débiteur ne sont pas vraiment libres : à des rapports strictement juridiques s'ajoute l'existence des rapports commerciaux préexistants qu'il est fréquemment indispensable de maintenir[712].

---

[707] Le renforcement des garanties des créanciers en général, de l'Acte Uniforme sur les Sûretés est de nature à encourager davantage cette pratique.

[708] Cf. KEOU TIANI (F.), « Les entreprises face aux banques dans le contexte actuel camerounais », préc., p. 72 et s. ; MAGUEU KAMDEM (J.-D.), mémoire précité, et CAPOEN (A.-L.), La responsabilité bancaire à l'égard des entreprises en difficulté, thèse, Toulouse, 2008.

[709] Cf. Supra, n° 42 et s.

[710] Cf. Supra, n° 120 et s.

[711] Cf. article 679, alinéa 2, de l'AUDSCGIE.

[712] Pour des raisons conduisant à cet indispensable maintien des relations entre l'entreprise en difficulté et ses créanciers et vice-versa, cf. supra, n° 273 et s.

394-En deuxième lieu, lorsque l'entreprise traverse des difficultés économiques avérées ou prévisibles, ou des difficultés financières ou économiques sérieuses, mais non irrémédiablement compromises, les procédures préventives de conciliation et de règlement préventif permettent d'éviter la cessation des paiements en demandant un accord de conciliation ou un concordat préventif[713].

L'ouverture de la procédure de conciliation, compte tenu de son caractère confidentiel, n'entraîne pas, en principe, suspension des poursuites. Toutefois, afin de paralyser toute éventuelle poursuite d'un créancier qui compromettrait toute chance de conclusion d'un accord, le président du tribunal peut ordonner, exceptionnellement, la suspension des poursuites engagées par un créancier[714].

Aussi, pour permettre au débiteur et aux créanciers de s'entendre sur le concordat préventif, et à l'expert et au syndic désignés d'examiner la situation de l'entreprise et de servir d'intermédiaire entre les parties, la juridiction compétente ordonne la suspension des poursuites individuelles[715]. Le concordat peut consister en des remises

---

[713] Cf. les articles 5 à 24 de l'AUPCAP.

[714] Clairement, l'article 5-7 de l'AUPCAP dispose que : « *Si le débiteur est mis en demeure ou poursuivi par un créancier appelé à la conciliation pendant la période de recherche de l'accord, telle que définie à l'article 5-3 ci-dessus, le président du tribunal peut, à la demande du débiteur, et après avis du conciliateur, reporter le paiement des sommes dues et ordonner la suspension des poursuites engagées par un créancier. Ces mesures prennent fin de plein droit lorsque la conciliation prend fin et, en tout état de cause, à l'expiration du délai prévu à l'article 5-3, alinéa 1er, ci-dessus...* ».

[715] Cf. article 9, alinéa 1, de l'AUPCAP. La suspension des poursuites est en général l'objectif immédiat recherché par le débiteur en difficulté à travers l'introduction de sa requête en règlement préventif. En sollicitant cette procédure, le débiteur connaissant de sérieuses difficultés de paiement, recherche un peu de temps ou un peu de répit face à ses créanciers pour pouvoir relancer son activité et reprendre normalement ses paiements. La période au cours de laquelle les poursuites sont suspendues se présente alors à lui comme une véritable bouffée d'oxygène. Si le recouvrement de certaines créances importantes est poursuivi, le projet du concordat préventif proposé risque d'être voué à l'échec. Mais n'étant pas encore en cessation des paiements, on comprend mal pourquoi les petits créanciers seront privés de leur droit de poursuite. En fait, le domaine de la suspension des poursuites a considérablement évolué en matière de règlement préventif. L'ancien AUPCAP ne limitait la suspension des poursuites individuelles des créanciers qu'aux seules créances désignées par le débiteur dans sa demande de règlement préventif. Avec la réforme de 2015, le domaine de la suspension des poursuites a été considérablement étendu. Elle vise désormais toutes les créances antérieures à la décision du Président de la juridiction compétente, sans que le débiteur n'ait à les désigner.

de dettes, ainsi qu'en toutes autres mesures de réorganisation juridique, financière ou technique de l'entreprise. Le tribunal peut aller plus loin en imposant un délai de deux ans aux créanciers récalcitrants[716]. Il en découle une pure manifestation de la réduction des interventions des créanciers. Toutefois, en ce qui concerne les créanciers de salaires et ceux d'aliments, ils ne peuvent consentir aucune remise ni se voir imposer un délai qu'ils n'ont pas consenti eux-mêmes[717].

395-En troisième lieu, enfin, malgré l'existence d'une procédure d'alerte destinée à se saisir rapidement des difficultés de l'entreprise, les créanciers n'auront pas toujours la possibilité d'avoir connaissance à temps de l'aggravation de la situation financière de leur débiteur[718] : ils risquent en contractant, de rejoindre le lot des victimes toutes désignées des procédures collectives que sont les créanciers chirographaires, à moins d'exiger des sûretés. L'intérêt des créanciers, tout comme celui du crédit en général, commande une meilleure diffusion des informations relatives à l'état réel de l'entreprise, en se fiant plus uniquement à une solvabilité apparente, parfois trompeuse[719].

396-Afin de mesurer leur concours à l'état réel de l'entreprise, et surtout pour se prémunir contre une dégradation future, un auteur suggère que la garantie conservée ou transférée dispose d'un

---

[716] En effet, aux termes de l'article 15, alinéas 4 et 5, de l'AUPCAP, « *Au cas où des créanciers auraient refusé de consentir des délais ou remises au débiteur, le président de la juridiction compétente fait ses bons offices entre ces créanciers et le débiteur. Il entend ces derniers sur les motifs de leur refus et provoque une négociation entre les parties en vue de leur permettre de parvenir à un accord.*

Si malgré les bons offices du président, les parties ne parviennent pas à trouver un accord et dans le cas où le concordat préventif comporte seulement une demande de délai n'excédant pas deux (02) ans, la juridiction compétente peut rendre ce délai opposable aux créanciers qui ont refusé tout délai et toute remise sauf si ce délai met en péril l'entreprise de ces créanciers ».

[717] Cf. article 15, alinéa 6, de l'AUPCAP et ISSA SAYEGH (J.), article précité, p. 5 et s.

[718] Seuls les commissaires aux comptes lorsqu'il en existe dans une entreprise et/ou les associés ont la possibilité de saisir des documents d'information sur la situation financière, économique et comptable. Ce n'est qu'à ces personnes seules que l'Acte Uniforme relatif aux Sociétés Commerciales a confié le droit d'alerte.

[719] On peut déplorer le fait que l'Acte Uniforme relatif au Droit des Sociétés Commerciales n'ait pas admis une consultation plus large des états financiers de synthèse et des rapports de gestion. L'article 140 prévoit seulement qu'ils sont adressés aux commissaires aux comptes et à l'assemblée générale de la société.

maximum de protection, dans l'hypothèse où le débiteur se trouve en état de difficultés sérieuses[720]. Les praticiens ont parfois recours à ce qui est convenu de nommer des sûretés négatives[721].

Il s'agit là d'une véritable immixtion dans la gestion du débiteur, qui n'est pas sans risque pour le créancier, et s'avère en plus inefficace dès lors que l'état de cessation des paiements est présent.

B- Un recul justifié

397-Dans la conception traditionnelle des procédures collectives, la protection des créanciers chirographaires est assurée grâce au principe fondamental de l'égalité[722]. C'est d'ailleurs cet objectif qui a été historiquement à l'origine de l'institution de ces procédures[723]. Cette égalité constitue un facteur de crédit fondamental.

L'Acte Uniforme OHADA sur les Procédures Collectives d'Apurement du Passif s'est fixé pour principal objectif la survie des entreprises qui ne sont pas irrémédiablement compromises. Le rôle et le pouvoir des créanciers demeurent cependant primordiaux puisqu'ils peuvent provoquer l'ouverture du redressement judiciaire ou la liquidation des Biens[724].

398-L'objectif de la survie de l'entreprise a conduit le législateur communautaire à réduire considérablement les droits et les pouvoirs des créanciers tant chirographaires que privilégiés. Ce besoin de survie justifie à notre sens la transformation de leurs pouvoirs au cours

---

[720] Cf. KALIEU (Y.), « Réflexions sur les nouveaux attributs du droit de la propriété : à propos de la propriété utilisée aux fins de garantie des crédits », *Annales de la Faculté des Sciences Juridiques et Politiques de l'Université de Dschang*, t1, vol. 1, 1997, p. 200 et s.

[721] Certaines d'entre elles obligent l'emprunteur à tout faire pour conserver sa valeur au droit de gage général des créanciers et notamment en ne prenant pas de charges nouvelles, en ne vendant pas certains biens ou en ne consentant pas de nouvelles sûretés ; à ces sûretés nouvelles génératrices d'un droit de véto, s'ajoutent aussi celles qui offrent au créancier un droit de regard sur la gestion du débiteur, en lui imposant ou bien de répondre aux questions posées sur l'état de son patrimoine et sa gestion, ou bien d'avertir le créancier lorsqu'il effectue une opération importante de gestion.

[722] Une faillite est considérée généralement comme un naufrage ; aussi le sort de tous doit être égal.

[723] Cf. HAEHL (J. Ph.), « Histoire des techniques d'exécution collectives en droit commerciales », Annales de la Faculté de Droit de Lyon, 1980, p. 11.

[724] Cf. articles 28 de l'Acte Uniforme sur les Procédures Collectives d'Apurement du Passif.

de l'application de la procédure de redressement judiciaire d'une entreprise en difficulté.

À ce titre, tous les créanciers, chirographaires ou titulaires de sûretés, subissent non seulement la suspension des poursuites individuelles[725] jusqu'à la résolution ou l'annulation du concordat si celui-ci est voté[726], mais aussi la déchéance du terme de leurs créances[727], ainsi que l'arrêt du cours des intérêts et de l'inscription des sûretés[728]. Pour éviter que les créanciers chirographaires n'aient pas la haute main sur le concordat, dont ils peuvent – en refusant de le voter – empêcher la réalisation, le législateur uniforme envisage la

---

[725] À propos, l'article 75 dispose clairement que : « *La décision d'ouverture du redressement judiciaire ou de la liquidation des biens interrompt ou interdit toute action en justice de la part de tous les créanciers composant la masse, qui tend :*
1° à la condamnation du débiteur au paiement d'une somme d'argent ;
2° à la résolution d'un contrat pour défaut de paiement d'une somme d'argent.

La décision d'ouverture arrête ou interdit également toute procédure d'exécution de la part de ces créanciers tant sur les meubles que sur les immeubles ainsi que toute procédure de distribution n'ayant pas produit un effet attributif avant la décision d'ouverture.

Les délais impartis aux créanciers à peine de déchéance, prescription ou résolution de leurs droits sont, en conséquence, suspendus pendant toute la durée de la suspension des poursuites elles-mêmes.

Les instances en cours sont interrompues jusqu'à ce que le créancier poursuivant ait produit sa créance. Elles sont alors reprises de plein droit, le syndic dûment appelé, mais tendent uniquement à la constatation des créances et à la fixation de leur montant.

Les actions en justice et les procédures d'exécution autres que celles visées ci-dessus ne peuvent plus être exercées ou poursuivies au cours de la procédure de redressement judiciaire ou de liquidation des biens qu'à l'encontre du débiteur, assisté du syndic en cas de redressement judiciaire ou représenté par le syndic en cas de liquidation des biens ».

[726] Cf. articles 18, alinéa 2, et 134, alinéa 4, de l'AUPCAP.

[727] D'après l'article 76 de l'AUPCAP, « *La décision d'ouverture ne rend exigibles les dettes non échues qu'en cas de liquidation des biens et à l'égard du débiteur seulement* ».

[728] À cet égard, l'article 77 de l'AUPCAP dispose que : « *La décision d'ouverture du redressement judiciaire ou de la liquidation des biens arrête, à l'égard de la masse seulement, le cours des intérêts légaux et conventionnels, de tous intérêts et majorations de retard de toutes les créances, qu'elles soient ou non garanties par une sûreté. Toutefois, s'agissant d'intérêts résultant de contrats de prêt conclus pour une durée égale ou supérieure à un (01) an ou de contrats assortis d'un paiement différé d'un (01) an ou plus, le cours des intérêts se poursuit durant la procédure de redressement judiciaire.*

Cette règle bénéficie également aux personnes physiques coobligées ou ayant consenti une sûreté personnelle ou ayant affecté ou cédé un bien en garantie ».

réduction considérable de leurs pouvoirs en accroissant en contrepartie ceux des juges.

399-La situation des créanciers titulaires de sûretés mérite à notre sens une attention particulière. Le commerce suppose le crédit. Dès lors, les prêteurs n'acceptent d'offrir leurs concours qu'à la condition de se voir reconnaître des garanties de remboursement[729]. Les procédures collectives nouvelles de sauvetage devraient laisser les sûretés produire leur plein effet. Seulement, une telle solution est difficilement acceptable pour deux raisons essentielles :

D'une part, les créanciers munis de sûretés risquent de profiter des difficultés de l'entreprise pour se faire payer immédiatement et en totalité au détriment des créanciers chirographaires. La procédure de sauvetage deviendrait dès lors inutile, puisque la plupart des biens du débiteur auraient été affectés par avance au paiement des créanciers déterminés et le surplus réparti selon un ordre de préférence fixé par le législateur[730]. D'autre part, l'exercice absolu des droits découlant des sûretés pourrait empêcher le sauvetage de l'entreprise. Aussi imagine-t-on difficilement qu'une entreprise puisse survivre face aux difficultés à rencontrer, par exemple, par un créancier nanti sur le fonds de commerce, pour pouvoir le faire vendre de sa propre initiative.

400-Pour autant, le sauvetage de l'entreprise est loin de leur être profitable. En réalité, la continuation de l'activité d'une entreprise est de nature à faciliter aisément le paiement des créanciers plus que ne le feraient de multiples procédures lourdes, coûteuses et parfois inutiles déclenchées naïvement par les créanciers. Tous les partenaires de l'entreprise en difficulté auraient donc intérêt à son sauvetage.

C'est pourquoi le législateur communautaire n'a pas hésité à réduire les droits des uns et des autres, y compris ceux des créanciers munis de sûretés[731]. De manière générale, tous les créanciers sont

---

[729] Cf. GUYON (Y.), Droit des affaires, tome 2, *op. cit.*, n° 1341 ; DELEBECQUE (P.) : « Les sûretés dans les nouvelles procédures collectives », *JCP*, 1986, éd. N., p. 189, VASSEUR (M.), « Le crédit menacé : Brèves réflexions sur la nouvelle législation relative aux entreprises en difficulté », *JCP*, 1985, I, 3201.

[730] Cf. les articles 147 et s. de l'Acte Uniforme portant organisation des sûretés.

[731] En ce qui concerne la réduction des droits des autres partenaires que sont les salariés, Cf. supra, n° 26 et s.

désormais les mal-aimés de la procédure[732]. Évidemment, on pourrait se demander si cela valait vraiment la chandelle. En effet, si la protection de l'unité économique semble justifiée, il serait quelque peu anormal de sacrifier aussi durement les intérêts des créanciers. Un compromis devrait être nécessaire. Toutefois, il nous semble que, pour assurer la protection de l'unité économique, le législateur communautaire est allé un peu trop loin.

Concrètement, une atteinte sérieuse à l'efficacité des sûretés et de la valeur économique des créances est consacrée ici. En égalisant la situation de tous les créanciers de l'entreprise en difficulté, le législateur africain a peut-être oublié que lorsque les sûretés sont traquées, le crédit est détraqué[733]. Car comme le déclare un auteur, « *à trop vouloir préserver l'entreprise au détriment des créanciers on risque de décourager le crédit en général* »[734].

401-Par ailleurs, force est de constater que la suspension des poursuites individuelles porte un coup dur à la force obligatoire du contrat[735]. Incontestablement, la prééminence de l'intérêt de l'unité économique sur celui des créanciers ne peut que conduire à amplifier le dirigisme judiciaire et renforcer véritablement la mission de magistrature économique des tribunaux.

Paragraphe 2- L'omnipotence des tribunaux

402-Malgré la contractualisation fortement affirmée dans les différentes procédures collectives, l'omniprésence[736] et l'omnipotence judiciaires restent assez remarquables en droit OHADA. L'AUPCAP a fait du tribunal le grand maître de la procédure de sauvetage des entreprises[737]. La réforme intervenue engendre une véritable mutation

---

[732] Cf. ANCEL (P.) : « Nouvelles sûretés pour créanciers échaudés », cité par GUYON (Y.), *op. cit.*, n° 1341.

[733] Cf. Martin (L) : « Sûretés traquées, crédit détraqué », *Revue Banque*, 1975, 1133.

[734] GATSI (J.), préc., p. 53.

[735] En ce sens, lire MODI KOKO BEBEY (H. D.), « La force obligatoire du contrat à l'épreuve du droit des procédures collectives », in ANOUKAHA (F.) et OLINGA (A. D.), *L'obligation*, études offertes au Professeur Paul-Gérard POUGOUE, Harmattan, Cameroun, 2015, p. 496 et s.

[736] Sur le caractère pesant de l'omniprésence judiciaire, cf. TOH (A.), thèse précitée, p. 416 et s.

[737] Ce dirigisme judiciaire était peu observé sous la législation ancienne en vigueur au Cameroun. Aussi, dans le cadre de la liquidation judiciaire qui servait de procédure judiciaire de sauvetage, le tribunal avait pour unique mission

juridique et judiciaire[738] qui contraste avec l'esprit libéral américain qui se singularise par une quasi-absence d'intervention d'un juge ou d'un organe judiciaire quelconque[739].

403-Le tribunal saisi d'une procédure de conciliation, de règlement préventif ou de redressement judiciaire n'aura pas seulement, comme par le passé, à homologuer automatiquement l'accord ou le concordat lorsque les conditions de moralité exigées sont réunies. L'Acte uniforme OHADA portant organisation des procédures collectives lui confère plus de pouvoirs. Le tribunal joue un rôle actif et décisif, aussi bien dans les procédures de prévention (**A**) que dans les procédures de traitement (**B**) des difficultés de l'entreprise.

A- Dans les procédures préventives

404-S'il est vrai que la procédure de conciliation est une technique volontaire et avantageuse, il n'en demeure pas moins que l'accord qui en résulte est fortement encadré[740]. Cet encadrement essentiellement judiciaire de la procédure amiable se manifeste par des acteurs que sont le président du tribunal et le conciliateur nommé par celui-là lors de l'ouverture de la conciliation.

Si la mission du conciliateur se limite à favoriser la recherche de l'accord, le président de la juridiction compétente, juge de la prévention amiable, n'est plus seulement le juge de la détection des difficultés, mais bien plus un juge qui, selon la volonté des parties à l'accord, intervient soit pour constater l'accord soit pour l'homologuer. De même, il est seul compétent pour connaître de toute inexécution de l'accord et pour en prononcer la résolution. Aussi, c'est lui qui a la faculté d'ordonner de manière exceptionnelle la suspension des poursuites des créanciers, afin de préserver la confidentialité de la procédure.

---

d'homologuer le concordat sans aucune possibilité de remettre en cause une décision prise par un créancier. Il ne pouvait qu'approuver le vote du concordat qui lui était soumis, ou le rejeter si les conditions de moralité exigées par la loi n'étaient pas remplies.

[738] Cf. ORTH, « Le rôle du juge dans la nouvelle législation des entreprises en difficulté », *Rev. Jurisp. Com.*, 1987, 91 ; BORR, « Le rôle du juge dans la nouvelle procédure ». Rapport au Colloque de Nice, février 1986, *RTDCiv* ; 1986, n° spécial, 12, t.2, p. 245 et s.

[739] En effet, en droit américain, le juge des faillites n'intervient que de manière exceptionnelle et a posteriori. Cf. TOH (A.), thèse précitée, p. 418.

[740] Dans le même sens, cf. TOH (A.), thèse précitée, p. 416.

405-Outre la procédure préventive amiable, l'encadrement judiciaire est, également, très poussé dans la procédure de règlement préventif[741]. Ici, l'omniprésence judiciaire est la règle et la liberté contractuelle l'exception[742]. À l'ouverture de la procédure, il revient au tribunal compétent de contrôler la recevabilité de la procédure de règlement préventif. Pendant le cours de la procédure, c'est lui qui ordonne les suspensions des poursuites individuelles, pour permettre au débiteur et aux créanciers de s'entendre sur un concordat préventif. Il statue par la suite sur son homologation. Les créanciers n'ont aucun droit de s'y opposer.

D'ailleurs, l'Acte uniforme donne le pouvoir au tribunal d'imposer un délai de deux ans pour tous les créanciers récalcitrants, à l'exception des demandeurs de créances salariales, où ce délai ne saurait excéder un an[743]. Tel est aussi le cas en cas de redressement judiciaire[744].

B- Dans les procédures de traitement

406-Le rôle du tribunal lors du jugement d'ouverture est indispensable dans les procédures de redressement judiciaire et de liquidation des biens. Il est aidé dans sa tâche par des mandataires judiciaires (syndic et expert) et les contrôleurs, spécialement nommés à cet effet.

Lorsqu'il est saisi dans le cadre d'une procédure de redressement judiciaire consécutive à une cessation de paiements, le législateur uniforme donne également au tribunal le droit de suspendre les poursuites de tous les créanciers chirographaires et titulaires de sûretés, jusqu'à l'homologation du concordat. L'objectif étant aussi ici le redressement de l'entreprise qu'il faut préserver comme unité économique et sociale, la résolution du concordat de redressement n'est plus automatiquement prononcée en cas de défaut d'exécution[745]. Et lorsqu'elle intervient, elle entraîne plus mécaniquement l'ouverture d'une liquidation des biens[746].

---

[741] Cf. BALEMAKEN (E. L. R.), thèse précitée, p. 36 et s. qui qualifie cette intervention de très intense.

[742] Dans le même sens, lire TOH (A.), thèse précitée, p. 418.

[743] Cf. les articles 8 à 17 de l'AUPCAP.

[744] Cf. article 134 de l'AUPCAP.

[745] En effet, dans ce cas, la juridiction compétente apprécie, après avis du ministère public et des contrôleurs, si les manquements soulevés sont suffisamment graves

407-Le tribunal voit ainsi ses pouvoirs augmentés considérablement. Il apparaît comme le maître des solutions qu'il prend. Si la décision de suspension des poursuites n'est susceptible d'aucun recours, celle d'homologation du concordat ne peut faire l'objet que d'appel. Mais d'un autre côté, l'AUPCAP lui impose certaines règles qu'il ne saurait enfreindre, comme l'interdiction de toute remise de dette qui ne serait pas voulue ou acceptée par les créanciers, ou ne résulterait pas des dispositions légales[747].

Il n'empêche que le rôle du tribunal sera essentiel. Il sera orienté vers l'avenir, et non plus vers le passé. S'il s'inspire des idées qui ont présidé à l'élaboration de l'AUPCAP[748], il doit s'efforcer de sauver les entreprises viables au détriment des créanciers, et même en sacrifiant certains emplois pour en sauver d'autres.

408-Cette extension des pouvoirs du tribunal dans l'Acte uniforme s'accompagne de celle des fonctions du juge-commissaire, qui est devenu le pivot, le chef d'orchestre de la nouvelle procédure, spécialement de la procédure de redressement judiciaire. Cependant, les magistrats chargés des fonctions de juge-commissaire devront être largement disponibles et particulièrement qualifiés.

De manière plus générale, l'augmentation des pouvoirs du tribunal implique son indépendance totale au regard de toutes les autorités. De plus, leurs décisions devront être rendues non seulement dans des délais raisonnables[749], mais aussi dans le strict respect des règles essentielles du droit judiciaire privé, notamment de la règle du contradictoire et de l'obligation de motiver[750], car si le tribunal exerce des pouvoirs d'administration économique et sociale, il le fait en forme d'un acte juridictionnel[751].

---

pour compromettre définitivement l'exécution du concordat et, dans le cas contraire, elle peut accorder des délais de paiement qui ne sauraient excéder de plus de six (06) mois ceux déjà consentis par les créanciers.

[746] Cf. les articles 139 et 141 de l'AUPCAP.

[747] Cf. article 127 dernier 2, de l'AUPCAP.

[748] Contrairement à ce qui se passait auparavant, où il n'appartenait pas aux juges de sauver les entreprises en difficulté, leur rôle étant de veiller à ce que les procédures collectives se déroulent dans le cadre de la loi.

[749] Voir pour le juge-commissaire, l'article 40 alinéa 1 et 2 de l'AUPCAP.

[750] Cf. PERROT (R.), Droit judiciaire privé, Fasc. 1, les Cours de Droit, p. 293 et s.

[751] Cf. DERRIDA (F.) GODE (P.) et SORTAIS (J.P.), *op. cit.*, p. 18.

409-Mais, si étendus que soient les pouvoirs des tribunaux, leur efficacité reste discutable. En effet, l'Acte uniforme reconnaît des pouvoirs importants aux tribunaux, aussi bien en cas de redressement judiciaire que de liquidation des biens, c'est-à-dire lorsque l'entreprise est déjà en état de cessation des paiements.

Aussi il n'est pas certain que le climat de suspicion qu'engendre généralement cette situation facilitera les choses, comme l'aurait souhaité le législateur uniforme. Dès lors, il est surtout à craindre que les juges puissent se trouver confrontés à des créanciers intelligents, ayant auparavant pris la peine de protéger davantage leurs droits, soit par le transfert de risques à des tiers, soit par le réaménagement des contrats conclus avec l'entreprise en difficulté.

Section II- La résistance possible de certains créanciers dans la masse

410-Le droit des procédures collectives OHADA consiste en grande partie à transformer les règles applicables dans le cadre du vote de l'homologation de concordat judiciaire. Les créanciers privilégiés, tout comme les créanciers chirographaires, n'ont plus qu'un pouvoir consultatif en ce domaine ou ne sont même plus consultés du tout en fonction des circonstances[752]. On assure ainsi une égalité totale entre eux, tout en réduisant considérablement les prérogatives essentielles des créanciers bénéficiant de privilèges[753].

Dès lors, les créanciers recherchent les voies et moyens pour ne pas subir la dure loi qu'impose l'ouverture des procédures collectives d'apurement du passif. Le législateur uniforme africain leur donne la possibilité de contourner l'amenuisement de leurs pouvoirs. Aussi, leur est-il possible de recourir aux techniques de transfert de tout ou partie des risques à la charge des tiers (**Paragraphe 1**), ou d'aménager les différents contrats conclus, dans la perspective de conserver encore un droit sur la valeur de la chose (**Paragraphe 2**).

[752] Cf. Supra, n° 294 et s.

[753] Ils ne pourront réaliser leurs sûretés qu'en cas de résolution ou d'annulation du concordat.

Paragraphe 1- La résistance par transfert des risques à la charge des tiers

411-L'inefficacité croissante des procédures de concours pour assurer le paiement des créanciers, bénéficiant ou non de privilèges, tout comme la réduction considérable envisagée[754] des prérogatives essentielles accordées naguère à ces derniers, conduisent les créanciers, lorsque cela leur est possible, à transférer leurs risques.

En effet, la quête permanente d'un moyen efficace contre la défaillance de paiement et toutes ses conséquences pour les créanciers, et l'intervention du législateur à l'avantage du débiteur à travers les procédures collectives, ont suscité l'apparition et le développement de techniques d'externalisation de traitement de l'impayé[755]. Cette externalisation du traitement des difficultés des entreprises s'opère à travers les mécanismes de l'assurance-crédit (**A**) ou de l'affacturage (**B**).

A- L'assurance-crédit utilisée à titre de garantie contre l'insolvabilité future du débiteur

412-L'assurance-crédit est une assurance souscrite par un créancier pour couvrir le risque d'insolvabilité de son débiteur ou une opération par laquelle un créancier souscrit une assurance contre les risques découlant de l'octroi de crédit. Il s'agit d'« *un système d'assurance, qui permet à des créanciers, moyennant le paiement d'une prime, de se couvrir sur le non-paiement des créances dues par des personnes préalablement identifiées et en état de défaillance de paiement* »[756]. D'une manière simple, c'est une assurance garantissant un créancier contre la perte nette définitive résultat de l'insolvabilité du débiteur[757]. Très pratiquée dans le financement du commerce international, son importance est grande pour la garantie des crédits internes[758].

413-On distingue trois catégories d'assurance-crédit. La première, plus ancienne, est l'assurance aval, encore appelée assurance paiement à l'échéance, selon laquelle l'assureur s'engage envers un créancier,

---

754 Cf. les articles 75 à 77 de l'AUPCAP.

755 Cf. BOUABIDI (Z.), Le contentieux de l'impayé : approche comparative entre la France et le Maroc, thèse, Toulon et Var, 2013, p. 14.

756 Cf. BASTIN (J.), L'assurance-crédit dans le monde contemporain, éd. Jupiter, 1978, p. 50 ; cité par BOUABIDI (Z.), thèse précitée, p. 239.

757 Cf. CORNU (G.) (sous la direction de), Vocabulaire juridique, 10e éd., PUF, 2014, v. Assurance.

758 Cf. CHAHOUD (J.), L'assurance-crédit interne, thèse, Montpellier I, 2010.

moyennant paiement d'une prime, à payer immédiatement au titulaire de cette créance son montant si le débiteur ne règle pas à l'échéance[759]. L'assurance aval est dépassée et n'est plus utilisée de nos jours. La deuxième, l'assurance-caution ou assurance-cautionnement, se présente comme une modalité d'assurance par laquelle un débiteur ne pouvant fournir une caution à son créancier, lui substitue une assurance-caution en garantie de ses propres engagements[760]. La troisième, considérée comme « *la branche mère de l'assurance-crédit* »[761], est l'assurance- crédit insolvabilité. Elle permet de garantir le créancier contre l'insolvabilité, constatée judiciairement ou par l'expiration d'un délai de carence du débiteur[762].

414-Cette dernière catégorie d'assurance-crédit est la formule la plus utilisée non seulement comme technique ou stratégie de prévention de la cessation des paiements[763], mais surtout comme garantie contre l'insolvabilité future du débiteur. L'assurance-crédit est définie comme un mécanisme ayant pour objet de garantir l'assuré contre les risques de défaillance de son client par suite d'insolvabilité[764]. L'assureur-crédit n'est nullement un créancier du débiteur soumis à la procédure collective. Il est l'assureur d'un fournisseur du débiteur, fournisseur qui a souscrit l'assurance-crédit afin précisément de couvrir le risque de procédure collective de ses clients.

L'ouverture de cette procédure constitue un des faits générateurs du risque d'impayés qu'il a accepté de supporter[765]. Ainsi, elle permet à une banque ou à un vendeur à crédit de se garantir contre le risque d'insolvabilité future de son débiteur[766], à moins que ce dernier ne souscrive personnellement une assurance pour le compte de son

---

[759] Cf. TOH (A.), thèse précitée, p. 129.
[760] *Ibid.*
[761] FONTAINE (M.), Essai sur la nature juridique de l'assurance-crédit, thèse, Bruxelles, 1966, n° 9, p.3 citée par TOH (A.), thèse précitée, p. 129.
[762] *Ibid.*
[763] *Ibid.*
[764] Lamy Assurances, n° 1686 et s.
[765] Cf. BALEMAKEN (E. L. R.), thèse précitée, p. 249.
[766] Il existe aussi une assurance-aval, ou dite « en paiement à l'échéance », qui permet de faire couvrir par l'assureur le risque de trésorerie du créancier, dès lors qu'une créance est mobilisée par la création d'un effet de commerce. Une étude de terrain nous a permis de constater qu'une banque camerounaise par exemple, n'offre de crédit à un client si ce dernier n'a pas au préalable souscrit une police d'assurance pour garantir les risques d'une éventuelle insolvabilité.

créancier, afin de couvrir sa propre défaillance[767]. Elle est en général pratiquée par les compagnies d'assurances spécialisées[768], et permet de garantir les banques ou les fournisseurs contre le risque de non-paiement à l'échéance par le débiteur[769].

415-Cependant, l'assureur doit agréer les crédits garantis, ou bien tacitement dans la limite d'un découvert fixé au contrat, ou bien par client dénommé, ce qui permet de repousser les créances les plus dangereuses. Il ne garantit les dommages qu'en cas de perte définitive causée par l'insolvabilité du débiteur, sous réserve d'une franchise ou d'un plafond annuel de garantie, et en laissant en général à la charge de l'assuré une priorité de pertes, afin de l'inciter à la prudence dans le choix de ses cocontractants. Le règlement du sinistre n'intervient qu'avec retard, puisqu'il faut un cas d'insolvabilité qui en ce domaine se trouve constatée, selon les polices, lors de l'homologation du concordat ou lors du prononcé de la liquidation des biens[770]. La prime en général est calculée sur le chiffre d'affaires de l'année, puisque le créancier doit s'engager à appliquer à l'assurance l'ensemble de ses opérations[771].

416-Le recours à l'assurance-crédit ne permet donc pas au créancier de se prémunir intégralement contre tous les risques. Elle lui permet d'externaliser une partie importante de ses créances, « *plutôt que d'encourir les risques d'insolvabilité de son débiteur et de s'aventurer dans une action judiciaire en recouvrement dont elle ignore l'issue, pour finalement se trouver reléguée à un rang moins privilégié que d'autres créanciers dans le cadre d'une procédure collective ou d'une quelconque procédure d'exécution, du seul fait que sa créance ne soit pas assortie d'une sureté ou que le législateur*

---

767 Le débiteur peut aussi recourir à l'assurance cautionnement pour en garantir la bonne exécution ou encore de l'assurance responsabilité des mandataires sociaux. Cf. AGBENOTO (K. M.), Le cautionnement à l'épreuve des procédures collectives, thèse, Maine et Lomé, 2008.

768 L'article 51 de l'ordonnance n° 85/002 du 31 août 1985 relative à l'exercice de l'activité des établissements de crédit exclut, les principes d'assurances spécialisées, au statut professionnel d'établissement de crédit. Comme firmes d'assurances, ces entreprises sont soumises aux formalités de création et de contrôle prévues par le Décret n 90/1472 du 9 novembre 1970.

769 Cf. NYAMA (J. M.), « Commentaire du Décret n° 90/1469 du 9 novembre 1990 portant définition des établissements de crédit », *Juridis-Info*, n° 6, p. 25.

770 Ibidem.

771 Cf. NYAMA (J. M.), thèse précitée, p. 273.

ait prévu la primauté d'une autre créance, ou encore en raison d'une loi à caractère social qui va à l'encontre de ses intérêts »[772]. Car l'assureur joue un rôle de conseil et de contrôle dans sa sélection des clients[773], d'une manière assez voisine de celui que l'on rencontre dans le cas de l'affacturage.

B- L'affacturage utilisé à titre de règlement des créances

417-L'opération de factoring ou l'affacturage[774], consiste en un transfert de créances commerciales de leur titulaire à un factor qui se charge d'en opérer le recouvrement et qui en garantit la bonne fin, même en cas de défaillance momentanée ou permanente du débiteur[775].

L'affacturage est, en réalité, une « *opération par laquelle, l'adhérent transfère par une convention écrite, avec effet subrogatoire, ses créances à l'affactureur, qui, moyennant rémunération, lui règle par avance tout ou partie du montant des créances transférées, tout en supportant ou non, selon la convention des parties, les risques d'insolvabilité éventuelle sur les créances cédées* »[776]. Plus concrètement, l'affacturage ou factoring est l'achat ferme et définitif par le factor des créances commerciales à court terme que détient une entreprise sur ses clients[777]. Moyennant

---

772 BOUABIDI (Z.), thèse précitée, p. 236.

773 Les assurances comme les banques, tiennent à jour des « listes noires » de mauvais payeurs.

774 L'affacturage ou factoring est un contrat innomé, né de la pratique anglaise et introduit dans les années 1960 en France. Pour amples précisions sur l'historique de la mise en application de cette technique de garantie de risque final de l'encaissement, y compris le risque monétaire et politique dans le commerce international, Cf. RIVES-LANGE (J.L.) et CONTAMINE-RAYNAUD (M.), *op. cit.*, n° 481 et s. Egalement, CHAHOUD (J.), thèse précitée, p. 61 ; BOUABIDI (Z.), thèse précitée, p. 216 et s.

775 Définition donnée par la Banque de France dans sa note d'information n° 21 d'octobre 1973, citée par CHAHOUD (J.), thèse précitée, p. 61.

776 Article 2 de la loi n° 2014/006 du 23 avril 2014 régissant l'activité d'affacturage au Cameroun.

777 Il s'agit d'une opération ou technique de gestion financière par laquelle, dans le cadre d'une convention, un organisme spécialisé gère les comptes-clients d'entreprises, en acquérant leurs créances, en assurant leur recouvrement pour son propre compte et en supportant les pertes éventuelles sur des débiteurs insolvables. Cf. CHAHOUD (J.), thèse précitée, p. 62.

paiement d'une commission, le factor se charge du recouvrement des créances qu'il a achetées à ses risques et périls[778].

418-Prosaïquement, l'affacturage, en ayant recours à la technique de la subrogation conventionnelle, par laquelle le créancier transfert ses créances, permet de faire peser sur le factor le risque de non-paiement à l'échéance par le débiteur. À la différence de l'assurance-crédit, le règlement s'effectue dès le transfert de la créance en général par l'intermédiaire d'un compte-courant, et il porte sur l'intégralité de son montant, déduction faite de la commission[779]. En conséquence, pour faire face au risque de non recouvrement, le factor se couvre généralement par la souscription d'une police d'assurance[780].

419-Comme pour l'assurance-crédit, le créancier s'engage dans l'affacturage à subroger toutes ses créances, mais avec souvent une clause de sélection, et il bénéficie des services d'information du factor sur ses clients, ainsi que de conseils de gestion. Cette méthode entraîne l'élaboration de nouvelles techniques de gestion et se trouve favorisée par la création d'un nouveau code de cession simplifiée des créances au profit des établissements de crédit par bordereau appelé « cession DAILLY », issu de l'ordonnance française de 1985[781].

Le factoring offre ainsi de multiples avantages aux créanciers munis ou non de sûretés en cas de procédure collective au débiteur. Il se présente d'ailleurs comme moyen de financement simple et sécurisé[782]. À cet effet, il permet non seulement un règlement rapide des créances sur les entreprises en difficulté, mais surtout il procure une garantie de risque final de l'encaissement, y compris le risque

---

778 Cf. NYAMA (J. M.), « Commentaire sur le Décret n° 90/1469 du 9 novembre 1990 », préc., p. 25.

779 Pour une étude sur la distinction entre l'affacturage et l'assurance-crédit, lire CHAHOUD (J.), thèse précitée, p. 66 et s.

780 *Ibidem*.

781 Cf. KALIEU (Y.), « Réflexions sur les nouveaux attributs du droit de la propriété : à propos de la propriété utilisée aux fins de garantie des crédits », article précité, p. 196. Ainsi par le jeu d'un bordereau, un établissement de crédit peut se faire céder en propriété ou en nantissement les créances professionnelles dont les clients sont titulaires. Cette méthode de transmission des créances a été introduite en France par une loi de 1981 et au Cameroun par les articles 23 et 24 de l'ordonnance du 31 Août 1985 relative à l'exercice de l'activité des établissements de crédit, reprenant ainsi à peu de choses près les dispositions du texte français.

782 Cf. MAGUEU KAMDEM (J.-D.), thèse précitée, p. 305 et s.

monétaire et politique dans le commerce international[783]. L'utilisation à bon escient permet de se couvrir contre l'insolvabilité du débiteur.

420-Mais plus que le transfert de risques, c'est l'aménagement des contrats au moyen d'une clause de réserve de propriété, ou bien encore par le recours à la technique de location-vente qui connaît, en pratique, une utilisation plus courante.

Paragraphe 2- La résistance par le réaménagement des contrats

421-Face à un débiteur *in bonis*, les contrats constituent la loi des parties. En cas de difficulté, l'équation devient plus complexe[784]. Parce que « *par nature, les procédures collectives ont vocation à méconnaître la force obligatoire du contrat, les droits de la plupart des créanciers se trouvant nécessairement affectés* »[785]. Pour éviter les inconvénients des procédures collectives, le créancier peut tenter de faire échec à toutes les entraves qui naissent contre le débiteur, en conservant un droit sur la valeur de la chose, source créatrice du lien de droit. Car la propriété utilisée comme garantie de créance est reconnue par le droit des entreprises en difficulté.

422-Clairement, à mesure que le législateur cherche à sacrifier, au nom du sauvetage de l'entreprise, les intérêts des créanciers et à protéger les débiteurs, se créent parallèlement des lois et des mécanismes permettant aux créanciers de résister efficacement à l'ouverture d'une procédure collective[786]. Ainsi, il est offert au créancier, sur la base d'une convention passée avec le débiteur, la faculté de garder la propriété du bien pour garantir le paiement de sa créance, et la conserver tant qu'il n'a pas encore été intégralement payé (**A**). Mais pareil droit de rétention sur la valeur de la chose qui constitue la source du lien d'obligation est loin de conférer à ce dernier toutes les créances traditionnelles du propriétaire (**B**).

---

[783] Cf. NYAMA (J. M.), Commentaire précité, p. 25.
[784] BENHAMOU-GABRIEL (A.), thèse précitée, p. 8.
[785] LUCAS (F.X.), « Les difficultés des LBO sont-elles solubles dans la sauvegarde ? », *BJS.*, 2010, n° 3, p. 211.
[786] Sur l'histoire de l'admission de l'efficacité des mécanismes de garantie fondés sur la propriété, lire OYONO (M.), La protection des sûretés réelles exclusives dans les procédures collectives en droit comparé Franco-OHADA, thèse, Montpellier, septembre 2016, p. 24 et s.

A- Le droit de propriété confisqué à titre de sûreté

423-La restriction considérable des pouvoirs des créanciers, munis ou non de sûretés au cours de la mise en œuvre des procédures collectives OHADA, conduit inéluctablement les praticiens et la doctrine à rechercher de nouvelles sûretés pour les créanciers. S'offrent à eux, les financements structurés dont l'un des grands principes est d'isoler le financement (et surtout l'objet financé) des effets de la faillite de l'entreprise ayant recours à un tel financement[787].

À cet égard, un auteur[788] analysait l'utilisation de la propriété comme sûreté, c'est-à-dire comme un moyen de garantie de crédits, qui permet une meilleure protection des droits du propriétaire, du vendeur des objets mobiliers, qui ne s'en est pas encore dessaisi. Dès lors, le législateur uniforme africain de 2010, réformant le droit des sûretés, tout en renforçant l'efficacité du droit de rétention, a consacré les propriétés-sûretés. De nos jours, la propriété d'un bien peut non seulement être cédée à titre de garantie, mais aussi être retenue en garantie d'une obligation[789].

Ainsi, il est désormais possible de faire échec non seulement à la faiblesse et à l'insuffisance des sûretés traditionnelles, mais surtout de procéder à un réaménagement du sort de celles-ci en cas de procédures collectives du débiteur[790]. Les techniques traditionnelles susceptibles d'être utilisées, ou les outils classiques des financements structurés, ou plus simplement les propriétés-sûretés recommandées, sont le crédit-bail, la clause de réserve de propriété ou le droit de rétention.

424-Le créancier peut d'abord recourir au crédit-bail[791], utilisé pour les investissements en matériel d'équipement et outillage, ainsi que

---

[787] TOURAINE (H.), « Finance structurée : définition, objectifs et éléments caractéristiques », *RTDF*, 2006, n° 3, p. 131 et s.

[788] Cf. KALIEU (Y.), Droit et pratique des sûretés réelles OHADA, collection droit uniforme, PUA, 2010, p. 193 et s.

[789] Cf. articles 71 à 91 de l'AUS.

[790] Il s'agit d'après cet auteur de donner au droit de propriété une autre acception ou d'autres attributs que ceux auxquels avait pensé le législateur de 1804. Dans ce même sens, cf. ANOUKAHA (F.), op. cit.. , n° 175 à 178

[791]Cf. KALIEU ELONGO (Y.), Droit et pratiques des sûretés réelles OHADA, *op. cit.*, p. 199 et s. ; Cf. NYAMA (J. M.), « Commentaire du Décret n° 90/1469 du 9 novembre 1990 », précité, p. 26 ; BEY (M.), « Le crédit-bail considéré comme une

pour les immeubles à usage professionnel. Le crédit-bail, encore appelé leasing, est une opération de crédit à moyen ou long terme qui permet à une personne appelée crédit-bailleur d'acquérir des biens qu'elle loue à un locataire appelé crédit-preneur avec possibilité pour ce dernier d'acquérir la propriété du bien à la fin de la période de location[792].

Il s'agit d'une opération par laquelle un industriel qui désire disposer des équipements, ou de l'immobilier pour son entreprise sans vouloir les acheter avec ses fonds propres ou tout de suite, choisit ceux-ci, et demande à une société de crédit-bail, de les acheter pour les lui donner en location[793]. En fait, le crédit-bail peut être mobilier ou immobilier. Il est mobilier lorsqu'il porte sur des biens constitués par les équipements du matériel et/ou de l'outillage nécessaires à l'activité du crédit-preneur. Par contre, il est immobilier lorsqu'il porte sur les biens immeubles construits ou à construire pour les besoins professionnels du crédit-preneur[794].

425-Le crédit-bail se présente non seulement comme une technique de financement, ou un mécanisme de crédit, mais aussi comme un mécanisme de garantie[795]. Technique de financement, l'opération de crédit-bail peut constituer un important mécanisme de crédit au service du redressement des entreprises en difficultés[796].

Il constitue une technique de garantie en ce qu'il permet au loueur, sous réserve de certaines difficultés constatées lors de la survenance d'une procédure collective, de réduire ses risques. En réalité, ce mode de financement permet aux établissements financiers, les bailleurs, de

---

sûreté », in L'évolution du droit des sûretés, *Revue. Jurisp. Com.*, n° spécial, 1982, p. 52 et s. ; ANOUKAHA (F.), *op. cit.*, n° 176.

792 En ce sens, cf. CORNU (G.) (sous la direction de), Vocabulaire juridique, *op. cit.*, v. crédit-bail.

793 Le crédit-bail est à la fois une opération financière qui ne peut être pratiquée que par les établissements financiers et une technique de crédit où la propriété est utilisée comme garantie.

794 Article 3 de la loi n° 2010/020 du 21 décembre 2010 portant organisation du crédit-bail au Cameroun.

795 Dans le même sens, cf. KALIEU ELONGO (Y.), Droit et pratique des sûretés réelles, *op. cit.*, p. 201.

796 Grâce à l'absence de lourdeur des formalités, non-limitation du montant du crédit, non-exigence d'un apport personnel de fonds propres, jouissance immédiate de la chose. Pour s'en convaincre, lire MAGUEU KAMDEM (J. D.), thèse précitée, p. 321 et s.

conserver la propriété du bien loué comme garantie du paiement des loyers et leur garantit, par rapport à un crédit classique, une situation privilégiée dans la faillite du locataire dont le risque est élevé en ces temps difficiles[797]. C'est ainsi, que malgré l'ouverture d'une procédure collective contre le crédit-locataire, le crédit-bailleur a la faculté de revendiquer les marchandises consignées et les objets mobiliers remis au débiteur, à titre de location ou d'un contrat de crédit-bail[798].

La généralisation de cette technique de financement rend difficile la continuation de l'exploitation dans le cadre des techniques collectives[799], et réduit sérieusement l'importance de l'actif « apparent » du débiteur vis-à-vis de ses autres créanciers. On peut d'ailleurs envisager le cas d'une responsabilité de la société du crédit-bail à l'égard des créanciers du débiteur, si, sans tenir compte des moyens de celui-ci d'en supporter la charge, elle lui a laissé conclure des contrats qui ne pouvaient, en raison de leur charge, que les conduire à la ruine[800].

426-Le recours par le vendeur à la clause de réserve de propriété a retrouvé sa pleine efficacité avec l'adoption et l'entrée en vigueur de l'AUPCAP. En effet, en disposant que les marchandises et les objets mobiliers faisant l'objet d'une réserve de propriété peuvent, comme les marchandises consignées et les objets mobiliers remis au débiteur à quelque titre que ce soit, être également revendiqués, l'article 103 de ce texte rend la clause de réserve de propriété opposable en cas de procédures collectives[801].

Technique idéale de vente, la clause de réserve de propriété est définie comme la clause qui subordonne le transfert de propriété de la

---

797 En ce sens, cf. FRANCK (L.), Les contrats de location financière dans les procédures collectives d'apurement du passif en droits français et allemand comparés, thèse, Nancy 2, 2011, p. 14.

798 Cf. article 103 de l'AUPCAP.

799 Cf. Infra, n° 313 et s.

800 Cf. KALIEU (Y.), « Réflexions sur les nouveaux attributs du droit de la propriété : à propos de la propriété utilisée aux fins de garantie des crédits », article précité, p. 202 et 203.

801 L'Acte uniforme OHADA sur les procédures collectives prévoit parmi les différentes hypothèses de revendication le cas des biens remis en location ou vendus avec une clause de réserve de propriété. À cet effet notre droit, à l'image du droit français, admet aujourd'hui l'exercice de revendication s'il y a ouverture d'une procédure collective contre le débiteur. Cf. articles 101 et 103.

chose à l'acquéreur au paiement intégral du prix. Elle est, en fait, celle par laquelle un vendeur, en vue de garantir sa créance de façon efficace, se réserve la propriété de la chose vendue jusqu'au paiement intégral du prix par l'acheteur.

427-Bien qu'elle ne soit pas d'une commodité aussi réelle qu'on pourrait le penser dans sa mise en œuvre[802], elle peut avoir des incidences importantes sur la survie de l'entreprise, en obligeant les syndics à régler l'intégralité de la créance immédiatement dès l'ouverture de la procédure, surtout si les biens sont utiles à la poursuite de l'exploitation[803]. L'action doit être exercée dans un délai de trois mois, à compter de l'information du dépôt de l'état des créances données au bénéficiaire par le greffier de la juridiction compétente.

Encore faudrait-il que les marchandises et les objets mobiliers se retrouvent en nature dans le patrimoine du débiteur, ou alors que, si vendus, le prix dû n'ait été ni payé en valeur, ni compensé en compte courant entre le débiteur et le soi-disant acquéreur[804]. En effet, aux termes de l'alinéa 2 de l'article 103 de l'AUPCAP, en cas d'aliénation des marchandises vendues avec réserve de propriété, le prix ou la partie du prix dû peut être revendiqué contre le sous-acquéreur si, et seulement si, celui-ci n'a été ni payé en valeur ni compensé entre le débiteur et le sous-acquéreur au jour de la décision d'ouverture.

428-Aussi, le débiteur n'ayant plus le bien entre les mains, le bénéficiaire de la clause risque de se heurter aux droits de tiers détenteurs ou possesseurs. En fait, le créancier resté propriétaire peut voir son action en revendication paralysée par un autre créancier exerçant un droit de rétention sur le bien[805].

Le syndic a cependant le droit de payer l'intégralité du prix convenu pour conserver le bien. Le débiteur en devient aussi le propriétaire. Très souvent ce sera le cas lorsque la chose est indispensable à la continuation de l'activité de l'entreprise en difficulté. Aussi, il n'y a pas lieu à revendication si, avant la restitution des marchandises, le prix est payé intégralement et

---

[802] Laquelle se fait selon les conditions et avec les effets prévus par l'AUS.
[803] Cf. ANOUKAHA (F.), *op. cit.*, n° 176.
[804] Cf. ANOUKAHA (F.), *op. cit.*, n° 161 et 176.
[805] BOURASSIN (M.), BREMOND (V.) et JOBARD-BACHELLIER (M.-N.), Droit des sûretés, 4e éd., Sirey, 2014, p. 352.

immédiatement par le syndic après autorisation du juge-commissaire[806].

Hormis ces hypothèses, le vendeur demeure ainsi assuré de pouvoir faire coïncider le transfert de propriété avec le règlement de l'intégralité du prix, même lorsque l'acheteur connaît de sérieuses difficultés[807]. Il faudrait juste s'assurer que la clause de réserve de propriété a été stipulée dans un écrit et la publication au Registre du Commerce et du Crédit Mobilier (RCCM) régulièrement faite[808].

429-Il faut rapprocher de ce cas l'hypothèse de l'exercice par un créancier du mécanisme d'exécution du droit d'obligation qu'est le droit de rétention. Il s'agit d'une faculté qui permet à un créancier qui détient légitimement un bien appartenant au débiteur en difficulté de refuser de le délivrer jusqu'à complet paiement du prix. Le droit de rétention suppose l'existence d'un lien de connexité entre la chose retenue et la créance réclamée.

La connexité peut être conventionnelle, juridique ou matérielle[809]. L'article 104 de l'AUPCAP dispose, à cet égard, que : « *Peuvent être retenus par le vendeur les marchandises et objets mobiliers qui ne sont pas délivrés ou expédiés au débiteur ou à un tiers agissant pour son compte. Cette exception est recevable même si le prix est stipulé payable à crédit et le transfert de propriété opéré avant la délivrance ou l'expédition* ». Il en ressort que le législateur africain n'a pas envisagé la question de manière générale.

430-Deux solutions au moins ont été consacrées[810]. En premier lieu, s'agissant des livres comptables, l'article 55, alinéa 2, de l'AUPCAP prévoit que tout détenteur est tenu de les remettre au syndic sur sa demande, ne posant aucune condition à cette remise. On

---

806 Cf. alinéa 3 de l'article 106 de l'AUPCAP.

807 L'utilisation de pareilles clauses sera vraisemblablement plus fréquente, semble-t-il, avec l'entrée en vigueur de l'AUPCAP. En toute hypothèse, les tiers devront, être amenés à ne plus se fonder, dans leurs relations d'affaires, sur le crédit apparent de la personne avec laquelle ils entendent contracter.

808 Cf. articles 73 et 74 de l'AUS.

809 La connexité est conventionnelle lorsque la chose a été remise au créancier jusqu'au paiement de sa créance. Elle est juridique lorsque la créance impayée résulte du contrat qui oblige le créancier à livrer la chose. Dans ce cas, la créance et la détention trouvent leur source dans un même rapport de droit. Enfin, la connexité matérielle suppose que la créance impayée est née à l'occasion de la détention de la chose.

810 Cf. ANOUKAHA (F.), *op. cit.*, n° 177.

pourrait en déduire que celle-ci s'impose, même si le détenteur ne reçoit pas la rémunération exigée.

En second lieu, le syndic ne peut retirer, au profit de la masse, le gage ou le nantissement constitué sur un bien du débiteur qu'en remboursant la dette. Mais lorsque la chose a été remise au créancier non à titre de sûreté, mais par convention d'une autre nature, le créancier ne saurait retenir davantage le bien sans exposer sa responsabilité au cas où la dette n'est pas payée. Il y va parfois de la poursuite de l'activité de l'entreprise en difficulté.

431-Quoi qu'il en soit, « *le droit de rétention confère à son titulaire le droit de refuser la restitution de la chose légitimement retenue jusqu'à complet paiement de la créance, même en cas de redressement ou de la liquidation judiciaires du débiteur (...)* ». En effet, mode de justice privée, le droit de rétention place le rétenteur dans une situation très avantageuse, lui permettant d'opposer son droit à n'importe quel créancier, chirographaire, privilégié ou superprivilégié[811]. Cette propriété retenue à titre de garantie qui permet au créancier de retenir un bien appartenant à son débiteur, même en difficulté, et de le retenir jusqu'à complet paiement de sa créance constitue un véritable droit préférentiel, voire d'exclusivité[812].

432-Aujourd'hui, les propriétés-sûretés (incontournables dans toutes procédures collectives) n'ont cessé de croître, puisqu'aux côtés du crédit-bail et de la réserve de propriété, se sont développées la cession Dailly et plus récemment la fiducie[813]. En adéquation avec la modernisation du droit des affaires, le législateur de l'OHADA a consacré au titre de propriété cédée à titre de garantie[814], la cession de

[811] Il s'agit, en fait, d'un moyen de pression purement défensif, non seulement contre le débiteur, pour l'inciter à s'exécuter, mais aussi contre les autres créanciers qui ne peuvent appréhender, pour le faire vendre, le bien détenu par le rétenteur. Cf. BOURASSIN (M.), BREMOND (V.) et JOBARD-BACHELLIER (M.-N.), *op. cit.*, p. 397.

[812] Sur l'efficacité du droit de rétention lors de l'ouverture d'une procédure collective, lire BOHOUSSOU (K.S), Réflexion critique sur l'efficacité des sûretés réelles en droit OHADA, proposition en vue d'une réforme du droit OHADA des sûretés réelles, thèse, Bordeaux, 2015, p. 265.

[813] Cf. FARHI (S.), La fiducie-sûreté et le droit des entreprises en difficulté, thèse, Nice Sophia Antipolis, décembre 2013.

[814] Elle est régie par les Articles 79 à 86 de l'AUS et vise la propriété d'un bien actuel ou futur. À cet égard, l'article 79 dispose que, « *la propriété d'un bien, actuel*

créances à titre de garantie et le transfert fiduciaire d'une somme d'argent[815]. Comme toute propriété-sûreté, ces sûretés réelles permettent au créancier d'échapper à tous les inconvénients de la procédure collective, et notamment de se retrouver « *hors concours* » par rapport aux autres créanciers[816].

433-En tout état de cause, permettant de transférer la propriété d'une chose à titre de garantie, ces propriétés-sûretés octroient à leur titulaire une exclusivité enviée par tous les autres créanciers[817]. En effet, comme on vient de le constater, les revendications des tiers non-propriétaires étant écartées, les propriétés-sûretés protègent efficacement leurs titulaires, puisque ni le débiteur, ni les organes de la procédure, ni les autres créanciers ne peuvent arguer d'un droit sur le bien objet de la garantie[818].

Ces nouveaux moyens d'évitement des risques sont donc révélateurs des modes de protection de l'intérêt des créanciers contre ceux-là qui auraient cru à l'apparence de propriété créée par la détention de leur bien par le débiteur. Bref, il s'agit d'un bouclier résistant aux assauts de la procédure collective qui protège son titulaire des sacrifices imposés au nom du sauvetage de l'entreprise défaillante. Mais en réalité, dans l'un et l'autre cas, leurs attributs demeurent limités.

B- Des prérogatives contestables relatives

434-S'il est vrai que la propriété renaît ainsi de ses cendres pour offrir aux créanciers l'exclusivité, l'on se demande si ce Saint Graal des sûretés fera de ces derniers de véritables créanciers hors pair ou hors concours en paix et en toute tranquillité.

Le crédit-bailleur et le vendeur sous réserve de propriété peuvent en principe prétendre actuellement à leur droit de propriété si une

---

ou futur, ou d'un ensemble de biens, peut être cédée en garantie du paiement d'une dette, actuelle ou future, ou d'un ensemble de dettes... ».

815 Réglementé par les articles 87 à 91 de l'AUS, le transfert fiduciaire d'une somme d'argent est défini comme une « convention par laquelle un constituant cède des fonds en garantie de l'exécution d'une obligation ».

816 Sur la résistance de ces propriétés-sûretés à la discipline collective, cf. BOHOUSSOU (K.S), thèse précitée, p. 283 et s.

817 Elles confèrent à leur titulaire un droit exclusif sur le bien objet de la garantie et qui le place, en principe, à l'abri de tout concours.

818 cf. BOHOUSSOU (K.S), thèse précitée, p. 265.

procédure est ouverte contre le locataire ou l'acheteur[819]. À vrai dire, la propriété, utilisée comme garantie, a un moment particulier. Aussi, un auteur[820] estime à juste titre qu'elle est un concept différent de la propriété utilisée aux fins habituelles. En effet, il est rare que le titulaire d'une propriété-sûreté soit investi de tous les attributs liés au droit de propriété. D'ailleurs les dispositions conventionnelles ou la nature même de l'opération viennent généralement, et assez régulièrement, limiter les droits du créancier propriétaire sur la chose[821].

435-À ce titre, il est incontestable que, par le biais du contrat de location intervenu à la suite du crédit-bail, le débiteur-locataire soit investi de la jouissance de la chose. Il en est pareillement en cas de vente avec réserve de propriété où l'acheteur reçoit à cette occasion les biens en qualité de détenteur ou de possesseur[822]. Évidemment, même lorsque le créancier conserve encore certains attributs, il ne pourra s'en servir à sa guise comme le ferait le propriétaire, à cause de l'absence de certains éléments essentiels[823]. En tout état de cause, ce qui importe réellement pour le créancier ici c'est la possibilité de conserver un droit sur la valeur de la chose.

436-Le droit du créancier sur la valeur du bien, droit exclusif, peut en pratique se heurter aux prétentions d'autres créanciers revendiquant le même objet. Il y aurait là une atteinte sérieuse à l'efficacité de la garantie du créancier. Ce conflit, à notre sens, pourrait se rencontrer dans quatre situations au moins.

En premier lieu, le crédit-bailleur, ou le vendeur sous réserve de propriété, peut se trouver en conflit avec un créancier rétenteur.

---

[819] Cf. article 103 de l'AUPCAP.

[820] Cf. MOULY (C.), « Procédure collectives, assainir le régime de sûretés », Études ROBLOT, LGDJ, 1984, p. 529 et s., cité par KALIEU (Y.), in article précité, p. 202.

[821] Pour des exemples de domaines où la limitation par voie conventionnelle est fréquente, voir KALIEU (Y.), préc., p. 202.

[822] D'autres combinaisons à l'instar de la vente à réméré, l'expression d'inexécution ont aussi pour finalité d'enlever au créancier tout droit à l'utilité de la chose pour le conférer au débiteur.

[823] Dans le crédit-bail par exemple, les loyers servent à éteindre la dette du débiteur et le fructus que pourrait avoir le créancier bénéfice en réalité au débiteur, d'autant plus que ces loyers sont fixés en tenant compte de la valeur totale du bien.

Conformément à l'article 67 de l'AUS, ce dernier devrait l'emporter[824].

En deuxième lieu, lorsque le créancier revendiquant est en conflit avec un vendeur d'immeubles, qui prétend exercer le privilège que lui accorde actuellement l'article 111 du même texte sur les meubles garnissant les lieux loués[825], ce privilège paraît en principe l'emporter sur la clause de réserve de propriété[826].

En troisième lieu, le créancier hypothécaire primera vraisemblablement le créancier revendiquant, dans le cas où les meubles auraient été attachés à perpétuelle demeure à un immeuble propriété de l'acquéreur. Ils seraient ainsi devenus des immeubles par destination[827].

En quatrième lieu, lorsque le créancier revendiquant est en conflit avec un créancier gagiste ou nanti, deux situations pourront être relevées. D'une part, si le gage s'est fait avec dépossession, le gagiste pourra faire exercer son droit de rétention, et primer ainsi sur le créancier revendiquant[828]. D'autre part, si le gage s'est opéré sans dépossession, la situation semble à notre sens claire. Il semble que le gagiste ait intérêt à se faire subroger dans le bénéfice du contrat de location ou de la clause par le bailleur, ou le vendeur initial, ce qui est convenable lorsque le matériel ou le prêt qu'il a consenti au locataire ou à l'acheteur a servi à payer ledit bailleur ou vendeur[829].

---

[824] En effet, cet article prévoit que le « *créancier qui détient légitimement un bien du débiteur peut le retenir jusqu'au complet paiement de ce qui lui est dû, indépendamment de toutes autres sûretés...* ». À titre d'exemple, une voiture vendue avec une clause de réserve de propriété et qui se trouverait chez un garagiste peut être retenue tant que les réparations n'auront pas été payées.

[825] Cet article dispose clairement que : « *Lorsqu'un bien objet d'un gage avec dépossession menace de périr, le créancier gagiste ou le tiers convenu peut faire vendre, sous sa responsabilité, le bien gagé sur autorisation notifiée au constituant de la juridiction compétente saisie sur simple requête. Les effets du gage sont alors reportés sur le prix* ».

[826] L'article 98, alinéa 4, de l'AUPCAP admet néanmoins une solution inverse lorsque la clause de réserve de propriété porterait plutôt sur certains éléments du fonds de commerce. Cependant, il omet d'en faire l'énumération.

[827] Cf. les articles 522 et S du Code civil de 1804.

[828] Cf. article 99 de l'AUS.

[829] Quant aux autres difficultés et conflits susceptibles de provenir de l'application du crédit-bail ou de la clause de réserve de propriété, Cf. GUYON (Y), Droit des affaires, t. 2, *op. cit*, p. 408 et s.

437-Au demeurant, l'opportunité des contrats d'assurance-crédit, d'affacturage, de crédit-bail ou de réserve de propriété n'est pas évidente. La plupart des difficultés relevées montrent qu'en fin de compte, malgré leurs nombreux attributs et caractères, les créanciers qui tentent d'échapper à la discipline commune, soit parce qu'ils agissent contre les tiers, soit même lorsqu'ils agissent contre le débiteur obtiendront difficilement entière satisfaction. Pareil constat est non seulement valable pour le créancier qui doit, dans la plupart des cas, faire valoir son droit, mais également pour le débiteur dont l'épuisement du crédit risque de lui être préjudiciable, ou encore le tiers qui n'aura pas forcément la contrepartie véritablement proportionnelle à la mesure des engagements pris.

438-Il ressort de tout ce qui précède que tous les créanciers antérieurs sont atteints par les difficultés des entreprises. Contrairement à ce que l'on observait dans le droit des procédures collectives issu de certaines dispositions du Code de Commerce de 1807 et de la loi du 4 Mars 1889 sur la liquidation judiciaire, ils sont devenus les grands sacrifiés de l'AUPCAP.

Dès lors, ils sont les témoins impuissants d'une débâcle financière dont les conséquences sont réglées en dehors d'eux. Qui plus est, pour ceux qui ont des garanties de paiement, elles ne valent plus rien le plus souvent. De manière très symptomatique d'ailleurs, l'Acte uniforme déclare que les différentes procédures collectives prévues sont organisées en vue de l'apurement collectif du passif de l'entreprise[830]. Or, un passif peut-il être apuré sans paiement ?

439-Heureusement, tous les créanciers ne souffrent pas des conséquences des difficultés de l'entreprise de manière égale. Certains jouissent, en effet, d'une situation préférentielle parce que les sujétions découlant des difficultés des entreprises peuvent être sans effet à leurs égards. Cette fuite des créanciers devant la discipline collective à travers le recours à des techniques juridiques diversifiées pour tenter de mieux assurer la sécurité et l'efficacité de leurs droits est un phénomène intéressant à plus d'un titre.

D'une part, certains dangers susceptibles d'affecter le crédit avec la restriction considérable des pouvoirs et des droits des créanciers pourront être vraisemblablement écartés. D'autre part, un tel phénomène assez récent dans l'étendue de ses applications pratiques

---

[830] Cf. article 1er de l'AUPCAP.

doit inciter à la réflexion : il devient indispensable de déterminer plus exactement les rôles respectifs de l'intérêt des créanciers et de celui de l'entreprise.

440-Dans les procédures collectives uniformes, la situation des créanciers est détériorée sans que le législateur accepte expressément de reconnaître que leur paiement est devenu une finalité secondaire. En tout état de cause, ces différentes possibilités de fuite, ainsi offertes aux créanciers, leur permettraient certainement de se ménager contre la fougue des tribunaux dont l'accroissement considérable des pouvoirs risque de les emmener à déclarer que le paiement des créanciers est une finalité secondaire.

Il serait dès lors souhaitable de continuer à assurer aux créanciers de véritables droits, et de protéger efficacement cette catégorie d'intérêts collectifs. Le sauvetage de l'entreprise doit d'ailleurs avoir pour finalité le règlement de leurs différents droits.

441-Mais, il convient aussi de ne pas sous-estimer l'importance croissante d'intérêts collectifs plus larges, en étroite dépendance avec ceux de l'entreprise et de ses créanciers, et qui sont en réalité ceux de la collectivité nationale. Ainsi, si un régime spécial est réservé aux créanciers antérieurs dont les dettes ont engendré les procédures collectives, il est nécessaire d'aménager le sort des créanciers postérieurs dont le soutien est indispensable pour assurer la continuité de l'exploitation de l'entreprise en difficulté.

CHAPITRE II :

LE RENFORCEMENT DES INTÉRÊTS DES CRÉANCIERS POSTÉRIEURS

442-En matière de procédures collectives, l'égalité entre les créanciers est un principe d'ordre public qui se fonde sur le quasi-slogan : « *une procédure collective pour un intérêt collectif qui garantit une protection de l'intérêt général* »[831]. Toutefois, ce principe de l'égalité entre les créanciers comporte des exceptions parmi lesquelles la place des créanciers postérieurs[832].

Contrairement à la créance antérieure, la créance postérieure est la créance dont la naissance est postérieure à la date du jugement d'ouverture de la procédure collective. Si celle-là constitue ses titulaires en créanciers dans la masse, celle-ci appartient aux créanciers de la masse, jadis appelés créanciers contre la masse. L'AUPCAP détermine la créance postérieure en son article l'article 117 en ces termes : « *Toutes les dettes nées régulièrement,*

---

[831] COLLIN (G.), GUILLERAT (J.C.) et MOUNIER (B.), L'égalité des créanciers dans les procédures collectives, 25 janvier 2003, cité par SALEY SIDIBÉ (H.), Le sort des créances postérieures en droit français et en droit de l'organisation pour l'harmonisation en Afrique du droit des affaires (OHADA), thèse, Nice Sophia Antipolis, septembre 2013, p. 3.

[832] En réalité, comme le déclare un auteur, « *Le principe de l'égalité se présente alors comme un véritable phare dont la luminosité a décliné : du point de mire qu'il était, il est devenu seulement l'étoile du berger de la jurisprudence. En effet, l'égalité appliquée aux créanciers dans les procédures collectives n'est qu'une égalité devant le néant, une figure de rhétorique privée de portée pratique, et c'est pourquoi, malgré la révérence qui lui est faite par le législateur OHADA, ce dernier finit aussi par se rendre à l'évidence que cette révérence sert simplement à hisser le principe à l'altitude d'un dogme dont la valeur reste affirmée seulement dans les grandes études doctrinales* ». cf. NANDJIP MONEYANG (S.), « Réflexion sur l'égalité des créanciers dans les procédures collectives OHADA », *Revue des Procédures Collectives*, n° 4, juillet 2010, étude 22, p. 1. Ainsi, le principe de l'égalité entre les créanciers a été analysé tantôt comme un principe en déclin, tantôt comme un principe ambigu ayant valeur de mythe. Cf. KANTE (A.), « Réflexions sur le principe de l'égalité entre les créanciers dans le droit des procédures collectives d'apurement du passif OHADA », in www.ohada.com, ohadata D-06-47, *EDJA* n° 56, p. 1.

après la décision d'ouverture, de la continuation de l'activité et de toute activité régulière du débiteur ou du syndic, sont des créances de la masse (...) ».

Il en résulte que les créances de la masse résultent de la continuation de l'activité à travers les contrats en cours ou de l'activité régulière impulsée par de nouveaux contrats. C'est dire que la notion de créance postérieure est étroitement liée à celle de continuation de l'entreprise en difficulté.

443-En effet, la poursuite de l'activité de l'entreprise débitrice, mieux la continuation de son exploitation en vue du redressement de l'unité de production, passe fondamentalement par la poursuite des contrats en cours et la conclusion de nouveaux contrats. Et pour y parvenir, le législateur uniforme africain a misé sur une double garantie : la garantie d'exécution et la garantie de paiement. Concrètement, afin d'inciter les partenaires de l'entreprise à se soucier de son redressement, les rédacteurs de l'AUPCAP ont, d'une part, pensé à la consolidation des garanties d'exécution des contrats postérieurs à l'ouverture de la procédure collective (**section I**), et, d'autre part, prévu un traitement préférentiel des créances qui découleront de cette exécution (**section II**).

Section I- Le renforcement des garanties d'exécution des cocontractants postérieurs

444-En tant qu'une organisation de moyens humains et matériels exerçant une activité économique de production, de transformation et de distribution de biens ou de services, une entreprise a besoin des contrats qui lui permettront d'avoir des outils, de la main-d'œuvre, de se ravitailler et de ventiler les biens et services[833].

La survenance d'une procédure collective ne met pas fin *ipso facto* à toute activité du débiteur. L'activité peut être continuée en cas d'ouverture d'une procédure tant de redressement judiciaire que de liquidation des biens. Si cette continuation de l'activité est de principe en cas de redressement judiciaire, elle n'est qu'exceptionnelle en cas de liquidation des biens. Dans ce dernier cas, la continuation de l'activité ne peut être expressément autorisée, par la juridiction

[833] Dans le même sens, cf. KARFO (S. Th. S.), thèse précitée, p. 135 et s.

compétente, que pour les besoins de liquidation et si l'intérêt public ou celui des créanciers l'exige[834].

445-La continuation de l'activité de l'entreprise en difficulté donne lieu inévitablement, non seulement, au maintien des contrats en cours au moment du jugement d'ouverture de la procédure, mais aussi à la conclusion de nouveaux contrats. Le maintien de la confiance des anciens partenaires ou la conquête de nouveaux nécessite l'utilisation de mesures incitatives visant à les encourager à participer au maintien de l'activité grâce à la garantie d'une assurance d'exécution saine des obligations. Cette assurance se manifeste par la préservation non pas uniquement de la force obligatoire des contrats postérieurs (**paragraphe 1**), mais aussi des droits des cocontractants postérieurs (**paragraphe 2**).

Paragraphe 1- La préservation de la force obligatoire des contrats postérieurs

446-Depuis 1804, la force obligatoire du contrat est traduite par l'article 1134 du Code civil en ces termes : « *Les conventions légalement formées tiennent lieu de loi à ceux qui les ont faites. Elles ne peuvent être révoquées que de leur consentement mutuel, ou pour les causes que la loi autorise. Elles doivent être exécutées de bonne foi* ». Cette disposition énonce la vigueur du principe de la force obligatoire de la volonté contractuelle, principe directeur de sécurité juridique. Elle exprime le respect de la foi jurée et de la parole donnée[835], règle essentielle du droit des contrats[836].

447-En principe, l'ouverture d'une procédure collective, à défaut d'astreindre les créanciers à une discipline collective[837], entraîne la suspension des poursuites individuelles[838]. Cette limitation de l'exercice des droits des créanciers porte gravement atteinte à la force

[834] Cf. article 113, alinéa 2, de l'AUPCAP.

[835] En ce sens, cf. MODI KOKO BEBEY (H. D.), article précité, p. 490.

[836] Dans le même sens, cf. GOUBINAT (M.), Les principes directeurs du droit des contrats, thèse, Grenoble Alpes, février 2016, p. 85.

[837] En matière de redressement judiciaire et de liquidation judiciaire, la décision d'ouverture qui constitue les créanciers en une masse non seulement interrompt ou interdit toute action en justice, interdit les inscriptions et arrête le cours des inscriptions de toute sûreté mobilière ou immobilière.

[838] Exceptionnelle en matière de conciliation, elle est de principe en matière de règlement préventif.

obligatoire du contrat[839]. Toutefois, cette méconnaissance de la force obligatoire ne concerne que les contrats antérieurs, à l'exception des contrats postérieurs au jugement d'ouverture de la procédure collective.

Cette préservation de la force obligatoire à l'égard des contrats postérieurs se justifie par la nécessité de la poursuite de l'activité de l'entreprise en difficulté indispensable à son redressement. Elle concerne les contrats en cours continués (**A**) et les nouveaux contrats conclus (**B**), indispensables à ladite poursuite de l'exploitation.

A- Des contrats en cours continués

448-La poursuite de l'exploitation d'une entreprise en difficulté ne peut pas se concevoir sans le maintien des contrats en cours, car les liens contractuels constituent un élément essentiel de l'actif de l'entreprise[840].

Fort de cela, le législateur des procédures collectives a consacré le principe de la continuation des contrats en cours malgré l'ouverture d'une procédure collective. À propos, l'article 107 de l'AUPCAP dispose clairement que : « *Nonobstant toute disposition légale ou toute clause contractuelle ou indivisibilité, aucune résiliation ou résolution d'un contrat en cours ne peut résulter du seul fait de l'ouverture du redressement judiciaire ou de la liquidation des biens...* ». Cette disposition n'interdit pas toute rupture de contrat dès le prononcé de la décision d'ouverture, mais empêche que cette rupture ne soit pas le fait de ladite décision et *a fortiori* de la cessation des paiements déclarée[841].

449-Si cette règle apporte, par cette exigence, de sérieuses restrictions aux principes de liberté contractuelle et de force

---

839 Sur la méconnaissance de la force obligatoire du contrat dans les procédures collectives de l'OHADA, lire MODI KOKO BEBEY (H. D.), article précité, p. 496 et s.

840 En ce sens, cf. SAINT-ALARY-HOUIN (C.), Droit des entreprises en difficulté, 10e éd., LGDJ, n° 612.

841 À cet égard, la Cour de Cassation française a eu à affirmer que : « *La résiliation du contrat de concession notifiée par le concédant quelques jours avant la mise en redressement judiciaire du concessionnaire, mais après que celui-ci a déclaré son état de cessation des paiements, n'est pas nulle dès lors que, fondée sur une autre cause que le dépôt de bilan, elle n'est pas entachée de mauvaise foi ou de fraude de la part du concédant, dont il n'est pas établi qu'il connaissait l'état de cessation des paiements ou sa déclaration au moment où il a mis en œuvre la clause résolutoire* ». Com. 19 mars 2002, RJDA, 2002, n° 908.

obligatoire du contrat à l'ouverture de la procédure, l'article 108, alinéa 2, du même Acte uniforme, en fortifie dès lors que l'exécution des contrats en cours a été exigée par le syndic. En effet, d'après cet article, « *lorsque le syndic exige la poursuite d'un contrat en cours, il doit fournir la prestation promise au cocontractant et ce dernier doit remplir ses obligations malgré le défaut d'exécution par le débiteur d'engagements antérieurs à la décision d'ouverture de la procédure collective. Sous cette réserve, le contrat est exécuté aux conditions en vigueur au jour de l'ouverture de la procédure collective nonobstant toute clause contraire* ».

450-Malgré l'importance avérée du contrat en cours dans la continuation de l'activité de l'entreprise en difficulté, l'AUPCAP ne donne aucune définition de cette notion à laquelle il fait référence dans ses dispositions énumérées sous la section huit intitulée « contrats en cours et licenciements ». D'après la doctrine, un contrat est en cours lorsqu'il n'a pas épuisé ses effets fondamentaux au jour du jugement d'ouverture[842]. Ainsi, un contrat est en cours aussi longtemps qu'il n'a pas été définitivement rompu ou qu'il n'est pas parvenu à son terme, sans qu'il soit besoin d'une continuation expresse. C'est dire que le contrat en cours est celui qui continue à exister au jour du jugement d'ouverture de la procédure collective et dont les prestations à la charge du débiteur, sous procédure collective, n'ont pas encore été exécutées[843].

Il s'agit d'un contrat conclu antérieurement à l'ouverture de la procédure collective, qui est encore en cours d'existence et susceptible d'exécution postérieure à la charge du cocontractant. Dès lors, la notion de contrat en cours comprend « *non seulement les contrats à exécution successive, qui sont le domaine d'élection naturel de la notion, mais encore, les contrats à exécution instantanée, s'ils n'ont pas encore produit leur effet principal, c'est-à-dire si la prestation caractéristique reste à fournir* »[844]. On y ajoute aussi les contrats

---

[842] Cf. RIPERT et ROBLOT, par DELEBECQUE (P.) et GERMAIN (M.), Traité de droit commercial, LGDJ, t. 2, 15e éd., 1996, n° 3047.
[843] Cf. SALEY SIDIBÉ (H.), thèse précitée, p. 94.
[844] Cf. BAC (A.), « De la notion de contrat en cours dans le cadre des procédures collectives et de ses grandes conséquences, notamment pour les cautions », in *La Semaine juridique*, E (2000), 22, n° 1-2 cité par NGNINTEDEM (J-C.), « Le bail commercial à l'aune du droit OHADA des entreprises en difficulté », in *Revue de droit uniforme*, UNIDROIT, NS Vol. XIV/2009, p. 181 ; www.ohada.com, Ohadata D-10-26. p. 8.

affectés d'un terme ou d'une condition suspensive, ainsi que les contrats dont l'exécution a été momentanément suspendue.

451-À cet égard, la jurisprudence semble reconnaître qu'un contrat n'est plus en cours dès lors qu'il a produit ses effets essentiels, même si certaines obligations n'ont pas encore été exécutées[845]. De ce fait, contrairement au contrat à exécution instantanée qui peut n'avoir pas encore produit ses effets, le contrat à exécution successive peut avoir fini de dérouler ses effets avant le jugement d'ouverture. Il découle de ce qui précède que les contrats dont la condition suspensive s'est réalisée avant le jugement d'ouverture ne sont pas des contrats en cours au jour du jugement d'ouverture[846].

Quoi qu'il en soit, principe pilier du maintien de l'activité, la poursuite des contrats en cours ne peut se concevoir sans l'intervention de règles particulières imposant aux cocontractants du débiteur l'exécution de leurs obligations, quelles qu'aient été les conditions d'exécution antérieures et les clauses du contrat. Ainsi, selon l'alinéa 3 de l'article 108 de l'AUPCAP, le contrat maintenu doit se poursuivre tel qu'il existait lors de l'ouverture de la procédure.

Clairement, le droit des procédures collectives de l'OHADA reconnaît au syndic la faculté d'exiger la continuation des contrats en cours[847], à charge simplement d'en fournir la contrepartie promise. Ni lui ni le cocontractant du débiteur en cessation des paiements ne peut tirer argument d'un quelconque changement de circonstances pour modifier le contrat poursuivi[848]. Le contrat en cours continué garde toute son intangibilité au même titre que le nouveau contrat que le syndic pourrait conclure avec tout autre partenaire de l'entreprise.

B- Des nouveaux contrats conclus

452-Outre l'exigence de la continuation des contrats en cours, le redressement de l'entreprise en difficulté peut nécessiter la conclusion

---

[845] Cass. com., 13 avril 1999 : *Bull. civ.* IV, n° 87 ; *LPA* 25 mai 1999, n° 103, p. 10, obs. P. M ; *JCP E*, 1999, p. 738 ; *D.*, 2000, jurispr. p. 257, obs. LIPINSKI. Cass. 3e civ., 18 juillet 1995, *D.*, 1996, p. 70, obs. DERRIDA.

[846] Com. 18 novembre 1980, *D.* 1981, n° 131, note A. H., *JCP* éd. Cl 1981. 9780, no 18, obs. CABRILLAC et ARGENSON.

[847] Sur l'étude approfondie du pouvoir du syndic sur la continuation des contrats en cours, cf. SALEY SIDIBE (H.), thèse précitée, p. 106 et s. ; KARFO (S. Th. S.), thèse précitée, p. 148 et s. ; KALIEU ELONGO (Y. R.), *op. cit.*, p. 130 et s.

[848] En ce sens, cf. MODI KOKO BEBEY (H. D.), article précité, p. 493.

de nouveaux contrats. En fait, pour réaliser son programme économique, tout commerçant et à travers lui, l'entreprise qu'il dirige doit conclure avec ses fournisseurs une multitude de contrats qui s'enchaînent et qui se conditionnent mutuellement. Ces contrats, qui manifestent le dynamisme et la vitalité de son exploitation, forment la trame de son activité commerciale[849].

453-À cet égard, il est évident qu'une entreprise en difficulté ne peut se redresser que grâce au soutien de son tissu contractuel. C'est pourquoi un auteur déclare qu'au regard des objectifs de la continuation de l'activité du débiteur, il paraît évident que des relations contractuelles se noueront habituellement après le jugement d'ouverture d'une procédure collective étant donné que le maintien de l'activité du débiteur a besoin d'être financé[850].

Si, en cas de redressement judiciaire, le syndic est maître de la continuation des contrats en cours, il faut noter que lorsqu'il s'agit de la conclusion des nouveaux contrats, surtout ceux entrant dans l'activité habituelle de l'entreprise, le débiteur dispose d'un pouvoir souverain[851]. En fait, lorsqu'il s'agit des actes de gestion courante, il peut les accomplir seul, sans nécessairement requérir l'assistance du syndic[852]. Il peut ainsi effectuer des opérations de vente, d'achat de marchandises, ou conclure de nouveaux contrats.

454-L'AUPCAP est très favorable à cette solution. En effet, en disposant à l'article 117 que « *toutes les dettes nées régulièrement, après la décision d'ouverture, de la continuation de l'activité et de toute activité régulière du débiteur ou du syndic sont des créances de la masse (...)* », le législateur de l'OHADA exprime son encouragement à la réalisation de toutes opérations contractuelles susceptibles de contribuer à la continuation de l'exploitation de l'entreprise en difficulté.

En réalité, au-delà de leur caractère postérieur et régulier, ces nouvelles opérations doivent être utiles au redressement de l'entreprise. Ainsi, elles doivent être conclues pour les besoins du

---

849 Cf. HOUIN (R.) et PEDAMON (M.), Droit commercial, 9e éd., Dalloz, Paris, 1990, p. 747.

850 cf. SALEY SIDIBE (H.), thèse précitée, p. 128 et s.

851 En fait, lorsqu'une procédure de redressement judiciaire est ouverte contre une entreprise, l'activité est continuée par le débiteur ou les dirigeants avec l'assistance du syndic. Article 112 de l'AUPCAP.

852 Cf. alinéa 2 de l'article 52 de l'AUPCAP.

déroulement de la procédure ou alors constituer la contrepartie d'une prestation offerte au débiteur. Les opérations liées aux besoins du déroulement de la procédure font naître des *« créances inhérentes à la procédure »*, car elles ne peuvent exister sans l'ouverture de cette procédure ; elles sont nécessaires au déroulement normal de celle-ci.

Il en est par exemple de l'indemnité de licenciement due pour les licenciements opérés en exécution du concordat[853]. De même, les frais de justice, les honoraires des organes de la procédure ou des experts sont nécessairement compris dans les créances nées pour les besoins du déroulement de la procédure. Dans tous les cas, l'utilité à prendre en compte n'est pas seulement l'utilité réelle de la créance, mais son utilité potentielle, car fondamentalement, aucune dette n'est en soi utile à la procédure ou au débiteur[854].

455-Quoi qu'il en soit, force est de constater, avec la doctrine, que l'article 117 précité institue un statut privilégié de créanciers de la masse dont les dettes, nées après l'ouverture de la procédure collective, doivent être payées en priorité[855], avant toutes autres créances.

Parce que pour conclure un contrat il faut d'abord séduire, ce privilège s'analyse en un important élément de séduction que dispose le droit OHADA des procédures collectives pour attirer les investisseurs et les persuader de conclure avec l'entreprise lorsqu'elle est en difficulté. En tout état de cause, en reconnaissant ainsi une priorité de paiement des créances aux nouveaux créanciers de l'entreprise, qualifiés de créanciers de la masse, l'Acte uniforme réaffirme la force obligatoire des contrats conclus postérieurement au jugement d'ouverture de la procédure collective.

456-À propos, le Professeur Henri Désiré MODI KOKO BEBEY[856] déclare que : « *Les expressions ''dettes nées régulièrement'' ou ''dettes nées de toute activité régulière'' rappellent le préalable posé par l'article 1134, alinéa 1er, du Code civil selon lequel seules les conventions ''légalement formées'' ont une force obligatoire* ». Cette valorisation du principe de la force obligatoire du contrat a pour conséquence l'absence de la soumission

853 V. article 27, alinéa 2, de l'AUPCAP.

854 PÉROCHON, Entreprises en difficulté, 9e éd., Paris, LGDJ, 2012, n° 771.

855 Cf. MODI KOKO BEBEY (H. D.), article précité, p. 494.

856 In article précité, p. 494.

des créanciers postérieurs à la discipline collective. Cette revitalisation du lien contractuel se manifeste également par la préservation des droits des cocontractants postérieurs.

Paragraphe 2- La préservation des droits des cocontractants postérieurs

457-Selon l'article 108, alinéa 3, de l'AUPCAP, après avoir exigé la poursuite d'un contrat en cours, le syndic doit fournir au cocontractant la prestation promise. Celui-ci, en retour, doit remplir ses obligations sur de nouvelles bases ; c'est à dire malgré le défaut d'exécution par le débiteur d'engagements antérieurs à la décision d'ouverture de la procédure collective. Sous cette réserve, le contrat est exécuté aux conditions en vigueur au jour de l'ouverture de la procédure collective nonobstant toute clause contraire.

Il en résulte clairement que le syndic qui exige la continuation d'un contrat synallagmatique en cours doit fournir sa contrepartie. À défaut, le créancier cocontractant postérieur est en droit de lui opposer l'exception d'inexécution. C'est dire qu'afin de garantir une exécution saine des obligations postérieures, la procédure collective n'entraîne aucune restriction du droit de poursuivre l'exécution du contrat (**A**), ou d'opposer l'exception d'inexécution (**B**).

A- La préservation du droit de poursuite de l'exécution des obligations

458-En droit OHADA, la décision de poursuivre le contrat en cours emporte le respect des conditions du contrat par le syndic. La condition pour celui-ci d'exiger l'exécution d'un contrat en cours est de fournir la prestation promise au cocontractant.

Le contrat poursuivi ou nouvellement conclu doit en principe s'exécuter normalement dans sa totalité et conformément aux prévisions contractuelles. Pour le contrat poursuivi, il s'exécute conformément aux stipulations contractuelles antérieures au jugement d'ouverture de la procédure collective. Le principe de la force obligatoire du contrat retrouve son plein effet et le syndic ou quiconque ne peut « *s'immiscer dans les relations des parties et (...) modifier les termes de leur convention* »[857].

459-Le respect de l'intégralité du contrat s'impose à tous, y compris l'application des clauses contractuelles. Celles-ci doivent être exécutées dans les conditions stipulées par les parties. C'est le cas des clauses résolutoires qui doivent pleinement jouer en cas d'inexécution postérieure au jugement d'ouverture de la prestation attendue par l'une des parties au contrat[858]. C'est aussi le cas des clauses pénales dont la jurisprudence a validé l'efficacité, ce qui leur permet de jouer favorablement leur rôle comminatoire, même en présence d'une procédure collective[859].

De ce fait, si après avoir exigé la poursuite d'un contrat synallagmatique, le syndic ne fournit pas la prestation promise, le cocontractant a le droit de saisir le juge-commissaire qui constatera la résiliation de plein droit du contrat. Il en est de même si, dans le cadre d'un contrat à exécution ou paiement échelonné dans le temps, le syndic ne s'est pas acquitté d'une échéance. Ces hypothèses de résiliation du contrat reconnues au cocontractant lui permettent, comme l'a noté la doctrine, d'avoir l'assurance qu'en cas de continuation de son contrat, les éventuels impayés seront très limités[860].

460-En contrepartie de l'exécution, par le syndic, de ses obligations, le cocontractant doit remplir les siennes malgré le défaut d'exécution par le débiteur d'engagements antérieurs à la décision d'ouverture de la procédure collective. Face à la non fourniture par le syndic de la prestation due, il peut, au lieu de s'exécuter pour devenir créancier de la masse, soulever tout simplement l'exception d'inexécution.

---

857 TGI Laon, 9 mars 1988, *D.* 1990, somm. p. 11, obs. F. DERRIDA ; *JCP* G, 1989, II, 21243, obs. Christian GAVALDA, cité par KARFO (S. Th. S.), thèse précitée, p. 153.

858 SALEY SIDIBÉ (H.), thèse précitée, p. 120.

859 Com. 10 décembre 1991, *RJDA* 3/1992, no 288 ; 3 mai 1994, *RTD civ.* 1995. 110, n° 14, obs. J. MESTRE ; v. également, C. civ., art. 1152. Citées par SALEY SIDIBÉ (H.), thèse précitée, p. 120.

860 Cf. SAWADOGO (F. M.), « Commentaire et note sous l'Acte Uniforme portant organisation des procédures collectives d'apurement du passif », préc., p. 1261.

B- La préservation de la liberté d'exercice de l'exception d'inexécution

461-Dans les contrats synallagmatiques qui engendrent des obligations réciproques et interdépendantes, lorsque le débiteur d'une obligation contractuelle ne l'exécute pas, le créancier de cette obligation peut à son tour refuser d'exécuter la sienne. Celui-ci pourra opposer à celui-là qui exigerait l'exécution de sa prestation, *l'exceptio non adimpleti contractus.* Voie de justice privée, l'exception d'inexécution est la faculté offerte à un contractant de refuser d'exécuter la prestation à laquelle il est normalement tenu en vertu du contrat tant qu'il n'a pas reçu la prestation qui lui est due par son partenaire.

462-Ainsi, si le syndic qui exige la continuation des contrats synallagmatiques en cours ne fournit pas la contrepartie requise, le créancier cocontractant est en droit de lui opposer l'exception d'inexécution. Par ailleurs, si après avoir conclu un nouveau contrat le débiteur ne respecte pas ses obligations contractuelles, le créancier a la faculté de soulever l'exception d'inexécution. Rien ne l'en empêche, ni même l'état de cessation des paiements de l'entreprise. Contrairement à l'AUPCAP originel qui avait expressément prévu la mise en œuvre de l'exception d'inexécution à l'alinéa 2 de l'article 108, l'actuel Acte uniforme n'a pas explicitement prévu ce mécanisme. Il s'agit d'une conséquence de la force obligatoire du contrat qui découle de l'analyse de l'alinéa 3 de l'article 108 de l'AUPCAP en vigueur.

463-L'exception d'inexécution se présente ici non seulement comme un moyen de pression du créancier de l'obligation contre son cocontractant, mais aussi comme une garantie contre l'inexécution définitive de l'obligation du syndic. Elle ne lui est inopposable qu'en ce qui concerne l'inexécution par le débiteur de ses engagements antérieurs. Le défaut d'exécution des engagements antérieurs au jugement d'ouverture n'ouvre droit au profit des créanciers qu'à déclaration de passif[861], car l'exercice de l'exception d'inexécution est exclusivement interdit aux créanciers antérieurs au jugement d'ouverture. Il s'agit, pour le créancier postérieur, d'une faculté préalable à toute mise en jeu du droit de poursuites individuelles qui lui est reconnu.

---

[861] Com. 28 juin 2011, n° 10-19463.

464-En somme, force est de constater que pour rendre plus attractif la continuation de l'exploitation de l'entreprise en difficulté, les garanties accordées au cocontractant postérieur ont été renforcées. Ce renforcement se manifeste bien aussi à travers le traitement préférentiel qui leur est accordé pour le paiement des créances nées régulièrement, après la décision d'ouverture, de la continuation de l'activité de l'entreprise en difficulté.

Section II- Le traitement préférentiel des créances postérieures

465-En droit des procédures collectives, la continuation de l'activité après le jugement d'ouverture fait naître de nouveaux créanciers. La première catégorie des créanciers postérieurs est constituée des créanciers dont les créances sont nées de la continuation des contrats en cours. La seconde est constituée des créanciers dont les créances sont nées de l'exécution des nouveaux contrats conclus. À cette catégorie de créanciers, l'on ajoute, de nos jours, les créanciers du nouvel apport, ou plus traditionnellement, les créanciers d'argent frais ou de *new money*.

En effet, en consentant dans l'accord de conciliation, dans le concordat préventif ou dans le concordat de redressement un nouvel apport en trésorerie en vue d'assurer la poursuite de l'activité de l'entreprise débitrice et sa pérennité, la personne consentante devient, *ipso facto*, créancière de la masse. Il en est de même des personnes qui, dans les mêmes conditions et buts, ont fourni à l'entreprise en difficulté un nouveau bien ou service. Les raisons qui sous-tendent cela sont non seulement la postériorité de leurs concours à l'ouverture de la procédure en cause, mais également le risque pris de financer la continuation de l'exploitation d'une entreprise en difficultés.

466-Une créance postérieure est alors toute créance née après le jugement déclaratif de cessation des paiements du débiteur et durant la période allant jusqu'à la clôture de la procédure collective concernée ; c'est-à-dire jusqu'au vote du concordat de redressement judiciaire ou jusqu'au jugement de clôture de la liquidation des biens[862].

À l'exception des dettes nées de l'exploitation du locataire-gérant, qui restent exclusivement à sa charge sans solidarité avec le propriétaire

[862] Dans le même sens, cf. GATSI (J.), article précité, 68.

du fonds, toutes ces créances nées régulièrement, après la décision d'ouverture, de la continuation de l'activité et de toute activité régulière du débiteur ou du syndic, sont des créances de la masse.

467-Contrairement à la créance dans la masse qui subit les foudres ou les affres[863] de la procédure collective, la créance de la masse bénéficie d'un traitement préférentiel. Ce traitement préférentiel se justifie par la nécessité de garantir aux créanciers qui apportent leur soutien à l'entreprise en difficulté et sans lequel le bon déroulement de la procédure serait impossible, de plus grandes chances de règlement des créances nées après la décision de maintenir le contrat avec certains[864] ou de signer de nouveaux contrats avec d'autres.

Concrètement, malgré l'interdiction des paiements et la suspension des poursuites, les créanciers postérieurs doivent être payés au fur et à mesure que leurs créances arrivent à échéance. À défaut de ce paiement à l'échéance en cas de redressement judiciaire (**paragraphe 1**), leurs créances bénéficient d'une priorité de paiement par rapport aux créanciers antérieurs en cas de liquidation des biens (**paragraphe 2**).

Paragraphe 1- Le paiement à l'échéance dans les procédures de sauvetage de l'entreprise en difficultés

468-Contrairement aux créanciers dans la masse, dont la discipline collective gèle les droits sous le prisme de l'égalité des créanciers[865], les créanciers postérieurs, parce qu'ils échappent à cette discipline, bénéficient d'un paiement à l'échéance de leurs créances. En fait, la volonté d'attirer les crédits nécessaires au sauvetage des entreprises en difficultés se traduit en droit OHADA par le privilège de paiement à l'échéance institué en faveur des créanciers ayant apporté un concours à l'entreprise en cessation des paiements.

469-En effet, afin d'assurer le paiement de leurs créances, les rédacteurs de l'AUPCAP ont consacré la possibilité de leur paiement, sans tenir compte des règles strictes de la procédure. Le paiement à l'échéance qui s'explique par le fait que les créances de la masse ont,

---

[863] *Ibid.*, p. 60.

[864] En ce sens, cf. Jur. Cl. Proc. Coll., Fasc. 2388 : V° Sauvegarde, Redressement et liquidations judiciaires – Créanciers postérieurs, n° 1.

[865] À propos, lire NANDJIP MONEYANG (S.), article précité, n° 3 et s. ; KANTE (A.), article précité, p. 2 et s.

par leur nature, aidé au renflouement de l'entreprise en difficulté, constitue une véritable entorse au principe de l'interdiction des paiements (**A**).

Aussi, parce qu'ils doivent être payés par le syndic ou le débiteur au fur et à mesure de la naissance de leurs créances, les créanciers postérieurs ne sont pas obligés de consentir un terme. De même, aucun délai de paiement ne peut leur être imposé. En conséquence, ils disposent de la liberté de la mise en œuvre des mesures d'exécution, notamment le droit de poursuite individuelle (**B**).

A- Une entorse au principe de l'interdiction des paiements

470-Les créances nées de la continuation de l'activité de l'entreprise en difficultés après le jugement d'ouverture de la procédure collective doivent être payées à l'échéance ou au comptant. C'est ce qui ressort de l'analyse implicite de l'article 108, alinéa 3, de l'AUPCAP. En effet, l'obligation faite au syndic, lorsqu'il exige la poursuite d'un contrat en cours, de fournir la prestation promise, ne signifie-t-il pas que cette prestation doit être payée soit au comptant, soit à l'échéance, selon le cas ? D'ailleurs, peut-il en être autrement lorsqu'on sait que le contrat continué ou nouvellement conclu doit être exécuté aux conditions en vigueur au jour de l'ouverture de la procédure collective.

471-En fait, lorsque c'est un contrat à exécution successive qui a été continué ou conclu après le jugement d'ouverture, le syndic ou le débiteur devrait payer la créance à l'échéance. Les créanciers parties à ce contrat doivent être payés au fur et à mesure que leurs créances arrivent à échéance.

On peut classer dans cette catégorie de créances à payer à échéance les créances du nouvel apport. À cet égard, un auteur déclare que le fait pour le législateur OHADA de n'avoir fait allusion qu'à la procédure de liquidation des biens, dans les articles 5-11, 11-1 et 33-1 de l'AUPCAP, ne signifie pas que le privilège est absent des procédures de conciliation, de règlement préventif et de redressement judiciaire[866]. Dans ces procédures, les bénéficiaires du privilège du nouvel apport doivent être payés dès que leurs créances arrivent à échéance. Par contre, lorsque les prestations à fournir naîtront plutôt

---

[866] MAGUEU KAMDEM (J. D.), thèse précitée, p. 333

d'un contrat instantané, à l'instar d'un contrat de vente, c'est la règle du paiement au comptant qui trouvera application[867].

472-En tout état de cause, l'option en faveur de la continuation du contrat entraîne un retour aux règles de droit commun. À cet égard, au titre de droit comparé, la Cour de cassation française a déclaré que « *ce sont les règles de droit commun qui doivent s'appliquer aux créanciers apparus après le jugement d'ouverture ; ces créanciers doivent être payés à l'échéance, comme s'il n'y avait pas de procédure collective en cours* »[868]. Ils doivent donc être payés par le syndic ou par le débiteur au fur et à mesure que leurs créances sont échues.

On en déduit que les créances postérieures échappent aux règles strictes des procédures collectives. D'après un auteur, « *cette neutralisation des règles de la discipline collective permet aux créances postérieures d'être payées à n'importe quel moment de la procédure collective, en rendant inopérants les effets du jugement d'ouverture* »[869]. La règle de l'interdiction des paiements qui résulte de plein droit de l'ouverture de la procédure leur est, de ce fait, inopposable[870]. Leurs créances ne subissent pas l'arrêt du cours des intérêts et ne sont pas, non plus, soumises à la procédure de déclaration et de vérification.

De même, ils ne subissent pas la règle de l'interdiction des poursuites individuelles. Les créanciers postérieurs ont dès lors la liberté de recourir ou non à la justice en vue d'obtenir un titre exécutoire lorsqu'ils ne sont pas payés à échéance.

B- Une liberté d'exercice du droit des poursuites individuelles

473-La conséquence du droit reconnu aux créanciers postérieurs de se faire payer à l'échéance est la liberté qui leur est reconnue de pratiquer les voies d'exécution appropriées pour le recouvrement de leurs créances. Il s'agit de la possibilité pour eux de recourir aux poursuites individuelles et aux voies d'exécution pour faire valoir

[867] Dans le même sens, cf. SALEY SIDIBÉ (H.), thèse précitée, p. 240.
[868] Cass. com. 5/02/2002, n° 98-18018 : *Bull. civ.* IV, n° 27.
[869] SALEY SIDIBÉ (H.), thèse précitée, p. 264.
[870] Cf. GATSI (J.), article précité, p. 71 et s.

leurs droits[871]. Ils peuvent, en fait, recourir à la justice en vue d'obtenir un titre exécutoire lorsqu'ils ne sont pas payés à échéance.

En effet, à la question de savoir si les créanciers postérieurs impayés peuvent exercer des poursuites individuelles pour assurer le recouvrement de leurs créances, la Cour de cassation a, dès un arrêt du 20 juin 1989, répondu par l'affirmative en reconnaissant au Trésor public le droit de délivrer un avis à tiers détenteur[872]. Plus récemment, par un arrêt du 25 juin 1996, la même Cour a réaffirmé avec force que le titulaire d'une créance de la masse, demeurée impayée, peut exercer librement son droit de poursuite individuelle et que le droit d'être payé à l'échéance est indissociable du droit d'exercer des poursuites[873].

474-C'est dire alors qu'en cas d'impayé, le créancier postérieur peut agir en justice pour obtenir le paiement des créances postérieures. Il a le droit à l'exécution forcée de l'obligation de paiement constatée par un titre. Il a le droit de pratiquer toute saisie, mobilière, immobilière ou conservatoire. Sont, ainsi, recevables toutes les actions en paiement pour lesquelles le créancier peut demander un titre exécutoire[874], ainsi que les procédures d'exécution et, notamment, les saisies-attribution[875].

Il s'agit, en fait, d'une sanction du non-paiement à l'échéance de la créance de la masse par le syndic ou le débiteur. De même, le créancier postérieur peut réclamer le paiement des intérêts moratoires

---

[871] Sur l'inopposabilité des règles interdisant le paiement en cours de procédure aux créanciers de la masse, lire SALEY SIDIBÉ (H.), thèse précitée, p. 264 et s. Cf. également BALEMAKEN (E. L. R.), thèse précitée, p. 422 et s.

[872] Elle déclarait concrètement que : « *Si une créance d'impôt née régulièrement après le jugement d'ouverture du redressement judiciaire n'est pas payée à l'échéance lorsque l'activité est poursuivie, les dispositions des (articles 40, 47, 49 de la loi et 61, 62 du décret) n'interdisent pas au comptable du Trésor d'exercer son droit de poursuite individuelle* ». Cass. com., 20 juin 1989, Bull. civ., n° 196, *JCP E* 1990, II, no 15658, obs. M. CABRILLAC et Ph. PÉTEL et E, 1991, II, 141, note D. F. ; *RTD com.* 1990, p. 106, n° 3, obs. A. MARTIN-SERF ; *Rev. proc. coll.* 1990, n° 3, p. 237, n° 3, note C. SAINT-ALARY-HOUIN.

[873] Cass. com., 25 juin 1996, *D.* 1996, p. 616, note F. DERRIDA ; 11 févr. 1997, *D. aff.* 1997, p. 350 ; *LPA* 1997, n° 84, p. 27, obs. BRANDEAU ; *RD bancaire et fin.* 1997, p. 78, obs. CAMPANA et CALENDINI ; *RTD com.* 1998, p. 210, obs. MARTIN-SERF ; 3 juin 1977, *D. aff.* 1997 n° 33, p. 1082.

[874] Cass. com., 13 oct. 1998, *RJDA* 12/98, n° 1379. *LPA* 1999, n° 221, p. 18, obs. G. TEILLIAIS.

[875] Cass. com., 26 avr. 2000, *Bull. civ.* IV, n° 85, p. 75, *RJDA* 26 avr. 2000, *RJDA* 11/00, n° 1010 : saisie-attribution d'un prix d'adjudication.

en cas de retard dans le paiement de ses créances. L'arrêt du cours des intérêts consécutifs au jugement d'ouverture ne concernant pas les créances postérieures, le créancier de la masse peut aussi prétendre au paiement des intérêts courus depuis la date d'exigibilité de sa créance.

475-La reconnaissance du droit d'agir en justice peut paraître contradictoire à l'objectif de redressement de l'entreprise débitrice. Et pourtant, il ne faut pas oublier que sans le soutien des créanciers postérieurs, l'entreprise en redressement est condamnée à la liquidation. Sa survie serait compromise si ses partenaires venaient à douter de sa capacité à répondre de son nouveau passif. Leur paiement est prioritaire au redressement de l'entreprise ; laquelle ne peut espérer se redresser si elle n'est pas capable de payer son passif postérieur[876].

476-Toutefois, le paiement à l'échéance de ces créanciers peut être mis à mal par les privilèges reconnus à certains créanciers. Il s'agit des créanciers de salaires super privilégiés, qui conformément à l'article 96 de l'AUPCAP, doivent au plus tard, dans les dix (10) jours qui suivent la décision d'ouverture et sur simple décision du juge-commissaire, recevoir du syndic le paiement de toutes leurs créances superprivilégiées sous déduction des acomptes déjà perçus. C'est dire que les créances postérieures ne seront pas payées avec les premières rentrées de fonds qui sont destinées au paiement exclusif du superprivilège des salaires, mais plutôt avec leur solde.

Il s'agit aussi des créanciers titulaires du droit de rétention et de la clause de réserve de propriété, bénéficiaires du droit de revendication sur les biens et leur prix contre le sous-acquéreur[877]. Les fonds provenant de la revente des biens vendus sous réserve de propriété sont, en principe, destinés au désintéressement du vendeur d'origine[878].

477-Quoi qu'il en soit, si malgré les mesures d'exécution, la priorité de paiement des créances salariales super privilégiées et l'éventuelle opposition des titulaires de la propriété-sûreté, les créances postérieures ne sont pas payées à leur échéance, et que l'entreprise débitrice a été admise en liquidation des biens, elles

---

876 *Ibid.*, p. 424.

877 Cf. articles 101 et s. de l'AUPCAP.

878 Sur l'incertitude quant à l'effectivité de la règle du paiement à l'échéance ou au comptant des créanciers postérieurs, lire SALEY SIDIBÉ (H.), thèse précitée, p. 246 et s.

bénéficient d'un paiement par préférence. Autrement dit, à défaut de paiement à l'échéance, les créances de la masse bénéficient d'une priorité de paiement.

Paragraphe 2- Le paiement par préférence relatif dans la procédure de liquidation des biens de l'entreprise en difficultés

478-Afin de favoriser le financement de la poursuite de l'exploitation et d'inciter les créanciers à faire crédit à l'entreprise en difficulté, le législateur de l'OHADA a conféré aux créanciers dont la créance naîtrait après le jugement d'ouverture un privilège de paiement sur tous les créanciers antérieurs. Alors, si le créancier postérieur n'est pas payé à l'échéance, il est réglé par privilège aux autres créanciers selon un classement précis[879].

En réalité, parce qu'ils ont contracté avec un partenaire à risque, en raison de sa cessation de paiement caractérisée[880], les créanciers postérieurs ou de la masse bénéficient du paiement privilégié de leurs créances. Celles-ci sont payées avant toutes les autres créances antérieures ou dans la masse, même lorsqu'elles bénéficient des privilèges ou des sûretés réelles spéciales.

479-Toutefois, force est de constater que toutes les créances postérieures, parce qu'occupant des rangs différents, n'auront pas de chance d'être payées. Il existe en réalité deux types de créanciers postérieurs, car tous ne bénéficient pas de la même priorité. Aux créanciers bénéficiant du privilège du nouvel apport des articles 5-11, 11-1 et 33-1 de l'AUPCAP, s'opposent les créanciers de l'article 117 du même texte. Si, de ce fait, les chances de paiement des créances de ceux-là sont élevées (**A**), il n'en est pas le cas de ceux-ci dont le paiement reste très douteux (**B**).

A- La priorité de paiement assurée des créances du nouvel apport

480-Aux termes des alinéas 1 des articles 5-11 et 11-1 de l'AUPCAP, en cas d'ouverture d'une procédure de liquidation des

---

879 Dans le même sens, cf. BERGER-PERRIN (B.), « Que reste-t-il de la finalité traditionnelle de traitement du passif ? », *Rev. proc. coll.*, janv. 2012.

880 NEMEDEU (R.), « Le principe d'égalité des créanciers : vers une double mutation conceptuelle. Étude à la lumière du droit français et OHADA », *RTD com.*, 2008, p. 241 et s.

biens postérieurement à la conclusion d'un accord de conciliation homologué ou exéquaturé, à l'homologation du concordat préventif, par la juridiction ou l'autorité compétente, les personnes qui avaient consenti, dans l'accord ou dans ce concordat, un nouvel apport en trésorerie au débiteur en vue d'assurer la poursuite de l'activité de l'entreprise débitrice et sa pérennité sont payées au titre du privilège selon les rangs prévus par les articles 166 et 167 dudit Acte uniforme.

Dans le même sens, l'alinéa 1 de l'article 33-1 du même Acte uniforme dispose qu'en cas de conversion d'une procédure de redressement judiciaire en liquidation des biens, les personnes qui avaient consenti dans le concordat de redressement judiciaire un nouvel apport en trésorerie au débiteur en vue d'assurer la poursuite de l'activité de l'entreprise débitrice et sa pérennité sont payées au titre du privilège selon les mêmes rangs.

Ces textes ne se limitent pas aux seuls concours bancaires. D'après les alinéas 2 des textes suscités, « *les personnes qui fournissent un nouveau bien ou service en vue d'assurer la poursuite de l'activité de l'entreprise débitrice et sa pérennité bénéficient du même privilège pour le prix de ce bien ou de ce service* ».

481-Il ressort de ces articles qu'en cas d'échec de l'accord de conciliation, du concordat préventif, ou du concordat de redressement, et d'ouverture ultérieure d'une procédure de liquidation des biens, une priorité de paiement est accordée aux personnes qui avaient consenti, dans ces accords collectifs, un nouvel apport en trésorerie, ou fourni un nouveau bien ou service, au débiteur en vue d'assurer la poursuite d'activité de l'entreprise et sa pérennité. C'est dire qu'à défaut de paiement à l'échéance des bénéficiaires des articles 5-11, 11-1 et 33-1 de l'AUPCAP, ils doivent être payés par priorité en cas de conversion des procédures de conciliation, de règlement préventif et de redressement judiciaire en liquidation des biens.

482-Conformément aux articles 166 et 167 de l'AUPCAP, ces créanciers du nouvel apport bénéficient d'un droit de préférence non seulement sur les créanciers antérieurs, mais surtout sur les autres créanciers de la masse. Ils bénéficient en fait d'un rang de premier ordre dans la répartition des deniers résultant de la réalisation des biens du débiteur. Ce qui a fait dire un auteur que ces créanciers sont des créanciers de la masse spéciaux[881]. Qu'il s'agisse de la répartition

[881] MAGUEU KAMDEM (J. D.), thèse précitée, p. 333.

des derniers provenant de la réalisation des immeubles et des meubles, ils occupent le premier rang. Ils sont désintéressés avant tout autre créancier de l'entreprise, même les créanciers de frais de justice engagés pour parvenir à la réalisation du bien vendu et à la distribution elle-même du prix.

483-En cas d'existence de plusieurs créanciers bénéficiant du privilège des articles 5-11, 11-1 et 33-1, et d'insuffisance des derniers pour les désintéresser totalement, les articles 166, alinéa 2, et 167, alinéa 2, disposent qu'ils doivent concourir aux répartitions dans la proportion de leurs créances totales au marc le franc. Ils doivent alors être payés chacun proportionnellement à sa créance. Quoi qu'il en soit, le créancier bénéficiaire du privilège du nouvel apport a plus de chance d'être désintéressé par rapport aux autres créanciers postérieurs.

B- La priorité de paiement douteuse des autres créances postérieures

484-L'Acte uniforme relatif aux procédures collectives d'apurement du passif prévoit un classement unique et général des créanciers en fonction de la nature du bien réalisé. En effet, d'après l'article 165, alinéa 1, de l'AUPCAP, le montant de l'actif, distraction faite des frais et dépens de la liquidation des biens, ainsi que des secours qui auraient été accordés au débiteur ou à sa famille, est réparti entre tous les créanciers dont la créance est admise. Cet actif doit, en fait, être distribué aux créanciers aussi bien antérieurs que postérieurs au jugement d'ouverture.

485-En ce qui concerne les créances postérieures, le rang qui leur est réservé semble relativement favorable à leur désintéressement. En effet, qu'il s'agisse des deniers provenant de la réalisation des immeubles ou des meubles, les créanciers postérieurs occupent un ordre qui laisse à désirer ou à douter sur le paiement de leurs créances. Si dans la distribution des derniers provenant de la réalisation des immeubles ils occupent le cinquième (5e) rang[882], dans la distribution des deniers provenant de la réalisation des meubles, ils viennent en septième (7e) position[883].

[882] Cf. article 166 de l'AUPCAP.
[883] Cf. article 167 de l'AUPCAP.

Concrètement, conformément à l'article 166 de l'AUPCAP, les créanciers postérieurs sont supplantés par les créanciers bénéficiant du privilège prévu par les articles 5-11, 11-1 et 33-1, les créanciers des frais de justice engagés pour parvenir à la réalisation du bien vendu et à la distribution du prix, les créanciers de salaires super privilégiés en proportion de la valeur de l'immeuble par rapport à l'ensemble de l'actif, et les créanciers titulaires d'une hypothèque conventionnelle ou forcée et les créanciers séparatistes inscrits dans le délai légal.

486-Par ailleurs, selon l'article 167 de l'AUPCAP, les créanciers de la masse passent après les créanciers bénéficiant du privilège du nouvel apport, les créanciers des frais de justice, les créanciers de frais engagés pour la conservation du bien du débiteur dans l'intérêt du créancier dont les titres sont antérieurs en date, créanciers de salaires super privilégiés en proportion de la valeur du meuble par rapport à l'ensemble de l'actif, les créanciers garantis par un privilège général soumis à publicité, un gage, ou un nantissement, chacun à la date de son opposabilité aux tiers et les créanciers munis d'un privilège mobilier spécial, chacun sur le meuble supportant le privilège.

487-Toutefois, faut-il se réjouir du fait qu'ils supplantent eux-mêmes les créanciers munis d'un privilège général selon l'ordre établi par l'Acte uniforme portant organisation des sûretés et les créanciers chirographaires ?

Quoi qu'il en soit, au regard de cette répartition, il n'est pas exagéré de considérer les créanciers de la masse comme des parents pauvres non pas des procédures collectives, mais de la procédure de liquidation des biens. Car il y a très peu de chance qu'ils soient désintéressés à son ouverture. Du droit au paiement à l'échéance dans les procédures de sauvegarde à la préférence de paiement en cas de liquidation des biens de l'entreprise en difficulté, les créanciers de la masse passent « *d'héros à zéro* »[884]. Toute chose qui ne concourt aucunement à les inciter à davantage financer la continuation ou le maintien de l'activité de l'entreprise soumise à une procédure collective.

488-En somme, force est de noter qu'acteur indispensable de la continuation de l'exploitation de l'entreprise en difficulté en vue de son redressement, le créancier postérieur bénéficie d'un régime de

[884] Comme le créancier privilégié tel que qualifié par le Professeur Jean GATSI, in article précité, p. 72.

faveur. Ce régime qui vise à favoriser ces partenaires de l'entreprise qui acceptent de l'accompagner tout au long de la procédure de sauvegarde leur offre une double garantie : une garantie d'exécution et une garantie de paiement.

Autrement dit, le maintien de la confiance des anciens partenaires ou la conquête de nouveaux a nécessité pour le législateur uniforme africain la mise sur pied de véritables mesures incitatives visant à les encourager à davantage participer au maintien de l'activité par la garantie d'une assurance d'exécution saine des obligations contractuelles et de paiement des créances qui en résulteront.

489-Cocontractants d'une entreprise en difficulté dont la solvabilité est incertaine, les créanciers qui prennent le risque de continuer ou de s'engager avec celle-ci bénéficient de la préservation de la force obligatoire du contrat et de tous leurs droits. Par ailleurs, le traitement préférentiel des créances postérieures se caractérise, dans les procédures de sauvetage, par la règle du paiement à l'échéance ou au comptant, et en cas d'ouverture d'une procédure de liquidation des biens, par celle du paiement par préférence ou par priorité.

CONCLUSION DU TITRE II

490-Au terme de l'analyse de la contribution des créanciers dans le sauvetage des entreprises en difficulté, force est de constater qu'il s'agisse des créanciers antérieurs ou des créanciers postérieurs au jugement d'ouverture de la procédure collective, ils jouent un rôle très indispensable. Ils restent et demeurent des acteurs incontournables du droit des procédures collectives.

491-Enjeu majeur pour une économie et les hommes qui la développent, la sauvegarde d'une entreprise en difficulté repose, en fait, sur ses différents créanciers. Ainsi, si l'amenuisement des intérêts des créanciers dans la masse est guidé par les exigences de la discipline collective, le renforcement de ceux des créanciers de la masse est commandé par la nécessité de la continuation de l'activité de l'entreprise débitrice. La paralysie des droits des créanciers et le régime juridique préférentiel accordé aux créanciers de la masse concourent au meilleur redressement de l'entreprise.

En effet, signe manifeste de la sévérité affichée à l'égard des créanciers dans la masse, le principe de suspension des poursuites individuelles et des voies d'exécution vise non seulement une meilleure protection des droits des créanciers, mais également le sauvetage de l'entreprise en difficulté. Toutefois, afin de mieux sauvegarder leurs intérêts individuels, certains créanciers disposent de formidables moyens leur permettant de se prémunir contre le risque d'une défaillance de leurs débiteurs. Ces créanciers peuvent recourir aux techniques de transfert de tout ou partie des risques à la charge des tiers, comme les mécanismes de l'assurance-crédit ou de l'affacturage. En outre, ils disposent de la faculté de garder la propriété du bien, vendu ou acquis à charge de restitution, pour garantir le paiement de leurs créances, et la conserver tant qu'ils n'auront pas encore été intégralement payés. La propriété est alors ici utilisée comme une garantie.

492-C'est dire clairement que les considérations d'intérêt général ne peuvent totalement occulter les intérêts particuliers qui rejaillissent à l'occasion de l'ouverture d'une procédure collective. Aussi, force est, dès lors, de constater que tous les créanciers de l'entreprise en difficulté ne sont pas toujours logés à la même enseigne et ne subissent pas par conséquent le même sort. Tel est le cas des créanciers postérieurs, c'est-à-dire ceux dont les créances naissent de la continuation de l'exécution des contrats en cours après le jugement d'ouverture, ou de nouveaux contrats conclus en cas de continuité de l'activité, qui bénéficient de prérogatives particulières.

À cet égard, l'AUPCAP reconnaît à ces créanciers de la masse la possibilité d'exiger, pour les prestations fournies, un paiement au comptant ou à l'échéance, avec cette faculté d'opposer au syndic ou au débiteur l'exception d'inexécution. Cette liberté d'exécution, en toute quiétude, des obligations contractuelles qui leur est reconnue pendant la procédure de sauvegarde est garantie en cas de liquidation des biens par la priorité de paiement qui, bien qu'encourageant pour certains créanciers postérieurs, reste incertaine à l'égard d'autres.

CONCLUSION DE LA DEUXIÈME PARTIE

493-L'étude de la dualité d'objectifs des techniques de sauvetage des entreprises en difficultés a permis de constater que face à la diversité de situations de crise, existe une multitude de mesures destinées à assurer la survie de l'entreprise qui demeure encore viable économiquement.

Issus des procédures collectives et d'autres disciplines, à l'instar du droit social et du droit des sûretés, ces moyens à but préventif et curatif assurent la protection de deux intérêts majeurs : ceux de l'entreprise entendue ici comme double unité économique et sociale, et ceux des créanciers qu'ils soient antérieurs ou postérieurs. En effet, compte tenu de l'interdépendance entre l'entreprise et son milieu, les techniques de sauvetage ont essentiellement pour objectifs d'assurer la survie de l'entreprise, avec le maintien des emplois et le désintéressement des créanciers. C'est dire que la permanence de l'entreprise ne peut être dissociée de la sauvegarde des intérêts des créanciers.

494-L'importance accordée à la médiation et à la conciliation, comme mode de règlement préventif des difficultés de toute entreprise, ou la prise en compte de l'intérêt des petites entreprises, par la consécration à leur égard des procédures simplifiées, témoigne du renforcement de la protection contre la disparition de l'outil de production. Il faut la préserver à tout prix. Toutefois, pour y parvenir, encore faudrait-il avoir bien apprécié les capacités intrinsèques et las appuis nécessaires requis de ses créanciers. En fait, les mesures de sauvegarde prescrites ne peuvent efficacement concourir à une meilleure exaltation de la permanence de l'entreprise que suite à une bonne appréciation objective et subjective de ses intérêts.

495-À cet égard, les dirigeants de l'entreprise se doivent de prendre leurs responsabilités en main. Il leur revient, alors, de choisir parmi les différentes procédures préventives et curatives celle qui est la mieux adaptée à la situation économique réelle de l'entreprise dont ils ont la charge. Quoi qu'il en soit, la juridiction compétente, qu'elle se soit saisie d'office ou l'a été par le débiteur ou les créanciers, est appelée à procéder à une analyse objective et sérieuse de la situation de l'entreprise. Sa décision conditionne le sort des salariés et de leurs emplois.

En réalité, s'il est vrai que l'importance du passif généré par la défaillance de l'entreprise ne peut être surmontée sans imposer de lourds sacrifices en matière d'emploi, il n'en demeure pas moins que la préservation de la permanence de l'entreprise requiert une protection réelle des droits des salariés. Plus que certains créanciers, leur protection ne doit pas être seulement limitée à leurs intérêts financiers. Il doit être mis en œuvre les mesures pouvant leur assurer une stabilité certaine de l'emploi. Néanmoins, au même titre que tous les créanciers, à l'exception de ceux dont la créance est née postérieurement au jugement d'ouverture, la discipline collective les contraint à d'énormes sacrifices.

496-La recherche de moyens pour assurer la pérennité de l'exploitation de l'entreprise justifie l'affaiblissement du rôle et des pouvoirs des créanciers, à l'avantage de l'omniprésence et de l'omnipotence des tribunaux. Ils subissent non seulement la suspension des poursuites individuelles, mais aussi la déchéance du terme de leurs créances, ainsi que l'arrêt du cours des intérêts et de l'inscription des sûretés.

Cette égalité recherchée et affirmée pour les créanciers antérieurs est vite atténuée par les mécanismes tels que l'assurance-crédit, l'affacturage ou la propriété-sûreté qui permettent à certains d'entre eux de consolider le paiement de leurs droits. Ces derniers sont comparables aux créanciers de la masse qui, comme des héros, bénéficient d'importants privilèges. Acteurs indispensables pour la continuité de l'activité de l'entreprise en difficulté, voire de son redressement, les créanciers postérieurs bénéficient d'un régime plus spécifique. Ainsi, à défaut d'un droit au paiement à l'échéance ou au comptant de leurs créances, ils ont le droit d'être payés, en cas de liquidation des biens, par priorité à tous les autres créanciers.

497-Toutefois, force est de constater que si ce paiement par préférence reste une garantie en or pour le désintéressement des créanciers des articles 5-11, 11-1 et 33-1 de l'AUPCAP, de sérieux doutes existent quant au paiement effectif des autres créanciers. En tout état de cause, une prise en compte normale de la dualité des objectifs de sauvetage permettra de ne plus chercher en vain, en Afrique, des entreprises en difficultés qui se redressent.

CONCLUSION GÉNÉRALE

498-Cette étude a permis de mettre en évidence l'existence d'un corps de normes communes aux entreprises en difficulté : la recherche systématique d'un plan global de redressement, dans le cadre des procédures collectives comme en dehors, montre la dualité des fonctions préventive et curative de ces techniques juridiques ; ce n'est qu'en intervenant, alors que la situation n'est pas encore désespérée, et en utilisant des moyens efficaces que le sauvetage demeure possible. De même, les intérêts en cause ne se réduisent pas à ceux des seuls créanciers de l'entreprise, mais doivent être conciliés avec ceux de l'entreprise elle-même, ceux des salariés ou de l'environnement économique et social… Cette inévitable interférence des enjeux consacre à notre sens une nouvelle logique[885].

499-Pourtant, la réalité renvoie une image que l'on pourrait qualifier de négative, si l'on juge du moins par certaines règles nouvelles élaborées récemment. En effet, si on peut négliger l'absence de codification globale des interventions publiques financières, on doit par contre regretter énormément ici la grande érosion du droit des créanciers bénéficiaires des sûretés. Les intérêts de ces créanciers en particulier, et de tous les autres en général, qui sont tout aussi légitimes, sont sacrifiés[886]. C'est là une faute grave, car c'est tuer le crédit qui est la base du commerce[887]. Aussi, ce n'est point adopter une attitude cohérente que d'inciter les fournisseurs et les banquiers, par exemple, à faire crédit aux entreprises et, dans le même temps, de leur signifier qu'en cas de défaillance de leur débiteur, ils n'ont rien à espérer, même s'ils ne sont entourés de sûretés[888].

500-À défaut, les créanciers chercheront ainsi naturellement des modalités techniques de nature à éviter des risques susceptibles de leur assurer une certaine protection. Inévitablement, ils affaibliront l'entreprise et rendront peut-être inutile le texte nouveau. Paradoxalement, le législateur africain les encourage dans cette voie en admettant parfois la réalisation de la sûreté malgré la suspension

---

[885] Cf. VASSEUR Michel : Droit des affaires II, *op. cit*, p. 764 ; POUGOUE (P.-G.), « Compte- rendu de colloque de L.D.E.F », *op. cit.*, p. 179.

[886] Cf. ANOUKAHA (F.), ouvrage précité, n° 179 et 180.

[887] Cf. SOINNE (B.), « Problématique sur la nouvelle loi sur le redressement et la liquidation judiciaires », Gazette du Palais, 1985, II, p. 405 ; DERRIDA (F.), GODE (P.) et SORTAIS (J.P), *op. cit.*, n° 631.

[888] Les créanciers chirographaires ne touchaient pas grand-chose avec la législation ancienne. Il y a risque pour que désormais, ce soit également le cas pour les créanciers privilégiés.

des poursuites individuelles imposées par lui[889]. Inéluctablement, le principe de la suspension des poursuites individuelles risque de connaître un avenir trouble.

501-Dès lors, l'AUPCAP pourra ne pas résoudre l'ensemble des problèmes posés actuellement par les entreprises en difficulté[890]. À vrai dire, le législateur africain a estimé que le sacrifice est utile à la sauvegarde de l'entreprise ou un maintien de l'activité, et par voie de conséquence, un antipode au chômage. C'est pourquoi, en dépit des conséquences néfastes sur l'avenir du crédit, il a estimé qu'il y a avait une nécessité réelle d'adopter pareille solution, car c'est grâce à la continuation de l'activité que les créanciers pourront être surement remboursés[891].

502-Cependant, il ne faut pas s'illusionner. Il est incontestable que la réforme de la réforme interviendra nécessairement, ceci pour deux raisons au moins. D'une part, la réforme de la réforme à venir devrait comprendre, dans son domaine, l'ensemble des questions posées par les entreprises en difficulté et ne se limiterait plus aux seules procédures collectives ; elle permettrait ainsi de codifier tout le droit des entreprises en difficulté, y compris la question des interventions financières publiques dans son ensemble. D'autre part, une législation nouvelle, de l'ampleur de l'Acte uniforme sur les procédures collectives d'apurement du passif, initial et de sa révision, est encore, pour paraphraser un éminent professeur et lui rendre tout l'hommage que suscitent ces réflexions, « *terre vierge qu'il faut défricher et planter* »[892].

De toute évidence, les techniques juridiques ne peuvent résoudre entièrement un problème qui est essentiellement financier et économique. Elles peuvent seulement en faciliter la solution, et ce n'est pas là leur moindre mérite.

---

[889] Cf. Supra, N° 304 et S. ; Cf. surtout ANOUKAHA (F.), *op.cit.*, n° 175 à 178 ; KALIEU (Y.), *op. cit*, p. 201 et s.

[890] Cf. POUGOUE (P.G) : « Compte- rendu de colloque de l'I.D.E.F… », *op. cit*, p. 179 à 182 ; ANOUKAHA (F.), *op. cit.*, n° 175 et S.

[891] Cf. DERRIDA (F.), GODE (P.) et SORTAIS (J.P.), *op. cit.*, n° 632.

[892] Cf. VASSEUR (M.) : Droit des affaires II, *op. cit.*, p.766.

BIBLIOGRAPHIE

I- OUVRAGES GÉNÉRAUX ET ÉTUDES

ANOUKAHA (F.), Le droit des sûretés dans l'Acte Uniforme OHADA, coll. Droit uniforme, P.U.A, Yaoundé, 1998.

BEGUIN (J.), Les procédures spéciales aux affaires, Litec, Paris, 1980.

BOURASSIN (M.), BREMOND (V.) et JOBARD-BACHELLIER (M.-N.), Droit des sûretés, 4e éd., Sirey, Paris, 2014.

CASSOU (P. H.), Les aides financières aux entreprises, Litec, Paris, 1977.

CHAPUT (Y.), La faillite et les entreprises en difficulté, PUF, Paris, coll. Que sais-je ? 2e éd., 1994.

CHARTIER (Y.), Droit des affaires : Entreprises en difficultés, prévention, Redressement et Liquidation, T_3, PUF, Paris, coll. Thémis, 1989.

DERRIDA (F.), GODE (P.) et SORTAIS (J. P.), Redressement et liquidation judiciaire des entreprises. Cinq ans d'application de la loi du 25 Janvier 1985, 3e éd., Dalloz, Paris, 1991.

DEXPAX (M.), L'entreprise et le droit, LGDJ, Paris, 1957.

GAVALDA (Chr.), Les défaillances bancaires, LGDJ, Paris, 1995.

GRESSE (C.), Les entreprises en difficulté, éd. Économica, Paris, 1994.

GUYON (Y.), - Droit des affaires : Entreprises en difficulté, Redressement, Faillite, Économica, Paris, T 2, 9e éd., 2003.

- Droit des affaires : Droit Commercial Général et sociétés, Économica, Paris, T 1, 7e éd., 1992.

HAEHL (J. Ph.), Les techniques de renflouement des entreprises en difficulté, éd. Librairies Techniques, Paris, 1980.

JADAUD (B.), Redressement et liquidation judiciaires des entreprises, éd. Montchrestien, Paris, 1995.

JEANTIN (M.), Droit commercial, Entreprises en difficultés, Précis Dalloz, Paris, 2e éd., 1990.

KALIEU ELONGO (Y. R.), Le droit des procédures collectives de l'OHADA, PUA, Yaoundé, 2016.

MARTIN (J. F.), Redressement et liquidation judiciaires, Lamy commercial, Paris, 1994.

NGUEBOU (J.), Le Droit Commercial Général dans l'Acte Uniforme OHADA, collection Droit Uniforme, PUA., Yaoundé, 1998.

PEROCHON (F) et BONHOMME (R), Entreprises en difficulté, Instruments de crédit et de paiement, 8e éd. LGDJ, 2009.

POUGOUE (P. G.), - Droit du travail et de la prévoyance sociale au Cameroun, T1, éd. PUC, Yaoundé, 1988.

- (sous la direction de), Code du travail camerounais annoté, PUA, Yaoundé, 1997.

POUGOUE (P. G.), ANOUKAHA (F.) et NGUEBOU (J.), Le Droit des Sociétés Commerciales et du Groupement d'Intérêt Économique OHADA, PUA, Yaoundé, octobre 1998.

SAINT-ALARY-HOUIN (C), Droit des entreprises en difficulté, 6e éd., Montchrestien, Domat, 2009.

SAWADOGO (F.-M.), OHADA, Droit des entreprises en difficulté, Collection Droit Uniforme, Bruxelles, Bruylant, 2002.

VASSEUR (M.), Droit des affaires II : Le traitement des entreprises en difficulté, éd. Les cours de Droit, 1987.

VIANDIER (A.) et ENDREO (G.), Redressement et liquidation judiciaires des entreprises, Litec, Paris, 1986.

II- ENCYCLOPÉDIE

POUGOUE (P.-G.) (Sous la direction de), Encyclopédie du droit OHADA, préface de Barthélemy MERCADAL, avant-propos de Jacques DAVID, Lamy, Paris, 2012, 2174 pages.

III- THÈSES

ADJAGBA (I.), Le déclin des sûretés réelles spéciales dans les procédures collectives de redressement judiciaire des entreprises, thèse, Paris II, juillet 1988.

AGBENOTO (K. M.), Le cautionnement à l'épreuve des procédures collectives, thèse, Maine et Lomé, 2008.

AHOUA (D.), Le nouveau droit de restructuration des sociétés commerciales des pays de l'OHADA, comparaisons avec le droit français, thèse, Bordeaux, février 2015.

BALEMAKEN (E. L. R.), Le juge et le sauvetage de l'entreprise en difficulté en droit OHADA et en droit français, étude de droit comparé, thèse, Panthéon-Assas, septembre 2013.

BAMBA (M.), De l'efficacité des procédures collectives : une étude comparée des législations anglaise et française, thèse, Toulouse, décembre 2015.

BENABDALLAH ABDELHAMID, Le sort des sûretés classiques dans les procédures collectives : évolution et déclin, thèse, Paris II, juin 1984.

BOUABIDI (Z.), Le contentieux de l'impayé : approche comparative entre la France et le Maroc, thèse, Toulon et Var, 2013.

BOURDAIS (M.), Étude critique des modes de cession applicables au fonds de commerce dans le cadre de la réalisation des actifs en liquidation judiciaire, thèse, Lille 2, novembre 2017.

CAPOEN (A.-L.), La responsabilité bancaire à l'égard des entreprises en difficulté, thèse, Toulouse, 2008.

CLOITRE (M.), L'unité économique et sociale, thèse, Rennes 1, mars 2013.

CEA (A.), L'unité économique et sociale en droit du travail, thèse, Bordeaux, juin 2016.

FARHI (S.), La fiducie-sûreté et le droit des entreprises en difficulté, thèse, Nice Sophia Antipolis, décembre 2013.

GADRAT (M.), Restructurations et droit social, thèse, Bordeaux, décembre 2014.

GONCALVES SCHWARTZ (M.), La notion de mandataire ad hoc, thèse, Poitiers, décembre 2013.

JEANNEROT (Ph.), L'intervention judiciaire dans les procédures de redressement judiciaire, thèse, Paris I, 1992.

KALIEU (Y. R.), Les garanties conventionnelles du fournisseur du crédit en droit camerounais, thèse, Montpellier, 1995.

KARFO (S. Th. S.), Paiement des créanciers, sauvetage de l'entreprise : Étude comparative des législations OHADA et française de sauvegarde judiciaire des entreprises en difficulté, thèse, Toulouse, décembre 2014.

KENFACK (P. E.), La mobilité du capital de l'entreprise et le droit social au Cameroun, thèse 3e cycle en droit, Université de Yaoundé II, 1994.

KOKOU EVELAMENOU (S.), Le concordat préventif en droit OHADA, thèse, Lomé et Paris-Est Val-de-Marne, décembre 2012.

KOUAMO (D. R.), L'implication du salarié dans la prévention et le traitement des difficultés des entreprises dans l'espace OHADA. Le cas du Cameroun, thèse, Nantes, janvier 2018.

MAGUEU KAMDEM (J. D.), Le financement des entreprises en difficultés en droit OHADA, thèse, Dschang, août 2016.

MENTILLE (L.), La clause de réserve de propriété dans le droit et la pratique des affaires, thèse, Lyon III, 1981.

MOHO FOPA (E. A.), L'ordre public en droit commercial OHADA, thèse, Dschang, novembre 2014.

NYAMA (J. M.) : Stratégie et perspective du droit de la faillite au Cameroun, thèse, Paris I, 1980.

OYONO (M.), La protection des sûretés réelles exclusives dans les procédures collectives en droit comparé Franco-OHADA, thèse, Montpellier, septembre 2016.

SALEY SIDIBÉ (H.), Le sort des créances postérieures en droit français et en droit de l'organisation pour l'harmonisation en Afrique du droit des affaires (OHADA), thèse, Nice Sophia Antipolis, septembre 2013.

TCHOUAMBIA TOMTOM (L. J. B.), La transparence dans les procédures collectives d'apurement du passif de l'OHADA, thèse, Dschang, juillet 2013.

TOH (A.), La prévention des difficultés des entreprises : étude comparée de droit français et droit OHADA, thèse, Bordeaux, décembre 2015.

IV- MÉMOIRES

BIBOUM (L.), La faillite et la liquidation judiciaire, mémoire de maîtrise en droit, Université de Yaoundé, 1990.

KEM CHEKEM (B.M.), Entreprises en difficulté et droits des salariés dans la zone OHADA : le cas du Cameroun, mémoire de DEA, Université de Dschang, 2004.

MAGUEU KAMDEM (J. D.), Les banques et les entreprises en difficultés, mémoire de DEA, Université de Dschang, 2005.

MOHO FOPA (E. A.), Réflexions critiques sur le système de prévention des difficultés d'entreprises OHADA, mémoire de DEA, Université de Dschang, 2007.

NGUIHE KANTE (P.), Les alternatives aux licenciements dans les entreprises en difficulté, mémoire de maîtrise en droit, Université de Yaoundé, 1990.

TSAGMO TAMEKO (E.), La location-gérance de l'entreprise en difficulté en droit des procédures collectives OHADA, mémoire de master, Université de Dschang, 2011.

V- CHRONIQUES-ARTICLES ET NOTES

ANCEL (P.), « Nouvelles sûretés pour créanciers échaudés », *Cahiers de droit de l'entreprise*, 1989, p. 3 et s.

ASSONTSA (R.) et SILIENOU (H. I.), « L'introduction du privilège de ''new money'' en droit OHADA des procédures collectives », *Penan*t, n° 900, juillet-septembre 2017, p. 279 et s.

BACHELOT (Y.), « Les garanties demandées par les banques », *Rev. Jurisp. Com*, 1987, n° spécial, p. 262 et s.

BEY (M.), « Le crédit-bail considéré comme une sûreté », *Rev. Jurisp. Com.*, N° spécial, 1982, p. 52 et s.

BIBOUM BIKAY (F.), L'entreprenant et les procédures collectives, *Penant*, n° 900, juillet-septembre 2017, p. 357 et s.

BLAISE (H.), « La sauvegarde des intérêts des salariés dans les entreprises en difficultés », *Dr. Soc.*, 1985, p. 449 et s.

BON, « Le rôle du juge dans la nouvelle procédure », *RTDCom.*, 1986, n° spécial, t3, p. 45 et s.

BRUGEILLES (M. R.), « Essai sur la nature juridique de l'entreprise », *RTDCiv.*, 1912, p. 111 à 130.

CABRILLAC (M.), « Les ambiguïtés de l'égalité entre les créanciers », *Mélanges Breton-Derrida*, Paris, 1991, p. 31 et s.

CAMPANA (R. G.) : - « Le projet de réforme des procédures collectives (étude critique) », *D.*, 1977, p. 274 et s.

- « Le cautionnement et l'entreprise en difficulté », *Gaz. Pal.*, 1986, doctr, p. 17 et s.

DARROUSEZ (P.), « Le fonctionnement des procédures collectives : plaidoyer pour une révision », *Gaz. Pal.*, 1988, II, p. 622 et s.

DEBENE (M.), « La restructuration des entreprises publiques », *Encyclopédie Juridique de l'Afrique*, t7, p. 242 et s.

DELEBECQUE (P.), « Les sûretés dans les nouvelles procédures collectives », *JCP*, 1986, éd. N. P., 1985.

DERRIDA (F.), - « Mesures préventives de la faillite », *Travaux de recherches de l'Institut de droit comparé de l'Université de Paris*, T XXII, Bruxelles 1958, p. 287 et s.

- « Vers la sécurité sociale des salaires ? », *D.*, 1974, p.119 et s.

- « La clause de réserve de propriété et le droit des procédures collectives », *D.*, 1980, p. 293 et s.

- « Très brefs propos sur la réforme de la faillite », *D.*, 1993, p. 321 et s.

- « La réforme du droit des entreprises en difficultés (premier aperçu) », *D.*, 1994, p. 267 et s.

- « Concordat préventif et droit français », *Mélanges HAMEL*, Paris, 1961, p. 489 et s.

- « Le crédit et le droit des procédures collectives », *Études Rodière*, Paris, 1982, p. 67 et s.

- « La sécurité de l'emploi et le droit des procédures collectives », *Dr. Soc.*, 1978, n° spécial, p. 161 et s.

DIALLO (B.), « Des procédures adaptées aux « petites » entreprises : les procédures simplifiées », *in Droit et patrimoine*, n° 253, 8 décembre 2015, p. 10 et s.

DIOP-O'NGWERO, « La responsabilité civile du banquier pour l'octroi des crédits à une entreprise en difficulté : à propos d'un jugement du tribunal de Libreville du 17 mars 1992 », *Penant*, 1995, p. 99 et s.

FARVENUEC-HERY (F.), « Licenciement pour motif économique : contrôle ou contournement », *Mélanges en l'honneur de Henry Blaise*, p. 209 à 223.

FOYER (J.), « De l'exécution collective des biens du débiteur à la médecine des entreprises », *Mélanges en l'honneur de Henry Blaise*, p. 55 à 64.

GALLET (Ch.), « La cession à forfait dans les procédures collectives d'Apurement du Passif », *Rev. Jurisp. Com.*, 1984, p. 41 et s.

GATSI (J.), « Le créancier privilégié dans les procédures collectives OHADA : un géant au pied d'argile ? », *Le Nemro, Revue trimestrielle de droit économique*, 2017-1, janvier/mars 2017, p. 50 et s.

GHOZI (A.) : « La nature juridique de la protection des créanciers dans les procédures collectives de règlement du passif », *RTDCom.*, 1975, p. 1 et s.

GULPHE (P.), « La détection des sociétés en crise en droit français », *Rev. Jur. Et Pol. Ind et Coop.*, mars 1978, t32, p. 589 à 598.

GUYON (Y.), « Le rôle des salariés dans les procédures collectives de redressement et de liquidation judiciaire », *Études Lyon-Caen*, 1989, p. 451 et s.

HOUIN (R.), - « La réforme de la faillite et de la liquidation judiciaire », *RTDCom.*, 1955, p. 481 et s.

- « Permanence de l'entreprise à travers la faillite », *RTDCom.*, p. 625 et s.

- « Les solutions des crises des sociétés en droit français », *Rev, Jur. Et Pol. Ind. Et Coop.*, mars 1978, t32, p. 599 à 611.

KALIEU (Y. R.), « Réflexions sur les nouveaux attributs du droit de la propriété : à propos de la propriété utilisée aux fins de garantie des crédits », *Annales de la Faculté des Sciences Juridiques et Politiques de l'Université de Dschang*, t1, vol. 1, 1997, p. 193 et s.

KALIEU ELONGO (Y. R.), « La restructuration des établissements de crédit dans la CEMAC : entre spécificité et efficacité du droit des défaillances bancaires », *Annales de la Faculté des Sciences Juridiques et Politiques de l'université de Dschang*, t. 18, 2016, p. 1 et s.

KENFACK (P. E) : « La modification du contrat de travail au Cameroun », *R.J.A*, 1994, p. 201 et s.

KOM KAMSU (M.), « L'attractivité du nouveau droit OHADA de l'insolvabilité à l'égard du débiteur », *Penant*, n° 900, juillet-septembre 2017, p. 322 et s.

LE CANNU (P.), « La notion juridique d'entreprise », *LPA*, mai 1986, n° 58, p. 19 à 24.

LEMONTEY (Chr.), « La loi sur le redressement des entreprises », *Banque*, 1985, p. 665 et s.

LIAKAPOULOS, « Le redressement des entreprises en difficulté en droit hellénique », *Rev. Int. Dr Comp.*, 1985, p. 985 et s.

LIENARD (A.), « La réforme des procédures collectives enfin menée à bonne fin », *Rev. Proc. Coll.*, 1994, p. 289 et s.

LYON-CAEN (G.), « La recherche des responsabilités dans les conflits du travail », *D.*, 1979, p. 255 et s.

MAEIJER (J. M. M.), « Restructuration des entreprises commerciales dans la société industrielle commerciale : une évolution intéressante aux Pays-Bas », *RTDCom.*, 1971, p. 231 et s.

MARTIN (L.), - « Sûretés traquées, crédit détraqué », *Banque*, 1975, p. 1133 et s.

-« Où en est la responsabilité du banquier ? », *Banque*, 1985, p. 7 et s.

MERCADAL (B.), « La notion d'entreprise », *Mélanges DERRUPE*, 1991, p. 9 à 16.

MERLE (Ph.), « La pratique de la nouvelle faillite », *Rev. Jurisp. Com.*, 1986, p. 81 et s.

MESTRE (J.), « Réflexions sur les pouvoirs du juge dans la vie des sociétés », *Rev. Jurisp. Com.*, 1985, p. 81 et s.

MODI KOKO BEBEY (H. D.), « La force obligatoire du contrat à l'épreuve du droit des procédures collectives », in ANOUKAHA (F.) et OLINGA (A. D.) (sous la direction de), *L'obligation*, études offertes au Professeur Paul-Gérard POUGOUE, Harmattan, Cameroun, 2015, p. 496 et s.

MOULY (C.), « Procédures collectives assainir le régime des sûretés », *Études Roblot*, LGDJ, 1984, p. 529 et s.

NANDJIP MONEYANG (S.) : - « La réforme des procédures collectives OHADA : quelle avancée pour le traitement des difficultés de l'entreprise ? », *Le Nemro, Revue Trimestrielle de Droit Economique*, n° 3, juillet/septembre 2017, p. 206 et s.

- « Réflexion sur l'égalité des créanciers dans les procédures collectives OHADA », *Revue des procédures collectives*, n° 4, juillet 2010, étude 22.

NAUDIN (J.), « Réflexions sur la faillite en pratique », *RTDCom.* 1951, p. 476 et s.

NCHIMI (J. C.), « La négociation en droit du travail camerounais », *RJA*, 1994, p. 130 et s.

NGUIHE KANTE (P.), - « Note sous arrêt de la C.A. de Douala N° 55/C(bis) du 17 décembre 1993, Aff. Pharmacie du Rail, Sté SADEC/Sté Laboratoire Laprovet », *Lex LATA*, n° 13, p. 3 et s.

- « Réflexions sur la notion d'entreprises en difficulté dans l'acte uniforme portant organisation des procédures collectives d'apurement du passif », *Annales de la Faculté des Sciences Juridiques et Politiques de l'Université de Dschang*, 2001, p. 87-103.

NYAMA (J. M.), « Commentaire du décret n° 90/1469 du 9 novembre 1990 portant définition des établissements de crédit », *Juridis Info*, n° 6, p. 25 et s.

- « Tendances du droit camerounais du travail : diversification de l'emploi et flexibilité », *RJA*, 1994, p. 130 et s.

ORTH (R.), « Le rôle du juge dans la nouvelle législation des entreprises en difficulté », *Rev. Jurisp. Com.*, février 1987, n° spécial, p. 91 et s.

PAILLUSSEAU (J.), « Du droit des faillites au droit des entreprises en difficulté », *Études HOUIN*, Dalloz Sirey, 1985, p. 109 à 150.

- « Le big bang du droit des affaires à la fin du 20e siècle (ou les nouveaux fondements et notions du droit des affaires) », *Rev. Jurisp. Com.*, 1987, p. 377 et s.

PEROCHON (F.), « La revendication favorisée », *D.*, 1994, p. 251 et s.

PERROT, « Le traitement des entreprises en difficultés : les solutions spécifiquement judiciaires », *LPA*, n° 146, du 25 décembre 1978.

PEYRAMAURE (R.), CHARTIER (Y.) et MESTRE (J.), « Les autorités publiques face aux difficultés de l'entreprise privée », *Rev. Jurisp. Com.*, n° spécial, 1983.

PONTAVICE (E. du), « Les mécanismes destinés à alerter le conseil d'administration de la société en difficulté », *Rev. Jurisp. Com.*, n° spécial, 1983.

- (sous la direction de), « Le souci d'éviter la faillite des entreprises », *Rev. Jurisp. Com.*, n° spécial, février 1986.

POUGOUE (P. G.), « La « contractualisation » des relations du travail : quel débat… pour quel résultat ? », *Juridis Info*, n° 2, p. 65 à 67.

- « Les entreprises en difficultés et le droit du travail : les interrogations africaines », *in Droit des entreprises en difficultés*, Publications de l'I.D.E.F, p. 201 et s.

- « Compte-rendu de colloque de l'I.D.E.F des 6 au 13 mai 1990 tenu à Libreville sur « Le droit des entreprises en difficultés » », *RJA*, 1990/2, p. 179 et s.

- « Commentaire de la loi n° 92/007 du 14 août 1992 portant Code du travail », *Juridis Info*, n° 12, p. 7 et s.

- « Le petit séisme du 14 août 1992 », *RJA*, 1994, p.16 et s.

- « Codicille du travail, de l'emploi et de la solidarité nationale », *RJA*, 1994, p. 249 et s.

SAWADOGO (F. M.), « Les procédures de prévention dans l'AUPC révisé : la conciliation et le règlement préventif », *Droit et patrimoine*, n° 253, 8 décembre 2015, p. 33 et s.

SEFFRET, « De la réforme souhaitable du concordat du point de vue social », *Rev. Jurisp. Com.*, 1968, p. 155 et s.

SERF (A. M.), « Réflexions sur la nature contractuelle du concordat », *Rev. De Jurisp. Com.,* sept-oct. 1980, p. 289 et s.

SOINNE (B.), « Problématique de la nouvelle loi sur le redressement et la liquidation judiciaire », *Gaz. Pal.*, 1985, II, p. 400 et s.

- « Problématique de la continuation d'exploitation dans les procédures collectives en droit commercial », *Rev. Jurisp. Com.*, 1976, p. 269 et s.

SORTAIS (J. P.), « La situation des créanciers titulaires de sûretés et de privilèges dans les procédures collectives », *RTDCom.*, 1976, p. 269 et s.

TAKAFO KENFACK (D.), - « L'implication des créanciers dans le nouveau dispositif de sauvetage de entreprises », *Penant*, n° 900, juillet-septembre 2017, p. 309 et s.

- « La rationalisation des procédures collectives de l'OHADA : un modèle prometteur ? », *Le NEMRO, Revue Trimestrielle de Droit Economique*, juillet/septembre 2017, p. 234 et s.

TERRE (F.), « Droit de la faillite ou faillite du droit ? », *Rev. Jurisp. Com.*, 1991, p. 1 à 30.

TERRE (F.), « Remarques sur l'augmentation de capital par incorporation des créances », *Dix ans de conférence d'agrégation*, p. 195 et s.

TEYNIER (E.), « La règle de droit de la faillite et le sort économique des entreprises défaillances », *RTDCom.*, 1985, p. 57 et s.

THILLHERT-PRETNAR (J.), « Un aspect nouveau du droit du salaire : l'assurance des salaires », *Études offertes à G. H. CAMERLYNCK, D.*, 1978, p. 167 et s.

TJOUEN (D. A.), « Les institutions professionnelles », *RJA*, 1994, p. 239 et s.

TOUJAS (G.), « De la cession à forfait en période d'union », *JCP*, 1940, I, p. 163 et s.

TOUJAS (G.), « Du concordat amiable », *JCP*, 1942, p. 255 et s.

VARTINET (R.), « Les droits des salariés face aux difficultés économiques des entreprises », *JCP*, 1985, éd. E, II, p. 14546.

VASSEUR (M.), « Le crédit menacé : brèves réflexions sur la nouvelle législation relative aux entreprises en difficulté », *JCP*, 1985, I, 3201.

YANPELDA (V.), « Les salariés dans les procédures collectives OHADA. Acteurs ou spectateurs », *Revue de droit comparé du travail et de la sécurité sociale*, n° 1, 2011, p. 35 et s.

INDEX ALPHABÉTIQUE

(**NB** : Les chiffres renvoient aux numéros de paragraphes.)

D

E

F

G

H

R

TABLE DES MATIÈRES

DROIT

AUX ÉDITIONS L'HARMATTAN

Dernières parutions

LE RAPPORT DU DROIT ADMINISTRATIF NATIONAL AUX DROITS ADMINISTRATIFS ÉTRANGERS

Les cas de la France et de l'Espagne

Anna Neyrat

Préface de Fabrice Melleray

Les droits administratifs français et espagnol sont souvent présentés comme des idéaux types opposés dans leur rapport aux droits administratifs étrangers. Comme exportateur, le droit administratif français considère ses homologues étrangers comme un réceptacle de son influence ; comme importateur, le droit administratif espagnol les envisage comme source de son enrichissement. Si une telle présentation repose sur des raisons temporelles et culturelles qui ont fait du droit administratif français un modèle et de l'espagnol un imitateur, elle se révèle partiellement inexacte. Elle est notamment dépassée à l'heure de la globalisation. Cette recherche invite à poser un regard différent sur ces présupposés.

(Coll. Logiques Juridiques, 680 p., 49 euros)

ISBN : 978-2-343-16682-7, EAN EBOOK : 9782140114588

DROITS FONDAMENTAUX ET CRISE(S) DES SOLIDARITÉS

Fabien Bottini

La solidarité renvoie aux liens sociaux qui font le ciment d'une communauté. Si c'est pourquoi il semble plus juste de parler de solidarités au pluriel, l'Etat a pendant longtemps été leur garant au travers des droits sociaux fondamentaux. Mais le constat s'impose : des débats qui ont agité la réforme du droit du travail à ceux qui portent sur les régimes de retraites en passant par la crise des migrants ; des hésitations sur la place des territoires et de l'Union européenne dans la mise en oeuvre des politiques sociales à l'apparition d'un droit constitutionnel économique... Les interrogations ne manquent pas quant à savoir si ces droits fondamentaux parviennent encore à faire la solidarité. Si crises il y a, signent-elles la fin de l'âge d'or de la solidarité ou sa mutation ?

(Coll. Le Droit aujourd'hui, 276 p., 28,5 euros)

ISBN : 978-2-343-16201-0, EAN EBOOK : 9782140114274

DÉCLARATION DES DROITS DE L'HOMME ET DU CITOYEN

Postérité et actualité

Remi Puigventos

Responsables scientifiques : Jimmy Meersman et Rémi Puigventos

Le 26 août 1789, l'Assemblée constituante adopte les derniers articles du texte de la Déclaration des droits de l'homme et du citoyen qui, traversant les siècles, deviendra l'un des textes fondamentaux de la Cinquième République. Si la Déclaration de 1789 est l'une des pierres angulaires de la garantie des droits de l'homme, l'étude de sa postérité et de son actualité interroge. Le présent ouvrage contribue à en dévoiler les éléments les plus essentiels au travers d'une douzaine de contributions.

(Coll. Droit privé et sciences criminelles, 238 p., 25 euros)

ISBN : 978-2-343-16359-8, EAN EBOOK : 9782140112164

ANNUAIRE DES ENGAGEMENTS INTERNATIONAUX AYANT FAIT L'OBJET D'UNE LOI D'AUTORISATION SOUS LA VE RÉPUBLIQUE

Didier Jamot

Au cours de la Ve République, près de 2000 engagements internationaux ont fait l'objet d'une loi d'autorisation. Dans les années 1960, seulement 22% des lois votés par le Parlement avaient pour objet la ratification ou l'approbation de tels engagements, alors que désormais 40% des lois visent un tel objectif. Par conséquent, le nombre de normes internationales intégrées au droit interne est considérable. Mais leur importance n'est pas seulement quantitative : tout engagement international régulièrement ratifié et publié s'impose au législateur. Aucune loi ne peut ainsi lui être contraire. Par ailleurs, les conventions internationales embrassant l'ensemble des matières juridiques, plus aucune activité humaine n'échappe aux droits et obligations prévus par les conventions. Cet annuaire recense enfin ces engagements internationaux avec des index thématiques et par pays signataire.

(Coll. Logiques Juridiques, 432 p., 42 euros)

ISBN : 978-2-343-16237-9, EAN EBOOK : 9782140112089

LES TITRES DE NOBLESSE DE LA VICTIME DEVANT LA COUR PÉNALE INTERNATIONALE

Guy David Mbara A Betsem

Préface de Gilbert Bitti - Avant-propos de Jean Claude Tcheuwa

La victime a longtemps été tenue à l'écart du procès devant les juridictions pénales internationales d'avant le début du XIXè siècle. Depuis l'avènement de la Cour pénale internationale (CPI), la victime est désormais admise dans le procès pénal. Ces droits, qui ne sont autres que des titres de noblesse, confèrent donc des privilèges permettant à la victime d'accéder à une justice pénale internationale très sélective, mais surtout réservée à une certaine catégorie de personnes. La CPI pose la problématique du rôle de l'État dans la mise en oeuvre des droits des victimes.

(242 p., 25,5 euros)

ISBN : 978-2-343-16718-3, EAN EBOOK : 9782140111631

MÉDIATION ET ENTREPRISES

Regards croisés Droit et Gestion

Responsables scientifiques : Gulsen Yildirim, Isabelle Sauviat et Romain Dumas. Textes réunis par Romain Dumas

La médiation, mode alternatif de résolution des différends, est un mécanisme désormais bien connu en Droit. L'entreprise apparaît comme l'un des lieux privilégiés de son application et ce, qu'il s'agisse d'aplanir un différend tant dans ses relations internes qu'externes. Toutefois, à la différence du Droit, le concept de médiation apparaît beaucoup moins familier en Sciences de gestion. C'est cette interaction singulière entre Droit et Gestion qui permet de mesurer la place réelle de la médiation dans les entreprises et les organisations. Entre acclimatation à parfaite et hostilité, un équilibre est possible afin qu'elle devienne un outil efficace.

(Coll. Droit privé et sciences criminelles, 142 p., 16,5 euros)

ISBN : 978-2-343-16643-8, EAN EBOOK : 9782140111556

PHÉNOMÈNE DISCIPLINAIRE DANS LE DROIT PUBLIC HELLÉNIQUE CONTEMPORAIN

Sotirios Lytras

Attachée constamment à l'idée que la notion de discipline concernait en principe les relations entre les ensembles organisés et leurs agents, la théorie traditionnelle du droit public a laissé hors de son attention des domaines entiers de la vie publique. Parue en grec en 1989, cette étude a pu montrer qu'en droit positif hellénique le phénomène disciplinaire a manifesté sa présence forte dans des relations entre ensembles publics et des personnes physiques ou morales y étant rattachées. A travers ce phénomène, l'activité publique s'avère décisivement élargie.

(Coll. Logiques Juridiques, 262 p., 27 euros)

ISBN : 978-2-343-16125-9, EAN EBOOK : 9782140111310

RECEL ET BLANCHIMENT

Nouvelles sources de cumul de qualifications

Théo Touzeau

Préface de Gildas Roussel

A la lumière de la jurisprudence, la question de l'impossible cumul de l'infraction d'origine avec celle du recel de choses concernant un même auteur mérite de nouveau d'être posée. C'est que les juges de la Chambre criminelle, malgré leur opposition à ce cumul, ont depuis admis la condamnation d'un individu tant pour une première infraction que pour le blanchiment subséquent. Cette différence de traitement des deux infractions interroge nécessairement. Cet ouvrage, dressant le constat de la possibilité de dépasser les arguments qui fondent le rejet de « l'auto-recel », invite le lecteur à mettre de côté ses certitudes et à prendre position : rien ne semble s'opposer à l'admission du cumul de l'infraction d'origine et du recel de choses.

(Coll. Bibliothèques de droit, 138 p., 15,5 euros)

ISBN : 978-2-343-16624-7, EAN EBOOK : 9782140110962

LES LIENS ENTRE ÉTHIQUE ET DROIT

L'exemple de la question animale

Sous la direction de Lucille Boisseau-Sowinski et Delphine Tharaud

A priori distincts, le droit renvoyant à la régulation des comportements par la loi et l'éthique à la distinction entre bien et mal, ces deux domaines s'interpénètrent et se nourrissent, particulièrement sur la question animale. La réflexion sur l'éthique animale s'est amplifiée ces cinquante dernières années et a conduit à une prise en compte des intérêts et de la qualité d'êtres vivants des animaux. Le droit s'en est fait l'écho. Pour autant, cette dynamique n'est pas si évidente : quelles théories peuvent inspirer le droit ?

(Coll. Le Droit aujourd'hui, 176 p., 18,5 euros)

ISBN : 978-2-343-16449-6, EAN EBOOK : 9782140109553

CORRUPTION ET DROIT PÉNAL

Sous la direction de Jean-Paul Céré et Carlos Eduardo Japiassu

Le thème de la corruption a traversé le temps. L'intérêt du droit pénal est cependant renouvelé par les nombreuses affaires médiatisées qui gangrènent la vie politique et le monde des affaires dans de nombreux pays. L'arsenal législatif interne cherche à s'adapter sous l'effet des multiples textes qui ont vu le jour à l'échelle internationale et régionale. Une nette tendance à l'harmonisation des législations criminelles anti-corruption est perceptible. Cet ouvrage permet de saisir la diversité du phénomène dans sa dimension criminologique et juridique.

(Coll. Comité international des pénalistes francophones, 238 p., 24,5 euros)

ISBN : 978-2-343-16153-2, EAN EBOOK : 9782140109850

JUSTICE CONSTITUTIONNELLE ET SUBSIDIARITÉ

L'apport de l'expérience canadienne pour la construction européenne

Claire Aguilon

La précision des critères d'application de la subsidiarité et le développement de son contrôle par l'Union européenne constituent un progrès vers un plus grand respect du principe selon lequel l'UE, lorsqu'elle intervient dans une compétence partagée avec les Etats-membres, doit établir la plus-value d'une action à son niveau pour atteindre l'objectif visé. L'étude de la jurisprudence de la Cour de justice de l'UE montre ses réticences à un contrôle allant au-delà de la recherche d'une motivation formelle de la nécessité de l'intervention européenne. En droit canadien, la subsidiarité éclaire sous un jour nouveau la clause de commerce ou la doctrine de l'intérêt national.

(Coll. Logiques Juridiques, 460 p., 40 euros)

ISBN : 978-2-343-15311-7, EAN EBOOK : 9782140109522

UN COMBAT POUR LA PAIX

Récit

Nouvelle édition revue et augmentée

Daniel Lagot

Alors qu'il s'est refusé jusque-là à tout engagement devant la fragilité des choses humaines, un homme découvre l'amour et s'engage, avec la femme à ses côtés, dans un combat pour le droit, la justice et la paix. Après l'enthousiasme initial, les tensions et dilemmes vont se développer, en particulier lors des guerres en Libye et en Syrie. Comme dans une tragédie grecque, ces tensions conduiront les personnages à leur destin. Le récit est en partie romancé, mais est directement inspiré d'histoires et de faits réels. Face aux drames et menaces pesant sur l'humanité, doit-on céder au pessimisme ou conserver l'espoir ?

(Coll. Les Impliqués, 152 p., 16,5 euros)

ISBN : 978-2-343-16114-3, EAN EBOOK : 9782140109409

LES SENS DE LA PEINE

Hugo Cappadoro

Préface de Muriel Giacopelli

Quelle est la raison d'être de la peine ? C'est autour de cette question que se sont cristallisés, au temps des Lumières, les paradigmes punitifs modernes. Du fait des bouleversements que connait aujourd'hui notre droit répressif et de la crise du milieu carcéral, auquel la pénalité est identifiée, le législateur, les acteurs et penseurs pénaux sont amenés à s'interroger une nouvelle fois sur l'acte de punir. Cet ouvrage aborde ainsi les évolutions pénales et propose une réflexion mettant en évidence la difficulté pour la pénalité actuelle d'avoir un sens intelligible et pluriel, tant pour le condamné, que pour la victime et la société.

(Coll. Bibliothèques de droit, 212 p., 21,5 euros)

ISBN : 978-2-343-16461-8, EAN EBOOK : 9782140108945

SUR LA COUR EUROPÉENNE DES DROITS DE L'HOMME

Rétrospective d'un initié (1998-2016)

Bostjan M. Zupancic

La Convention européenne des droits de l'homme, prétendant expliciter ce que sont ces droits, est un court texte abstrait. Quatre-vingt-dix-neuf pourcent de ces droits seront concrétisés par les précédents prononcés en flux continu, autoréférentiel, par la Cour européenne des droits de l'homme (CEDH). En somme, les droits de l'homme sont simplement ce que la CEDH déclare qu'ils sont ou ne sont pas. Quarante-sept Etats signataires sont liés à cette jurisprudence de Strasbourg. Or, l'approche jurisprudentielle du stare decisis est étrangère au formalisme juridique européen. A l'autre extrême, l'auteur apporte une explication métaphysique du sens de la justice. Il présuppose le plus haut niveau d'autonomie morale et de raisonnement juridique.

(Coll. Logiques Juridiques, 452 p., 45 euros)

ISBN : 978-2-343-15739-9, EAN EBOOK : 9782140108808

GOUVERNANCE D'ENTREPRISE, RESPONSABILITÉ SOCIÉTALE EN DROIT MALIEN

Issiaka Cissé

Cet ouvrage interroge le droit positif malien dans l'appréhension des concepts de la gouvernance d'entreprise (GE) et de la responsabilité sociétale des entreprises (RSE). L'étude met en évidence le décalage du droit malien dans la construction évolutionniste de l'entreprise. Elle révèle que l'environnement juridique des entreprises maliennes n'évolue pas dans une économie pourtant en pleine mutation. Des contraintes liées à l'application des principes de ces deux concepts créent un déséquilibre en termes de compétitivité au plan national voire régional ou international.

(Coll. Études africaines, 390 p., 38 euros)

ISBN : 978-2-343-15230-1, EAN EBOOK : 9782140108464

POUR UNE NOUVELLE ÉDUCATION JURIDIQUE

Sous la direction de Massimo Vogliotti

Depuis quelques années, nous assistons en Europe à une floraison de réflexions et d'expériences novatrices relatives à la formation juridique. Ce phénomène peut être interprété comme le signe annonciateur d'une révolution de notre façon de concevoir l'enseignement du droit, encore liée au cadre théorique et mythologique du paradigme juridique moderne. Cet ouvrage met en avant la nécessité d'un renouvellement en profondeur de notre modèle traditionnel d'enseignement du droit.

(Coll. Logiques Juridiques, 228 p., 24,5 euros)

ISBN : 978-2-343-10744-8, EAN EBOOK : 9782140108426

Structures éditoriales du groupe L'Harmattan

L'Harmattan Italie
Via degli Artisti, 15
10124 Torino
harmattan.italia@gmail.com

L'Harmattan Hongrie
Kossuth l. u. 14-16.
1053 Budapest
harmattan@harmattan.hu

L'Harmattan Sénégal
10 VDN en face Mermoz
BP 45034 Dakar-Fann
senharmattan@gmail.com

L'Harmattan Cameroun
TSINGA/FECAFOOT
BP 11486 Yaoundé
inkoukam@gmail.com

L'Harmattan Burkina Faso
Achille Somé – tengnule@hotmail.fr

L'Harmattan Guinée
Almamya, rue KA 028 OKB Agency
BP 3470 Conakry
harmattanguinee@yahoo.fr

L'Harmattan RDC
185, avenue Nyangwe
Commune de Lingwala – Kinshasa
matangilamusadila@yahoo.fr

L'Harmattan Congo
67, boulevard Denis-Sassou-N'Guesso
BP 2874 Brazzaville
harmattan.congo@yahoo.fr

L'Harmattan Mali
Sirakoro-Meguetana V31
Bamako
syllaka@yahoo.fr

L'Harmattan Togo
Djidjole – Lomé
Maison Amela
face EPP BATOME
ddamela@aol.com

L'Harmattan Côte d'Ivoire
Résidence Karl – Cité des Arts
Abidjan-Cocody
03 BP 1588 Abidjan
espace_harmattan.ci@hotmail.fr

L'Harmattan Algérie
22, rue Moulay-Mohamed
31000 Oran
info2@harmattan-algerie.com

L'Harmattan Maroc
5, rue Ferrane-Kouicha, Talaâ-Elkbira
Chrableyine, Fès-Médine
30000 Fès
harmattan.maroc@gmail.com

Nos librairies en France

Librairie internationale
16, rue des Écoles – 75005 Paris
librairie.internationale@harmattan.fr
01 40 46 79 11
www.librairieharmattan.com

Librairie l'Espace Harmattan
21 bis, rue des Écoles – 75005 Paris
librairie.espace@harmattan.fr
01 43 29 49 42

Lib. sciences humaines & histoire
21, rue des Écoles – 75005 Paris
librairie.sh@harmattan.fr
01 46 34 13 71
www.librairieharmattansh.com

Lib. Méditerranée & Moyen-Orient
7, rue des Carmes – 75005 Paris
librairie.mediterranee@harmattan.fr
01 43 29 71 15

Librairie Le Lucernaire
53, rue Notre-Dame-des-Champs – 75006 Paris
librairie@lucernaire.fr
01 42 22 67 13

www.ingramcontent.com/pod-product-compliance
Lightning Source LLC
LaVergne TN
LVHW011447061026
849535LV00004BA/987

9782343177182